主　　编　曹士兵　中国应用法学研究所所长

副 主 编　关　毅　国家法官学院科研部主任

　　　　　刘　畅　国家法官学院科研部副主任

主编助理　边疆戈　国家法官学院科研部编辑

　　　　　苏　烽　国家法官学院科研部编辑

中国法院

2019年度案例

国家法官学院案例开发研究中心◎编

雇员受害赔偿纠纷

（含帮工损害赔偿纠纷）

中国法制出版社
CHINA LEGAL PUBLISHING HOUSE

《中国法院年度案例》通讯编辑名单

序

法律的生命在于实施，而法律实施的核心在于法律的统一适用。《中国法院年度案例》丛书出版的价值追求，即公开精品案例，研究案例所体现的裁判方法和理念，提炼裁判规则，为司法统一贡献力量。

《中国法院年度案例》丛书，是国家法官学院于2012年开始编辑出版的一套大型案例丛书，之后每年年初定期出版，由国家法官学院案例开发研究中心具体承担编辑工作。此前，该中心坚持20余年连续不辍编辑出版了《中国审判案例要览》丛书近90卷，分中文版和英文版在海内外发行，颇有口碑，享有赞誉。现在编辑出版的《中国法院年度案例》丛书，旨在探索编辑案例的新方法、新模式，以弥补当前各种案例书的不足。该丛书2012~2018年已连续出版7套，一直受到读者的广泛好评，并迅速售罄。为更加全面地反映我国司法审判的发展进程，顺应审判实践发展的需要，响应读者需求，2014年度新增3个分册：金融纠纷、行政纠纷、刑事案例，2015年度将刑事案例调整为刑法总则案例、刑法分则案例2册，2016年度新增知识产权纠纷分册，2017年度新增执行案例分册，2018年将刑事案例扩充为4个分册。现国家法官学院案例开发研究中心及时编撰推出《中国法院2019年度案例》系列丛书，共23册。

总的说来，当前市面上的案例丛书百花齐放，既有判决书网，可以查询各地、各类的裁判文书，又有各种专门领域的案例汇编书籍，以及各种案例指导、案例参考等读物，十分活跃，也各具特色。而《中国法院年度案例》丛书则试图把案例书籍变得“好读有用”，故在编辑中坚持以下方法：一是高度提炼案例内容，控制案例篇幅，每个案例基本在3000字以内；二是突出争议焦点，剔除无效信息，尽可能在有限的篇幅内为读者提供有效、有益的信息；三是注重对案件裁判文书的再加工，大多数案例由案件的主审法官撰写“法官后语”，高度提炼、总结案例的指导价值。

同时，《中国法院年度案例》丛书还有以下特色：一是信息量大。国家法官学院案例开发研究中心每年从全国各地法院收集到的上一年度审结的典型案例超过10000件，使该丛书有广泛的选编基础，可提供给读者新近发生的全国各地的代表性案例。二是方便检索。为节约读者选取案例的时间，丛书分卷细化，每卷下还将案例主要根据案由分类编排，每个案例用一句话概括裁判规则、裁判思路或焦点问题作为主标题，让读者一目了然，迅速找到需求目标。

中国法制出版社始终全力支持《中国法院年度案例》的出版，给了作者和编辑们巨大的鼓励。2018 年新推出数据库增值服务，2019 年继续提供数据库增值服务并充实完善数据内容。购买本书，扫描前勒口二维码，即可在本年度免费查阅使用上一年度案例数据库。我们在此谨表谢忱，并希望通过共同努力，逐步完善，做得更好，真正探索出一条编辑案例书籍、挖掘案例价值的新路，更好地服务于学习、研究法律的读者，服务于社会，服务于国家的法治建设。

本丛书既可作为法官、检察官、律师等司法实务工作人员的办案参考和司法人员培训推荐教程，也是社会大众学法用法的极佳指导，亦是教学科研机构案例研究的精品素材。当然，案例作者和编辑在编写过程中也不能一步到位实现最初的编写愿望，可能会存在各种不足，甚至错误，欢迎读者批评指正，我们愿听取建议，并不断改进。

曹士兵

目　录

Contents

一、雇佣关系的确定

二、雇佣关系与承揽关系的区分

三、雇主与雇员的责任划分

四、雇主与其他被告、第三人之间的责任划分

五、赔偿协议与标准

六、义务帮工的认定与责任承担

一、雇佣关系的确定

1

劳务派遣性质的清洁工参加抢险排水行为性质认定

——陈银兄诉盐城市乾宇物业管理有限公司等提供劳务者受害责任案

【案件基本信息】

1. 裁判书字号

江苏省盐城市中级人民法院（2017）苏09民终4526号民事裁定书

2. 案由：提供劳务者受害责任纠纷

3. 当事人

原告（被上诉人）：陈银兄

被告（被上诉人）：盐城市乾宇物业管理有限公司（以下简称乾宇物业公司）

被告（上诉人）：盐城居然之家家居建材商业管理有限公司（以下简称居然之家公司）

【基本案情】

原告陈银兄于2015年12月受被告乾宇物业公司雇佣为保洁员，被派驻在被告居然之家公司从事保洁工作，每月工资1500元由乾宇物业公司发放。2015年12月3日，居然之家公司（甲方）与乾宇物业公司（乙方）签订《物业外包服务合同》，约定：乾宇物业公司向居然之家公司派驻保安、保洁人员各13人，甲方将保安值班、安全服务、保洁服务外包给乙方，确保甲方办公区和责任区域范围的安全和保洁；保安、保洁人员的招聘、工资、社保、福利等由乙方负责……保洁人员对办公楼室内外卫生区域每天巡回清扫，保持楼道楼梯、大厅、会议室、卫生间、办公楼周围等公共区域卫生干净整洁，楼梯、栏杆、地面以及办公楼周围每天打扫，垃圾每天清倒，周末或节假日每天早上清扫一次，如有特殊安排，随时通知……

2016年2月1日上午9时许，陈银兄在居然之家公司三楼做正常保洁工作，一楼消防水管突然爆裂，水流喷射而出，迅速漫流。为保障商户及其财产免于受损，居然之家公司通过对讲机呼叫号召本公司员工及乾宇物业公司派驻员工参加抢险。陈银兄听到呼叫后，从三楼赶到一楼现场参加抢险，与大家一起排除积水。由于当时天气寒冷，地面积水凝结成冰，有多人跌倒。陈银兄在抢险过程中也不慎摔倒受伤，致右侧股骨颈骨折。根据陈银兄的申请，法院委托滨海县人民医院司法鉴定所对陈银兄受伤后的伤残等级、误工、护理、营养期限及后续治疗费进行鉴定，该所于2017年4月2日作出司法鉴定意见书，鉴定意见：1. 陈银兄因意外致右股骨颈骨折（头下型），术后内固定在位，右髋关节活动受限，右髋关节功能丧失25%以上已构成人体损伤致残程度十级伤残。2. 陈银兄伤后住院期间需2人护理并给予营养支持，出院后需1人护理150日并给予营养支持180日，误工期限365日，二次手术取内固定需人民币8000元左右。

【案件焦点】

原告陈银兄参加抢险排除积水的行为如何定性。

【法院裁判要旨】

江苏省盐城市盐都区人民法院经审理认为：案件的焦点是原告陈银兄参加抢险排除积水的行为是履行职务行为还是义务帮工行为。原告陈银兄系乾宇物业公司的雇员，被派驻在居然之家公司从事保洁工作，在工作期间，听从居然之家公司的指挥参加抢险，其表现形式是履行职务（服从指挥），实质是在执行工作任务（临时任务）。从陈银兄参加抢险的行为本身来看，是不需要另外支付报酬的，有义务的成分，但这与义务帮工是有本质区别的，居然之家公司与乾宇物业公司是合作关系，居然之家公司是需要向乾宇物业公司支付服务费用的，故陈银兄参加抢险的行为不是义务帮工，而属于从事雇佣活动即执行工作任务的履行职务行为。

江苏省盐城市盐都区人民法院于2017年7月31日作出（2016）苏0903民初7166号民事判决：一、原告陈银兄因伤造成的损失合计155859.14元，扣除被告乾宇物业公司垫付的款项29676.72元后，由被告居然之家公司于本判决发生法律效力之日起十五日内向原告陈银兄赔偿126182.42元，被告乾宇物业公司负连带赔偿责任。二、驳回原告陈银兄的其他诉讼请求。

宣判后，居然之家公司提出上诉。江苏省盐城市中级人民法院二审审理后认为：关于陈银兄参加抢险排除积水的行为如何定性的问题。陈银兄退休后受雇于乾宇物业公司，被乾宇物业公司派驻在居然之家公司从事保洁工作，结合乾宇物业公司与居然之家公司签订的《物业外包服务合同》，该合同仅约定保洁员的常规保洁工作，并未约定居然之家公司出现突发紧急情况时保洁员亦要从事抢险工作。故陈银兄损害后果实质系因陈银兄义务帮助居然之家公司抢险和从事保洁工作两种行为共同造成，陈银兄参加抢险排除积水的行为系义务帮工和提供保洁劳务的混合。

江苏省盐城市中级人民法院于2018年1月31日作出（2017）苏09民终4526号民事判决，驳回上诉，维持原判。

【法官后语】

本案一、二审采用了不同的裁判思路和方法，在认定原告陈银兄参加抢险排除积水的行为如何定性问题上存在部分分歧，但对最终责任的承担及裁判结果意见是一致的，居然之家公司和乾宇物业公司对陈银兄的人身损害承担连带赔偿责任。

一审法院认定，陈银兄退休后受乾宇物业公司雇佣，工资报酬由乾宇物业公司支付，双方之间构成雇佣关系（劳务关系）；陈银兄被派驻在居然之家公司从事保洁工作，陈银兄与居然之家公司又形成实际用工关系。陈银兄参加抢险排除积水的行为属于从事雇佣活动即执行工作任务的履行职务行为，雇主乾宇物业公司应当承担赔偿责任。同时，居然之家公司是用工单位，陈银兄实际上是受居然之家公司的临时指示参加抢险的，是为了居然之家公司的利益而受伤，居然之家公司是既得利益者，参照《劳动合同法》第九十二条“用工单位给被派遣劳动者造成损害的，劳务派遣单位与用工单位承担连带赔偿责任”的规定，居然之家公司也应当承担连带赔偿责任，故一审法院认定居然之家公司也是赔偿义务主体。陈银兄与乾宇物业公司之间不构成劳动关系，不受劳动合同法调整，一审法院未适用上述劳动合同法的法条，而是采用共同侵权理论，适用《侵权责任法》第八条“二人以上共同实施侵权行为，造成他人损害的，应当承担连带责任”的规定进行裁判。二审法院认定，陈银兄参加抢险排除积水的行为系义务帮工和提供保洁劳务的混合，乾宇物业公司应当承担雇主赔偿责任，居然之家公司应当承担被帮工人之赔偿责任。二审法院采用并发的侵权理论，适用《侵权责任法》第十一条“二人以上分别实施侵权行为造成同一损害，每个人的侵权行为都足以造成全部损害的，行为人承担连带责任”的规定进行裁判。陈银兄系在从事义务帮工和雇佣活动的过程中遭受的人身损害，无论是义务帮工，还是提供保洁劳务，这两种行为发生聚合导致同一损害后果，且每一种行为都足以造成其损害后果。故陈银兄有权请求被帮工人居然之家公司和雇主乾宇物业公司承担连带责任。

从对陈银兄参加抢险排除积水行为的定性来看，二审法院的观点更胜一筹。相对于陈银兄的人身损害，居然之家公司和乾宇物业公司之间没有共同的意思联络，二审法院运用并发的侵权理论将义务帮工和雇佣活动两种行为聚合起来，解决了原告陈银兄的请求权基础问题。《侵权责任法》第十一条规定的情形，是并发的侵权行为即无意思联络数人侵权中因果关系聚合的类型，又称为等价因果关系，即各侵权人的行为均为发生同一损害后果的直接原因，每一独立的侵权行为均足以造成全部损害后果，各侵权行为可以互相替代，但损害结果的同一性并不因此发生改变。其形式上应该是各等价因果关系的聚合，而非各原因力的累积或叠加。从本案的实际来看，与《侵权责任法》第十一条规定的情形更加贴切、更加相符，故本案应当适用《侵权责任法》第十一条作为裁判居然之家公司和乾宇物业公司承担连带责任的法律依据和法理基础。

编写人：江苏省盐城市盐都区人民法院　黄约平

2

雇工从事雇佣活动的雇佣范围认定

——张清振诉许飞提供劳务者受害责任案

【案件基本信息】

1. 裁判文书字号

河南省内乡县人民法院（2017）豫1325民再10号民事判决书

2. 案由：提供劳务者受害责任纠纷

3. 当事人

原告（再审被申请人）：张清振

被告（再审申请人）：许飞

【基本案情】

原告张清振与郭青志一同受雇于被告许飞，驾驶豫RF6398、豫RC833挂号货车前往鄂尔多斯市准格尔旗准格尔召镇乌兰哈达晟煜新区的煤场拉煤。2016年1月24日，因过磅时超重，原告张清振和郭青志又返还煤场卸煤，卸煤过程中原告张清振从车上摔下受伤。原告随后被送往鄂尔多斯市中心医院住院5天，支付医疗费6313.85元。后转院至邓州市中心医院住院17天，支付医疗费17368.2元。经南阳新风法医临床司法鉴定所鉴定，原告伤情构成两处十级伤残，二次手术费需7500元。另查，原告张清振兄妹二人，父母健在，其父张全六，生于1948年9月24日；其母齐秀兰，生于1944年3月12日；其长女张某，生于2001年9月9日；二女张某某，生于2006年1月12日；儿子张某三，生于2010年4月21日。2015年河南省农村居民人均纯收入为10853元，人均年生活消费支出为7887元。

【案件焦点】

雇主与雇员之间没有约定雇佣活动范围，发生人身损害后，如何认定从事雇佣活动的雇佣范围。

【法院裁判要旨】

河南省内乡县人民法院一审认为，雇员在从事雇佣活动中遭受人身损害，雇主应当承担赔偿责任。被侵权人对损害的发生也有过错的，可以减轻侵权人的责任。鄂尔多斯市公安局交通管理支队109国道东线大队对郭青志的询问笔录，能够证实原告张清振在从事雇佣活动时受伤的事实，故被告许飞作为雇主，应当承担相应赔偿责任。原告张清振作为完全民事行为能力人，没有尽到安全注意，对自身受损的情况，应当承担次要过错责任。结合本案事实，双方的责任应以8∶2为宜。原告张清振的损失，依据有关规定，包括下列项目及标准：1. 医疗费：6313.85元+17368.2元=23682.05元；2. 误工费：70元/天×102天=7140元；3. 护理费：70元/天×22天=1540元；4. 住院伙食补助费：30元/天×22天=660元；5. 营养费：30元/天×22天=660元；6. 残疾赔偿金：10853元/年×20年×12%=26047.2元；另计入被扶养人生活费，其父张全六：7887元/年×12年×12%÷2=5678.64元，其母齐秀兰：7887元/年×8年×12%÷2=3785.76元，其长女张涵：7887元/年×3年×12%÷2=1419.66元，其二女张双：7887元/年×8年×12%÷2=3785.76元，其儿子张双：7887元/年×12年×12%÷2=5678.64元；7. 二次手术费：7500元；8. 精神损害抚慰金，原告张清振受伤致残，考虑原告诉求、受诉法院所在地平均生活水平等因素酌定以4000元为宜；9. 交通费：本院酌定为600元。以上1-9项共计92177.71元。结合双方的责任划分，被告许飞应当赔偿原告张清振因从事雇佣活动遭受人身损害的各项损失共计73742.17元（含被告许飞已经垫付的6313.85元）。被告许飞经本院公告传唤，无正当理由拒不到庭参加诉讼，视为放弃质证和抗辩的权利，本院依法缺席判决。根据《中华人民共和国侵权责任法》第十六条、第二十二条、二十六条，《最高人民法院关于审理人身损害赔偿案件适用法律若干问题的解释》第十一条，《中华人民共和国民事诉讼法》第一百四十四条的规定，判决：被告许飞于本判决生效后十日内赔偿原告张清振的各项损失共计73742.17元（含被告许飞已经垫付的6313.85元）。

原审判决生效后，许飞不服申请再审。

河南省内乡县人民法院再审认为，本案再审被申请人返还煤场卸超重的煤的行为是否超出再审申请人授权范围，也即再审被申请人返还煤场卸超重的煤的行为是否属于雇佣活动范围是本案再审的争议焦点。对此，再审申请人与再审被申请人均没有提供证据证明再审被申请人返还煤场卸超重的煤的行为是否超出雇佣工作范畴，属于雇佣活动约定不够具体明确。但是，再审被申请人返还煤场所从事的卸煤工作是为再审申请人的利益而为之，与履行职务有内在的联系。同时，从执行职务的外表来看，卸煤工作在客观上表现为与雇主指示从事的运煤工作要求相一致。故此，本院再审认为，再审被申请人返还煤场卸超重的煤的行为应当认定为属于从事雇佣活动工作。因此，对于再审申请人不承担赔偿责任的再审主张，本院再审不予支持。但是，本案再审被申请人在卸煤过程中欠缺普通人之注意，即没有能够尽到高度的安全注意义务，客观上对造成自身损害也存在一定过失，所以，根据过失相抵原则，应当减轻再审申请人的赔偿责任，双方之间的责任划分应以6:4为宜。再审被申请人的赔偿项目：原审中的1—5项予以维持；原审中的第6项残疾赔偿金变更为10853元/年×20年×10%=21706元，另计入被扶养人生活费，其父张全六4732.2元（7887元/年×12年×10%÷2），其母齐秀兰3154.8元（7887元/年×8年×10%÷2），其长女张某1183.05元（7887元/年×3年×10%÷2），其二女张某某3154.8元（7887元/年×8年×10%÷2），其儿子张某三4732.2元（7887元/年×12年×10%÷2）；原审中的第7项二次手术费变更为10000元；原审中的第8项精神损害抚慰金变更为3000元；原审中的第9项交通费变更为700元，以上费用共计86045.1元。结合双方的责任划分，再审申请人应当赔偿再审被申请人各项损失共计86045.1元的60%，即为51627.06元（含再审申请人许飞已经垫付的6313.85元+4000元=10313.85元）。依照《中华人民共和国民事诉讼法》第二百零七条第一款，《中华人民共和国侵权责任法》第十六条、第二十二条、第二十六条，《最高人民法院关于审理人身损害赔偿案件适用法律若干问题的解释》第十一条的规定，判决如下：

一、撤销本院（2016）豫1325民初963号民事判决书；

二、再审申请人许飞于本判决生效后十日内赔偿再审被申请人张清振各项损失共计51627.06元（含再审申请人许飞已经垫付的10313.85元）。

【法官后语】

本案许飞对张清振遭受的损害应否承担赔偿责任，关键是看张清振返还煤场卸超重的煤的行为是否属于雇佣活动范围，对此，有两种不同的观点：

第一种观点认为，张清振的工作职责是从事与司机相关的工作，许飞没有授权张清振从事卸煤工作，且装煤、卸煤是煤场装卸工的工作职责，同时，许飞支付的煤款中包含了装煤、卸煤的劳务费，因此，张清振对造成的损害后果应自己承担。

第二种观点认为，张清振与许飞之间没有约定张清振应当承担装煤、卸煤工作，属于雇佣活动范围约定不够具体明确，但张清振返还煤场卸超重的煤的行为是为雇主许飞的利益而为之，与履行职务有内在的联系，所以，许飞对张清振造成的损害后果应承担赔偿责任。

笔者同意第二种观点，理由如下：

如何确定"受雇工作"的范围，是确定雇主对雇员赔偿责任的一个关键问题。《最高人民法院关于审理人身损害赔偿案件适用法律若干问题的解释》第九条第二款规定，"从事雇佣活动"，是指从事雇主授权或者指示范围内的生产经营活动或者其他劳务活动。雇员的行为超出授权范围，但其表现形式是履行职务或者与履行职务有内在联系，应当认定为"从事雇佣活动"。

司法实践中，对雇员从事雇佣活动的范围，笔者认为，可从以下方面来判断：首先，看雇员执行的事务是否是雇主授权或指示范围内的活动，即在雇主授权或指示范围内执行职务的，就属于雇佣活动范围。如雇主的指示虽不够具体明确，但雇员的工作是为雇主的利益而为之，仍应属于雇佣活动范围。其次，从雇员执行职务的外表来看，如果行为在客观上表现为与雇主指示办理的事件要求相一致，就应认为属于雇佣活动范围。第三，对雇员超出授权范围的行为认定问题，应按上述法律规定进行把握，即雇员的行为超出授权范围，但其表现形式是履行职务或者与履行职务有内在联系的，应认定为"从事雇佣活动"。不仅如此，判断是否为雇主工作，是否是在受雇工作中受到伤害，还应结合以下三个方面进行考量：一是雇员所从事工作的性质，即其所从事的工作是否是他应当做的事；二是雇员是否在受雇时间内遭受损害，这里的受雇时间与受雇员工作有关；三是损害发生时，雇员所在地是否为该出现的地方。

本案中，张清振与许飞之间虽然对雇佣活动范围约定不够具体明确，但张清振返还煤场卸超重的煤的行为是为雇主许飞的利益而为之，与履行职务有内在联系的，并且从执行职务的外表来看，卸煤工作在客观上表现为与许飞指示从事的运煤工作要求相一致。同时，张清振是在受雇时间内遭受损害，且张清振从车上摔下受伤的场所是张清振应该出现的地方。故此，张清振的卸煤工作应当认定为属于从事雇佣活动工作，许飞对张清振造成的损害后果应承担赔偿责任。

编写人：河南省内乡县人民法院　成延洲　杨慧文

3

“请人做工”形成的民事关系认定标准

——梁鸾英诉韦和芳提供劳务者受害责任案

【案件基本信息】

1. 裁判书字号

广西壮族自治区来宾市中级人民法院（2017）桂 13 民终 969 号民事判决书

2. 案由：提供劳务者受害责任纠纷

3. 当事人

原告（上诉人）：梁鸾英

被告（被上诉人）：韦和芳

【基本案情】

原告梁鸾英之子廖乃平生前与证人梁某系好友，证人梁某在得知同是太山村委村民的被告韦和芳欲请人为其林地割草后，随即将这一消息告知了好友廖乃平。经得梁某介绍，被告韦和芳与廖乃平达成口头协议，约定廖乃平为被告经营管理、位于桐木镇太山村委“乔山”岭地的三亩桉树林割杂草，廖乃平割完 3 亩桉树林的杂草后，被告即支付 300.00 元工钱。2016 年 9 月 29 日下午，廖乃平的尸体被梁某发现在桐木镇太山村委“乔山”岭地。金秀瑶族自治县公安局接警后，即派警赴现场开展相关工作，排除他杀可能。之后，廖乃平亲友将其尸体送至荔浦县殡仪馆火化，被告韦和芳支付了相关的火化费用，并与介绍人梁某出具《欠条》一份，上载“韦和芳、梁某欠梁兰秀 1 万元护养费，欠款日期 2017 年 2 月止”，但直至起诉之日，被告韦和芳未支付 1 万元款项。原告梁鸾英多次与被告韦和芳就赔偿问题协商未果后，遂诉至人民法院，请求判令被告韦和芳赔偿廖乃平被野蜂蜇死造成的各项经济损失共计267299.00元。以致双方涉诉。

庭审中，被告对原告诉求各项损失按2016年广西道路交通事故人身损害赔偿项目计算标准计算予以认可，对廖乃平死于野蜂蜇叮亦无异议。

另查明，梁兰秀系已故廖乃平同母异父的姐姐。

【案件焦点】

1. 已故廖乃平与被告韦和芳之间的法律关系如何认定，是承揽合同关系或雇佣关系或劳务关系；2. 原告之子是否在劳作过程中身亡？

【法院裁判要旨】

广西壮族自治区金秀瑶族自治县人民法院审理认为，原告梁鸾英之子廖乃平（已故）与被告韦和芳口头约定，完成三亩桉树林的割草任务，即可获得报酬，劳作方式较为自由，不存在服从管理与被服从管理的关系。而其所从事的事项技术含量较低，并不包含较高的技术含量及付出智力成果，且在劳作时均是自带简易工具（割草机），既不需要专业生产设备辅以实施工作，亦不存在亏损风险，因此报酬成分单一。换言之，原告等人所获取的劳动酬劳是劳务行为的价值体现，而承揽关系的劳动报酬是基于自身的技能或生产规模，原材料的价格等确定的，劳动报酬有时与材料的价格相结合，而且，承揽人还要承担潜在亏损的风险，而本案中廖乃平劳作特点明显不符合承揽合同关系。因此，本院据上述分析认定廖乃平与被告韦和芳之间系劳务关系。关于原告之子是否在劳作过程中身亡的问题，原告提供的证据均未能充分证明原告之子被野蜂蜇叮而死系在劳作过程中。因此，原告诉求的法律事实，因无充分证据予以辅证，一审法院据此存疑，故作出驳回原告梁鸾英的全部诉讼请求的判决。二审法院同意一审法院裁判意见。

【法官后语】

本案在审理过程中，产生三种不同观点。

第一种观点认为，被告雇佣原告之子割草，并约定劳动报酬，原告之子在劳作过程中被野蜂蜇伤致死，后被告支付了相关火化费用，同时出具欠条，欠条载明被告欠原告之女护养费10000元。原、被告之间是一种雇佣关系，《最高人民法院关于审理人身损害赔偿案件适用法律若干问题的解释》第十一条规定，雇员在从事雇佣活动中遭受人身损害，雇主应承担赔偿责任。本案中，雇主应承担无过错责任，被告应赔偿原告各项经济损失。

第二种观点认为，从被告提供的证据来看，原告之子在被告安排的岭地割草劳作，但并不受被告的管理和支配，原告之子只是按照被告的要求完成割草工作并取得一定的报酬。因此，被告与原告之子并非雇佣关系，而是一种承揽合同关系。原告之子作为承揽人在完成工作过程中，造成自身损害的，被告作为定作人不承担赔偿责任。

第三种观点认为，原告之子与被告口头约定，完成割草任务，即可获得报酬，劳作方式不存在服从管理与被服从管理的关系，且所从事的事项技术含量较低，在劳作时均是自带简易工具（割草机），亦不存在亏损风险，报酬成分单一。因此，原告之子与被告之间既不是雇佣关系，亦不是承揽关系，而应认定原告之子与被告之间系劳务关系。本案中，被告应承担过错责任。

具体到本案，已故廖乃平与被告韦和芳口头约定，完成三亩桉树林的割草任务，即可获得报酬，劳作方式较为自由，不存在服从管理与被服从管理的关系。而其所从事的事项技术含量较低，并不包含较高的技术含量及付出智力成果，且在劳作时均是自带简易工具（割草机），既不需要专业生产设备辅以实施工作，亦不存在亏损风险，因此报酬成分单一。换言之，原告等人所获取的劳动酬劳是劳务行为的价值体现，而承揽关系的劳动报酬是基于自身的技能或生产规模、原材料的价格等确定的，劳动报酬有时与材料的价格相结合，而且，承揽人还要承担潜在亏损的风险。而本案中廖乃平劳作特点明显不符合承揽合同关系。因此，本院据上述分析认定廖乃平与被告韦和芳之间系劳务关系。

另外，分析原告之子是否在劳作过程中身亡的问题。

本案中，原告之子在涉诉岭地被野蜂蜇叮致死，事故发生时，并无现场目击证人。而证人梁某证言陈述，2017 年 9 月 28 日晚，原告之子与梁某两个人一起喝酒的过程中，原告之子透露其已经获得工钱，并打算到“乔山”岭地找蜂蛹回来下酒，导致后来被野蜂蜇死。加之原告提供的证据均未能充分证明原告之子被野蜂蜇叮而死系在劳作过程中。因此，原告诉求的法律事实，因无充分证据予以辅证，据此存疑，并依据《最高人民法院关于适用〈中华人民共和国民事诉讼法〉的解释》

第九十条“当事人对自己提出的诉讼请求所依据的事实或者反驳对方诉讼请求所依据的事实，应当提供证据加以证明，但法律另有规定的除外。在作出判决前，当事人未能提供证据或者证据不足以证明其事实主张的，由负有举证证明责任的当事人承担不利的后果”之规定，对其诉求的各项损失不予支持。

随着经济的发展，人们生活水平的提高，个人对服务业需求的增加，个人与个人之间的交易越来越频繁，家政、修理、保洁等服务行业越来越多地走进居民的日常生活，由此引发的人身损害赔偿案件也日趋增多。由于劳务关系、雇佣关系、承揽关系中均可能涉及个人之间的交易，三者在外延和内涵上既有交集又有不同，而不同的法律关系在举证责任、责任承担方面会产生不同的法律后果，因此一旦在个人之间交易的过程中发生人身损害，当事人之间“关系之争”就不可避免地成了双方争议的焦点。

通过对上诉案例的分析，可以确定在发生人身损害侵权行为和后果时，雇佣、承揽、劳务关系可以通过以下方式区分：

1. 概念不同。

雇佣关系是指受雇佣人在一定或不特定的期间内，接受雇佣人的指挥与安排，为其提供特定或不特定的劳务，雇佣人接受受雇人提供的劳务并依约给付报酬的权利义务关系。

承揽关系是承揽人按照定作人的要求完成工作，交付工作成果，定作人给付报酬的权利义务关系。

劳务关系是指两个或两个以上的平等主体之间就劳务事项进行等价交换过程中形成的权利义务关系。

2. 双方当事人之间的人身支配与服从管理关系不同。

雇佣关系中雇主与雇员之间的地位是不平等的，双方之间具有支配与服从的关系，雇佣人必须为受雇人提供合理的劳动条件和安全保障，同时对其工作进行监督管理，受雇人则需听从雇佣人的安排，按其意志提供劳务；承揽合同关系中双方当事人的地位是平等的，不存在支配与服从的关系，在劳动中承揽人一般是自行决定自己的操作规程和劳动过程，不受定作人的组织指挥和监督管理，承揽人在完成工作中具有独立性；劳务关系中双方只形成劳动力的支配与被支配关系，并不存在服从管理与被服从管理关系。

3. 提供劳动和支付报酬的内容不同。

加工承揽关系中，承揽人所付出的主要是一定技术成果，其次才是一定的劳动力；承揽事项应具有特殊性，它一般需要具备相应的设备条件，蕴含一定的技术成分，为此，合同法规定承揽事项包括加工、定作、修理、复制、测试、检验等相类似的工作，且规定了承揽人应当以自己的设备、技术和劳力，完成主要工作。承揽关系中的报酬也不同于一般劳务关系中的报酬，其报酬不仅仅包含劳动力的价值，还应当含有技术成分的价值以及一定的利润成分，即定作人接受承揽人物化的劳动成果，该成果是定作人付酬的直接对象。而在雇佣关系中，雇工所付出的主要是劳动力，当然也包含一定的技术成果，但通常其技术含量比较低，其报酬成分也比较单一，仅仅包括劳动力的价值。雇主享有雇工劳动的一切成果，这种成果不是雇主付酬的直接对象。而在劳务关系中劳务者只提供单纯的体力劳动，没有技术含量的成分，所获报酬也仅是劳动力的价值。

无论是民事活动还是市场交易都应当遵循自愿、平等、等价有偿、诚实信用的原则。和谐的市场劳动关系既要保障提供劳务者的合法权益，又要降低使用劳务一方的用工风险。雇佣关系与劳动关系在主体上接近，都是提供劳务者与企业、个体经济组织形成用工关系，该种方式可以通过签订劳动合同、建立劳动关系并为劳动者购买社会保险的方式降低用工者使用劳务的风险，也可以为劳动者提供更多的安全和劳动保障；而劳务关系、承揽关系无法在形式上形成劳动关系，用工者也无法通过其他方式降低用工风险，因此无论是提供劳务一方还是使用劳务一方，均应尽到足够的注意义务，在提供劳务和使用劳务的过程中，既要注意自身的安全，又要保障用工环境的安全，尤其是在承揽关系中，承揽人作为专业人士，更应增强风险意识，在承揽加工过程中，注意自身安全的保障。

编写人：广西壮族自治区来宾市金秀瑶族自治县人民法院　曾智菊

4

无营业执照“家庭式作坊”造成劳动者伤害引起工伤的，不影响劳动赔付

——罗德伍诉陈国学劳动争议案

【案件基本信息】

1. 裁判书字号

四川省大邑县人民法院（2017）川0129民初968号民事判决书

2. 案由：劳动争议纠纷

3. 当事人

原告：罗德伍

被告：陈国学

【基本案情】

2010年，被告陈国学到大邑县蔡场镇万石桥2组租用场地开办了“成都三鹰家私厂”，但至今未办理营业执照。2010年，原告罗德伍到“成都三鹰家私厂”务工，一直受被告陈国学管理，并由被告陈国学发放工资。2016年9月12日17时许，原告罗德伍在工作时，被机器铣床致伤左手的食指、中指，当即被送往成都现代医院治疗，检查诊断为：左示中指于中节近端离断，示中指骨质碎裂部分缺损，离断指体毁损，左环指于背侧见两条纵行皮肤裂口，指背皮肤撕脱，撕脱皮肤斑片状淤血，各伤口活动性出血，创缘不齐等。原告罗德伍住院治疗14天，于2016年9月26日出院。出院医嘱：隔日伤口换药，保持伤口干燥；禁止吸烟，远离吸烟区，伤肢保暖；术后3—4周复查；医生指导下功能锻炼；建议休息一个月；如有不适，门诊随访。原告罗德伍受伤治疗期间，被告陈国学支付了全部医疗费，并垫付9000元。2016年10月25日，原告罗德伍向成都市人力资源和社会保障局申请

工伤认定，2016 年 11 月 14 日，该局依据相关法律规定作出［2016］15－023 号《中止工伤认定通知书》。2016 年 11 月 15 日，原告罗德伍的伤情经成都清源司法鉴定中心鉴定为伤残等级 7 级，误工期 90 日、护理期 90 日、营养期 60 日，支付鉴定费 1800 元。2016 年 12 月 8 日，经成都清源司法鉴定中心鉴定，原告罗德伍配置义指需 4000 元，支付鉴定费 900 元。

2016 年 12 月 14 日，原告向大邑县劳动人事争议仲裁委员会申请劳动争议仲裁，2016 年 12 月 19 日，该仲裁委员会以当事人主体不适格为由，作出大劳人仲委不字（2016）第 130 号《不予受理通知书》。2017 年 3 月 3 日，原告向成都市人力资源和社会保障局申请工伤认定，该局以用人单位无工商营业执照为由，作出［2017］18－33 号《工伤认定申请不予受理决定书》。2017 年 3 月 6 日，原告罗德伍为鉴定伤情在金沙医院进行放射检查，支付检查费 179 元。2017 年 4 月 19 日，原告罗德伍的伤情经成都劳动能力鉴定委员会鉴定为 8 级伤残，支付鉴定费用 300 元。

【案件焦点】

农民工与生产规模不大、用人不多的“家庭式作坊”之间是否成立劳动关系？

【法院裁判要旨】

四川省大邑县人民法院经审理认为：被告陈国学经营的“成都三鹰家私厂”，有固定的经营场地、办公设施及生产设备，有较为稳定的从业人员，也有一定的管理组织活动，符合用人单位的实体条件。原告罗德伍自 2010 年到“成都三鹰家私厂”务工后，双方已建立劳动关系。对被告陈国学认为原告罗德伍是提供劳务受害的抗辩意见，本院不予采纳。原告罗德伍在工作时受伤，因被告陈国学开办的“成都三鹰家私厂”无营业执照，属非法用工，故，被告陈国学应按《非法用工单位伤亡人员一次性赔偿办法》规定支付原告罗德伍一次性赔偿。根据该办法的规定，原告罗德伍应获得的一次性赔偿包括：1. 检查费 179 元及残疾辅助器具费 4000 元，有相关医疗票据及相关鉴定结论证实，本院予以确认；2. 治疗期间的伙食补助费 420 元（30 元/天×14 天）；3. 治疗期间的护理费参照当地护工从事同等级别护理的劳动报酬标准 80 元/天计算为 1120 元（80 元/天×14 天）；4. 交通费根据其治疗情况酌定为 500 元；5. 生活费结合治疗情况及医嘱确定为 44 天，按照 2015 年度成都市职工年平均工资57480元计算为6929.10元（57480元/年÷365天×44天）；6. 因辅助器械费用及劳动能力鉴定结论被采信并有相应的票据予以印证，鉴定费1200元本院予以确认；7. 一次性赔偿金按照2015年度成都市职工年平均工资57480元计算为172440元（57480元×3倍），共计186788.10元。被告陈国学垫付的9000元，在其应支付的一次性赔偿中扣除。

四川省大邑县人民法院依照《中华人民共和国劳动法》第九十三条，《工伤保险条例》第六十六条，《非法用工单位伤亡人员一次性赔偿办法》第二条、第三条、第四条、第五条之规定，作出如下判决：

一、被告陈国学在本判决生效之日起三十日内支付原告罗德伍一次性赔偿177788.10元；

二、驳回原告罗德伍的其他诉讼请求。

【法官后语】

本案处理重点主要在于对农民工与生产规模不大、用人不多的“家庭式作坊”之间是否成立劳动关系的理解。尽管我国《工伤保险条例》第六十六条、《非法用工单位伤亡人员一次性赔偿办法》第二条至第五条明确了劳动者在无营业执照或未经依法登记、备案的单位以及被依法吊销营业执照或撤销登记、备案的单位因工作原因受到伤害时，应按照劳动争议的有关规定进行处理，由不具备企业主体资格的投资者、经营者等个人给予一次性赔偿。但司法实践中，对农民工与生产规模不大、用人不多的“家庭式作坊”之间是否成立劳动关系存在一定困惑。笔者认为，“家庭式作坊”若具备了传统意义上用人单位的用工条件和组织管理，符合用人单位的实体条件，即便“家庭式作坊”无营业执照，也可认定农民工与“家庭式作坊”之间成立劳动关系，农民工因用工发生的伤害、死亡即为工伤、工亡。如此，不但尊重劳动者的人身权利，而且警醒了无营业执照“家庭式作坊”对劳动安全的重视。反之，则按照《最高人民法院关于审理人身损害赔偿案件适用法律若干问题的解释》，以提供劳务者受害进行赔偿。

编写人：四川省成都市大邑县人民法院　唐鑫

5

如何确定工程召集人、房主与雇员之间的雇佣关系

——丁秀清等四人诉黄金海、龚建超提供劳务者受害责任案

【案件基本信息】

1. 裁判书字号

河南省罗山县人民法院（2016）豫1521民初1918号民事判决书

2. 案由：提供劳务者受害责任纠纷

3. 当事人

原告：丁秀清、钟全界、杨长秀、钟顺意

被告：黄金海、龚建超

【基本案情】

被告龚建超在罗山县周党镇龙镇村三组有两层三间旧房一处。2017年年初，被告龚建超打算拆除该旧房并新建住房，遂联系被告黄金海，双方口头商定工价款为8000元（包括清除建筑垃圾），拆房工具自备，被告龚建超另提供用电、饮用水、每人一包烟、中午管一顿饭。后被告黄金海联系其父亲黄全君及黄金玉、黄金群、黄全柱、钟在平、钟在明、钟在铜八人（含被告黄金海），自带拆房工具进行施工。2017年3月6日下午5时，钟在平、钟在明、钟在铜及被告黄金海四人在房屋二层拆房施工，其余四人在楼下干活，钟在平及被告黄金海在拆除二层中间房屋南北墙作业的过程中，二层中间房屋东墙倒塌，将钟在平及被告黄金海砸倒受伤，后被救出送往罗山县人民医院救治。钟在平经抢救无效于事故当日死亡。另查明，该拆房施工的工人均是由被告黄金海组织联系，且该拆房施工的八人相互之间并非全部相识；同时，在施工作业中，工人均受被告黄金海指挥和管理。

【案件焦点】

如何确定工程召集人、房主与雇员之间的雇佣关系？

【法院裁判要旨】

河南省信阳市罗山县人民法院经审理认为：本案被告黄金海承包被告龚建超两层三间旧房拆除工程，并联系钟在平等人进行拆房施工作业，但在组织施工中没有严格管理好施工人员规范操作，安全施工，致钟在平在拆房作业过程中，被二层中间房屋倒塌的东墙砸倒死亡，作为雇主其应当承担主要的赔偿责任。丁秀清等四原告的亲属钟在平系完全民事行为能力人，在拆房施工作业过程中，应当谨慎作业，但其自我安全意识不强，未尽充分安全注意义务，亦有一定的过错，可减轻其他侵权人的责任。被告龚建超将其两层三间旧房拆除工程发包给被告黄金海组织施工，其虽无过错，但作为该旧房房主，其是受益人，对原告的合理损失依法应给予适当的补偿。根据本案案情可以认定钟在平与被告黄金海之间系雇佣关系。丁秀清等四原告主张被告黄金海与被告龚建超之间亦系雇佣关系，经查，被告龚建超打算拆除其位于周党镇龙镇村的两层三间旧房新建住房，其联系被告黄金海后，双方口头对工价款、工具自备及中午管饭等事宜进行了商定，随后被告黄金海联系钟在平等人进行施工，故双方属承揽合同关系。结合本案实际，法院酌定由被告黄金海承担45%的责任，被告龚建超承担15%的责任，原告自负40%的责任。

河南省信阳市罗山县人民法院依照《中华人民共和国侵权责任法》第六条第一款、第十六条、第十八条、第二十二条、第二十六条、第三十五条，《最高人民法院关于审理人身损害赔偿案件适用法律若干问题的解释》第二十八条，《中华人民共和国民事诉讼法》第六十四条之规定，并经本院审判委员会讨论决定，作出如下判决：

一、被告黄金海于本判决生效后十五日内赔偿原告丁秀清、钟全界、杨长秀、钟顺意各项损失151605.5元；

二、被告龚建超于本判决生效后十五日内赔偿原告丁秀清、钟全界、杨长秀、钟顺意各项损失3868.5元（已扣除被告龚建超垫付款40000元）；

三、驳回原告丁秀清、钟全界、杨长秀、钟顺意的其他诉讼请求。

宣判后，双方当事人未上诉，检察机关未抗诉，一审判决已生效。

【法官后语】

随着群众生活水平的提高，农村群众房屋改造及相关工程大量出现，此类案件呈上升趋势。且此类案件已具备模式化，雇员通过一位召集者到房主家工作，雇员受伤后起诉召集者及房主。同时，雇员与召集者、房主之间就劳务报酬、支付方式、工程结算、材料工具提供等问题也无书面约定，这给法院准确认定各方之间法律关系性质造成了很大困难。

雇佣合同是指受雇人提供劳务，雇佣人给付报酬的合同，是以提供劳务为标的的合同，受雇人只要按照雇佣人的指示提供了劳务，而无须过问劳务是否产生了雇佣人可期望的结果，受雇人都有权要求雇佣人给付报酬。承揽合同是指承揽人按照定作人的要求完成工作，交付工作成果，定作人给付报酬的合同，承揽人以自己的设备、技术、劳力独立完成工作，其标的为工作成果。

一般情况下，在承揽关系中，定作人对承揽人及为承揽人提供劳务者所受损害不负赔偿责任；在雇佣关系中，雇主对雇员所受损害承担赔偿责任，实际上就是对自身指示负责。承揽合同双方的主要义务是：承揽人按照定作人的要求以自己的设备、技术、劳力交付工作成果，定作人给付报酬，故承揽人及提供劳务的第三人与定作人无人身依附性。雇佣合同关系的双方主要义务是：提供劳务者、雇员依照雇主授权、指示提供劳务，对人而不对工程成果负责。雇主提供指令、场地、工具、材料等物质条件、组织人力，有强烈的人身依附性。

因为农村建房的随意性，决定了各方约定的内容通常没有书面协议，且约定的方式各有不同，处理案件时必须具体问题具体分析，必须从工程初期洽谈、材料购买、人员召集、工资约定、工资发放、设备提供、结算方式等多方面了解情况，最终确定工程召集人与房主之间的法律关系。一般而言，若由召集人确定并负责材料购买、人员召集、工资发放、设备组织与提供，且结算方式按工程成果结算的，就能确定召集人与房主系承揽合同关系。

本案中，根据双方当事人的陈述，被告龚建超（房主）与被告黄金海（召集人）双方口头商定工程价款。施工期间，黄金海根据施工需要招聘七人参加劳务，这七人均受黄金海的指挥和管理，并从黄金海手中领取劳务报酬。可认定房主龚建超与工程召集人黄金海之间构成加工承揽合同关系。雇员钟在平（死者）与房主龚建超既不相识，也不知道承揽加工费用等事项。钟在平属于黄金海个人聘请，钟在平从事的具体劳务均受黄金海指派，其劳务报酬也由黄金海支付，对黄金海有较强的人身依附性。据此可认定，黄金海与钟在平之间属于雇佣合同关系。钟在平属于雇员，其在从事雇佣活动中遭受人身损害，黄金海作为雇主应依法承担相应责任。

编写人：河南省信阳市罗山县人民法院　孔晶晶

6

雇佣关系的认定与人身损害的归责

——陈建权诉兴宁市新星百货商行、李杏梅提供劳务者受害责任案

【案件基本信息】

1. 裁判书字号

广东省梅州市中级人民法院（2017）粤14民终81号民事判决书

2. 案由：提供劳务者受害责任纠纷

3. 当事人

原告（被上诉人）：陈建权

被告（上诉人）：兴宁市新星百货商行

被告：李杏梅

【基本案情】

被告兴宁市新星百货商行的经营者赖新星与被告李杏梅是夫妻，被告兴宁市新星百货商行于2015年5月开始雇佣原告陈建权从事纸品运输工作。2016年3月22日，原告陈建权驾驶粤MTA8××号轻型厢式货车由兴宁市兴城镇出发沿S225线往兴宁市黄陂镇方向行驶，行至S225线53KM+480M兴宁市合水镇龙北富和村曾屋路段时，因操作措施不当，致使车辆驶出右侧路外，碰撞到路外行道树，造成原告陈建权受伤的交通事故。事故发生后，兴宁市公安局交通警察大队认定，陈建权承

担此次事故的全部责任。原告受伤后被送至兴宁市人民医院住院治疗至2016年5月16日，住院天数为55天，诊断为：1. 右桡尺骨骨折；2. 左胫骨骨折；3. 左小腿挫裂伤。处理意见：1. 住院期间其中前面一月陪护人员两人，其余时间为一人；2. 建议休养三个月；3. 拆除内固定费用约八千元。2016年6月25日，广东客都法医临床司法鉴定所作出《司法鉴定意见书》，评定原告的伤情为十级伤残，用去鉴定费3500元。原告住院期间，被告兴宁市新星百货商行聘请1名人员护理原告一个月并支付相应的护理费。对原告此次受伤造成的损失，被告兴宁市新星百货商行除支付了住院的医疗费和一部分护理费外，对于其余损失如何赔偿，双方经协商未果，原告遂向法院提起诉讼，提出上述诉讼请求。

庭审中，原告坚持其诉讼请求，被告兴宁市新星百货商行认为自己已经支付了全部医疗费，原告自己驾驶车辆采取操作措施不当，致使车辆碰撞路外行道树，造成原告受伤，且原告在此次交通事故中负全部责任，应由原告自行承担损失。

以上事实，有原告提供的道路交通事故认定书、疾病证明书、住院病案首页、入院记录、出院记录、手术记录、司法鉴定意见书、鉴定发票、驾驶证、房屋产权证明、护理人员身份证、出生证，被告提交的身份证、营业执照、医疗费收据、收条、工资结算表等证据及本院庭审笔录附卷予以证实。

【案件焦点】

1. 一审对双方责任的划分是否正确；2. 应否支持精神损害抚慰金。

【法院裁判要旨】

广东省兴宁市人民法院经审理认为：原告陈建权受被告兴宁市新星百货商行雇请从事纸品运输工作，原告陈建权与被告兴宁市新星百货商行之间的雇佣关系成立。原告在从事雇佣活动中因发生交通事故受伤，被告兴宁市新星百货商行作为雇主应承担无过错赔偿责任。根据《中华人民共和国侵权责任法》第二十六条："被侵权人对损害的发生也有过错的，可以减轻侵权人的责任。"第三十五条："……提供劳务一方因劳务自己受到损害的，根据双方各自的过错承担相应的责任"，对原告陈建权的受伤，被告兴宁市新星百货商行作为雇主，属于接受劳务的一方，对运输过程具有主动控制权，对驾驶的车辆、驾驶人员的安全负有指导义务，原告陈建权是在为其运输纸品过程中发生交通事故而受伤，被告兴宁市新星百货商行作为雇主和受益人，应当承担原告受伤造成损失的主要赔偿责任，即70%为宜。原告陈建权属于提供劳务的一方，作为成年人，自身负有安全工作的义务，因其自身在驾驶车辆中操作不当，未注意安全，不小心撞到路旁道树受伤，所以原告陈建权也应负担次要责任，即30%为宜。

关于原告伤残等级的认定问题，被告兴宁市新星百货商行、李杏梅对原告陈建权的伤残等级有异议，认为是原告单方委托，对其鉴定结论不予认可，但被告兴宁市新星百货商行、李杏梅未能提供证据证实广东客都法医临床司法鉴定所对伤者陈建权的伤残等级评定有程序违法或在鉴定中有违法行为或鉴定人及被鉴定人之间有法律禁止性的相关规定的情况，也未申请对原告陈建权的伤残进行重新鉴定，同时，广东客都法医临床司法鉴定所是依法登记成立的、有资质的司法鉴定机构，对伤者陈建权作出的伤残鉴定结论程序合法，故本院对广东客都法医临床司法鉴定所对原告陈建权的伤情评定为十级伤残的结论意见予以采信。

关于被告李杏梅是否应承担赔偿责任的问题，根据《民事诉讼法司法解释》第五十九条："在诉讼中，个体工商户以营业执照上登记的经营者为当事人。有字号的，以营业执照上登记的字号为当事人，但应同时注明该字号经营者的基本信息。营业执照上登记的经营者与实际经营者不一致的，以登记的经营者和实际经营者为共同诉讼人。"本案中，被告兴宁市新星百货商行的登记户主为赖新星，原告提出被告李杏梅是兴宁市新星百货商行的实际经营者，但其未提供证据证实，且被告李杏梅、兴宁市新星百货商行予以否认。故被告李杏梅不承担相应的赔偿责任。

对原告陈建权受伤造成的各项经济损失，应参照《广东省2016年度人身损害赔偿计算标准》进行计算，具体损失如下：

1. 误工费，根据原告在被告处工作的月平均工资为2633.89元。原告误工天数计算至评残前一日共95天，被告同意误工费计算145天，每月工作时间按25天计算，是其对自身权利的处分，本院予以支持。故原告误工费为2633.89元/月÷25天×145天（住院55天+医院建议休息3个月）=15276.56元。

2. 住院伙食补助费。原告请求5500元（100元/天×55天），符合法律规定，且双方对住院天数55天无异议，本院予以准许。

3. 营养费。根据兴宁市人民医院疾病证明书并未注明病人需加强营养，故营养费本院不予支持。

4. 护理费。根据医院“住院期间其中一月陪护人员两人，其余时间为一人”的医嘱建议，本院确定原告住院期间前一个月护理人员为2人，护理天数为30天；住院后期护理人员为1人，护理天数为25天。但原告并未向本院提交护理人员基本收入情况。故护理费参照当地护工报酬计算，本院酌情确定为100元/天。因原告住院期间前一个月，被告聘请一名护理人员护理原告，因此原告护理费5500元[100元/天×（住院55天×陪护1人）]。

5. 残疾赔偿金。原告的伤情经广东客都法医临床司法鉴定所鉴定为十级伤残，结合原告的户口性质及年龄情况，残疾赔偿金为69514.4元（34757.2元/年×20年×10%）；被抚养人生活费，陈建权与卓某某婚后生育儿子陈某某（2016年6月9日出生），从2016年7月2日陈建权定残之日起计算至陈某某18周岁时止，需计算被抚养人生活费18年。故被抚养人生活费计算为23105.79元（25673.1元/年×18年÷2人×10%）；残疾赔偿金合计为92620.19元（69514.4元+23105.79元）。

6. 伤残鉴定费。原告请求鉴定费3500元有相关的发票证实，本院予以认定。

7. 后续治疗费。原告请求后续治疗费8000元有兴宁市人民医院疾病证明书予以证明，本院予以支持。

8. 精神损害抚慰金。本次事故造成原告十级伤残，必然会给原告带来精神痛苦，原告请求被告赔偿精神损害抚慰金符合有关法律规定，本院应予支持，但原告请求赔偿10000元的数额偏高，根据原告的过错程度，以及发生交通事故所造成的后果等因素考虑，酌情确定原告精神损害抚慰金5000元为宜。

9. 交通费。交通费应当以正式票据为凭，有关凭据应当与就医地点、时间、人数、次数相符合。原告没有向法院提供交通费票据。本院根据原告在兴宁市人民医院住院治疗的事实，结合原告住院期间需乘车入院和出院以及原告住院期间其亲人探望原告需支出交通费用的实际情况，本院酌情支持需交通费500元。

以上1—9项，原告的各项经济损失共135896.75元，此款由被告兴宁市新星百货商行承担70%，即95127.73元（135896.75元×70%），由陈建权自行负担40769.02元（135896.75元×30%）。关于被告要求原告返还医疗费、车辆损失费的主张，因原告没有在诉讼请求中请求，属另一法律关系，被告另行申请解决。现依照《中华人民共和国民法通则》第一百一十九条、第一百三十一条，《中华人民共和国侵权责任法》第十六条、第二十二条、第二十六条、第三十五条，最高人民法院《最高人民法院关于审理人身损害赔偿案件适用法律若干问题的解释》第二条、第十七条、第十八条、第十九条、第二十条、第二十一条、第二十二条、第二十三条、第二十五条、第二十八条规定，判决如下：

一、被告兴宁市新星百货商行应在本判决生效后十日内赔偿原告陈建权各项损失共计95127.73元。

二、驳回原告陈建权的其他诉讼请求。

如果未按本判决指定的期间履行给付金钱义务，应当依照《中华人民共和国民事诉讼法》第二百五十三条规定，加倍支付迟延履行期间的债务利息。

兴宁市新星百货商行不服一审判决，向广东省梅州市中级人民法院提起上诉。

广东省梅州市中级人民法院经审理认为：关于一审对双方责任的划分是否正确的问题。《中华人民共和国侵权责任法》第三十五条规定："个人之间形成劳务关系，提供劳务一方因劳务造成他人损害的，由接受劳务一方承担侵权责任。提供劳务一方因劳务自己受到损害的，根据双方各自的过错承担相应的责任"。本案中，陈建权在提供劳务过程中因劳务自己受到损害，提供劳务者陈建权与接受劳务者兴宁市新星百货商行应根据各自的过错承担相应的责任。从事故发生的原因来看，事发当时雨势较大路滑，且位于弯道路段，比较容易发生交通事故。从陈建权当日工作强度来看，当日八点钟开始送货，前往了多个乡镇，且事发时已经是中午，其尚未吃午餐，还要赶往下一个乡镇送货，连续的搬货开车容易造成疲劳，增加驾驶车辆的危险程度。并且，兴宁市新星百货商行为雇员设定的报酬构成为底薪加提成，提成与其送货多少相关，也易导致雇员为了多获得报酬而赶工。结合上述事故原因、工作强度、报酬构成等因素，陈建权作为提供劳务一方对自己受到的伤害并不存在重大过失。兴宁市新星百货商行作为接受劳务一方，在工作强度、报酬构成及不利天气情况下对雇员的工作安全保障不够，对雇员陈建权受到的损害存在一定过错，应承担一定责任。一审结合本案实际，认定兴宁市新星百货商行对陈建权在提供劳务中受到的损害承担70%的责任，陈建权自行承担30%的责任并无不当。兴宁市新星百货商行主张不应承担赔偿责任，理由不足，不予支持。

关于应否支持精神损害抚慰金的问题。《中华人民共和国侵权责任法》第二十二条规定："侵害他人人身权益，造成他人严重精神损害的，被侵权人可以请求精神损害赔偿。"陈建权因人身损害造成十级伤残，必然会给其带来精神痛苦，陈建权请求精神损害抚慰金赔偿项目符合法律规定。

综上所述，兴宁市新星百货商行的上诉请求不能成立，应予驳回；一审判决认定事实基本清楚，适用法律正确，应予维持。依照《中华人民共和国民事诉讼法》第一百七十条第一款第一项之规定，判决如下：

驳回上诉，维持原判。

【法官后语】

雇佣关系是指雇佣人在一定或不特定的期间内，从事雇主授权或指示范围内的生产经营活动或其他劳务活动，雇主接受雇佣人提供的劳务并按约定给付报酬的权利义务关系。

一、雇佣关系的基本特征

雇佣合同是提供劳务的合同。雇员根据雇主要求提供相应的劳务，雇主提供劳动报酬，不管雇主的最终目的是否实现都要支付相应的报酬。

雇佣合同是双务有偿合同。双方当事人均有各自的权利义务，雇主享有接受雇员们提供劳务的权利，但是也同时需要履行提供报酬的义务；雇员享有请求雇主及时足额支付劳动报酬的权利，同时也需要根据雇主的要求按时按量完成劳务。

雇佣合同是诺成合同，也是不要式合同。雇佣合同只要雇主和雇员双方经过平等协商达成一致就可以成立生效，不需要特定行为发生。另外，雇佣合同也是不要式合同，没有特定的格式要求，既可以是书面也可以是口头。

雇佣合同具有人身性。劳务的提供需要与雇员的人身高度依附，雇员必须在特定期间内根据雇主要求提供劳务，包括时间、地点，雇员自身没有自由选择的权利。

二、雇佣关系的责任承担

《中华人民共和国侵权责任法》第三十五条指出，对于因为提供劳务对他人造成损害的，由接受劳务的一方当事人承担侵权责任。提供劳务一方因为劳务导致自己受到损害的，由双方当事人根据自身过错承担相应的责任。《最高人民法院关于审理人身损害赔偿案件适用法律若干问题的解释》第十一条规定，如果因为雇佣关系之外的第三人原因导致雇员人身损害的，既可以直接请求第三人承担赔偿责任，也可以要求雇主先期承担赔偿责任，再由雇主向该第三人追偿。因此，雇佣关系中法律责任基本有以下三个方面：

1. 因雇员劳务造成第三人损害时法律责任的承担。根据侵权责任法规定，在因为劳务造成他人损害时，雇主承担的是无过错责任，雇主对于因为雇员提供劳务导致的损害需要承担赔偿责任，需要指出的是，如果损害发生与提供劳务并无直接关系，则雇主无需赔偿，比如在提供劳务期间，因为雇员个人行为侵害第三人合法权益。

2. 提供劳务一方因劳务自己受到损害时法律责任的承担。根据侵权责任的相关规定应该适用过错责任，由雇主与雇员双方的过错来承担相应的法律责任。在侵权责任法之前，《最高人民法院关于审理人身损害赔偿案件适用法律若干问题的解释》第十一条规定，雇员在从事雇佣活动时人身受到侵害，雇主应当承担赔偿责任，雇主承担的是无过错责任。因此，从举证角度来说，侵权责任法要求雇员对雇主的过错进行举证。

3. 第三人侵权导致雇员人身损害时法律责任的承担。《中华人民共和国侵权责任法》对此并没有具体的规定，但是其在第六条明确“行为人因过错侵害他人民事权益，应当承担侵权责任”《最高人民法院关于审理人身损害赔偿案件适用法律若干问题的解释》第十一条对此问题进行了规范，如果因为雇佣关系之外的第三人的原因导致雇员人身损害的，既可以直接请求该第三人承担赔偿责任，也可以要求雇主先期承担赔偿责任，再由雇主向该第三人追偿。

本案中，陈建权受兴宁市新星百货商行雇请从事纸品运输工作，陈建权与兴宁市新星百货商行之间的雇佣关系成立。陈建权在从事雇佣活动中因发生交通事故受伤，兴宁市新星百货商行作为雇主应承担无过错赔偿责任。根据《中华人民共和国侵权责任法》第二十六条：“被侵权人对损害的发生也有过错的，可以减轻侵权人的责任。”第三十五条：“……提供劳务一方因劳务自己受到损害的，根据双方各自的过错承担相应的责任”，对陈建权的受伤，兴宁市新星百货商行作为雇主，属于接受劳务的一方，对运输过程具有主动控制权，对驾驶的车辆、驾驶人员的安全负有指导义务，陈建权是在为其运输纸品过程中发生交通事故而受伤，兴宁市新星百货商行作为雇主和受益人，应当承担陈建权受伤造成损失的主要赔偿责任，即70%

为宜。陈建权属于提供劳务的一方，作为成年人，自身负有安全工作的义务，因其自身在驾驶车辆中操作不当，未注意安全，不小心撞到路旁道树受伤，所以陈建权也应负担次要责任，即30%为宜。

编写人：广东省梅州市中级人民法院　苏建东

二、雇佣关系与承揽关系的区分

7

个人间劳务关系与承揽关系交叉时受害责任的认定与处理

——唐金宝等诉谭兆亮等提供劳务者受害责任案

【案件基本信息】

1. 裁判书字号

上海市第二中级人民法院（2017）沪02民终9166号民事判决书

2. 案由：提供劳务者受害责任纠纷

3. 当事人：

原告（被上诉人）：唐金宝、唐某雪、唐某杰、梁玉美

被告（被上诉人）：谭兆亮

被告（上诉人）：凌平

被告：吴绿梅、舒霞敏

【基本案情】

上海市静安区乌鲁木齐北路444弄70号底层西后间、底层灶间（已扣马桶一平方）、底层小间、底层小卫生间的租赁户名为被告舒霞敏。2016年10月15日被告舒霞敏将上述房屋出租给被告谭兆亮，被告谭兆亮将上述房屋的装修发包给被告凌平，被告凌平雇佣受害人王海侠和原告唐金宝至上海市静安区乌鲁木齐北路444弄70号一楼进行施工，原告唐金宝按要求做墙体拆除工作，受害人王海侠负责将建筑垃圾打包外运，原告唐金宝与受害人王海侠向被告凌平提供劳务，被告凌平按天向原告唐金宝与受害人王海侠支付报酬。2016年10月27日，原告唐金宝按雇主

凌平的要求和指示拆除墙体，在王海侠清理拆除下来的建筑垃圾时，涉案房屋墙体倒塌，致王海侠当场死亡。现场显示，倒塌墙体系后封堵的门洞墙。

原告唐金宝与受害人王海侠系夫妻关系，原告唐某雪、唐某杰系其子女，原告梁玉美系受害人王海侠的母亲，王海侠为农村户籍。原告唐金宝无装修资质。被告凌平与被告吴绿梅系夫妻关系，被告凌平无装修资质。

原告认为，倒塌墙体系后封堵的门洞墙，改造系违法改造，事先并无人告知。被告舒霞敏系涉案房屋的出租人，明知被告谭兆亮、凌平违法改造房屋，而没有制止，对事故的发生和王海侠的死亡负有过错。四原告系王海侠的法定继承人，因被告方未对四原告给予相应赔偿，故其诉至法院，要求判如所请。

当事人提供户口簿、户籍证明、居民死亡医学证明书、询问笔录、律师费发票、上海市租用居住公房凭证、收据、报价单、询问笔录、上海市急救医疗费用专用收据、借条、房屋租赁合同等作为本案证据，对各自主张进行证明。

【案件焦点】

1. 个人间劳务关系与承揽关系的区分界定；2. 是否为共同侵权的认定；3. 过错责任原则下侵权责任的承担方式。

【法院裁判要旨】

上海市静安区人民法院经审理后认为，被告谭兆亮将上海市静安区乌鲁木齐北路 444 弄 70 号一楼房屋的装修发包给被告凌平，双方系承揽关系；承揽人在完成工作过程中对第三人造成损害或者造成自身损害的，定作人不承担赔偿责任，但定作人对定作、指示或者选任有过错的，应当承担相应的赔偿责任。被告谭兆亮明知被告凌平无装修资质仍将上述房屋的装修工程交由被告凌平施工，存在过错，应当承担相应的赔偿责任。根据派出所的询问笔录，能够证明原告唐金宝与受害人王海侠向被告凌平提供劳务，被告凌平按天向原告唐金宝与受害人王海侠支付报酬，双方之间已形成劳务关系。个人之间形成劳务关系，提供劳务一方因劳务自己受到损害的，根据双方各自的过错承担相应的责任。原告唐金宝在砸墙过程中墙体倒塌致正在施工的受害人王海侠死亡，作为提供劳务一方的受害人王海侠，因劳务自己受到伤害的，应由原告唐金宝与受害人王海侠根据各自的过错承担相应的责任；被告凌平未对原告唐金宝与受害人王海侠进行必要的安全教育及在施工现场未采取必要的安全保障措施，应当承担主要责任；装修工作本身存在一定的危险性，原告唐金宝无装修资质，且其与受害人王海侠在工作中未采取任何防护措施，未尽到合理的安全注意义务，也应自行承担部分责任。被告凌平、被告谭兆亮承担责任的依据、归责理由等均不同，不具有共同的目的性和牵连性，故原告要求被告凌平、被告谭兆亮共同承担赔偿责任，无法律依据，法院不予支持。综合考量双方在本案中的过错责任及原因力的比例，酌情确定被告凌平对本起事故的损害后果承担50%的赔偿责任、被告谭兆亮对本起事故的损害后果承担20%的赔偿责任。其余后果由原告和受害人自负。原告要求被告吴绿梅基于同被告凌平之间的夫妻关系承担赔偿责任，无法律依据，法院不予支持；原告要求被告舒霞敏作为涉案房屋的出租人承担赔偿责任，但并未提供证据证明其主张，故法院亦不予支持。

被告不服，提起上诉。上海市第二中级人民法院经审理认为，当事人对自己提出的诉讼请求所依据的事实或者反驳对方诉讼请求所依据的事实有责任提供证据加以证明。没有证据或者证据不足以证明当事人的事实主张的，由负有举证责任的当事人承担不利后果。原审法院根据双方当事人的诉辩、提交的证据对本案事实进行了认定，并在此基础上依法做出原审判决，合法合理，理由阐述充分，本院不再赘述。上诉人主张原审认定事实不清，请求二审法院撤销原审判决，依法改判如其上诉请求，但其在二审中没有新的事实与理由，也没有提交新证据佐证自己的主张。本院认可原审法院对事实的分析认定及对相关法律法规的理解与适用，上诉人的主张缺乏事实及法律依据，故对其上诉请求，本院难以支持。

综上所述，上诉人的上诉请求不能成立，应予驳回。原审认定事实清楚，判决并无不当。据此，依照《中华人民共和国民事诉讼法》第一百七十条第一款第（一）项之规定，判决如下：

驳回上诉，维持原判。

【法官后语】

本案系涉多重关系存在时，如何认定各个关系的相对方是否应为损害后果承担侵权责任；对于受害的提供劳务者，侵权责任人的责任应如何认定，同时以何原则承担侵权责任的问题。

应明确的是，《中华人民共和国侵权责任法》和《最高人民法院关于审理人身损害赔偿案件适用法律若干问题的解释》对于个人之间劳务关系的规定不一致，应以位阶更高、颁布时间在后的前者为准；通过了解受害人提供劳务的方式、提供劳务是否以指示、授权为基础，为谁的利益是否在指定的范围内工作、获取报酬的方式、工作是否可以被控制等，严格按照法条的规定区分承揽关系和个人间的劳务关系；通过侵权人承担责任所依据的法律关系、追究责任的理由等的不同，判断是否属共同侵权；在过错原则的前提下，根据各自的过错大小和原因力的大小决定承担责任的比例。区分个人间劳务关系和承揽关系对于是否应承担侵权责任以及侵权责任的承担方式有重要意义，这也是本案的争议焦点以及最重要的部分。

背井离乡的提供劳务者存在人身损害的情况在所难免，本案对处理类似案件有一定的借鉴意义，对社会大众也有一定警示作用，以提醒提供劳务者积极主动地保障自己的安全，接受劳务的一方应提供安全的劳务环境，严格审查资质，注意防范，以免酿成悲剧。

编写人：上海市静安区人民法院　朱雎洁　高佩珂

8

雇佣关系和承揽关系并存时的区别认定与归责原则

——郑吉明诉吴沧阳、贺德迁等提供劳务者受害责任案

【案件基本信息】

1. 裁判书字号

福建省南安市人民法院（2017）闽0583民初2677号民事判决书

2. 案由：提供劳务者受害责任纠纷

3. 当事人

原告：郑吉明

被告：吴沧阳、贺德迁、康桂金、晋江市铭惠建筑工程有限公司（以下简称“铭惠建筑公司”）

【基本案情】

独资股东吴沧阳担任铭惠建筑公司执行董事兼总经理。就康桂金房屋建筑承揽合同业务，吴沧阳在收取康桂金部分施工款项后于2016年10月30日向康桂金出具了铭惠建筑公司专用的收款收据，并签名确认收取康桂金1万元。事后，康桂金通过微信转账方式陆续支付施工款项到吴沧阳微信账户。康桂金与铭惠建筑公司形成事实承揽合同关系。2016年11月30日，郑吉明受雇在康桂金兴建的地址在福建省南安市官桥镇西庄村西林83号房屋建筑工地务工。当天上午8时左右，郑吉明正在做工的墙体突然倒塌，致使郑吉明从施工位置摔到地面受伤。吴沧阳、贺德迁立即将郑吉明送到泉州市正骨医院治疗，并办理了住院手续，经手术治疗后于2016年12月22日出院。吴沧阳支付了医疗费15700元。康桂金支付了医疗费10000元。福建天行司法鉴定所于2017年3月6日作出鉴定意见，评定郑吉明构成九级伤残、护理时间为90日、误工时间为240天、后续治疗费用为1万元。郑吉明支出鉴定费2600元。根据吴沧阳的申请，法院于2017年6月6日委托福建安泰司法鉴定所对郑吉明的伤残程度、误工期限进行重新评定。福建安泰司法鉴定所于2017年6月13日作出鉴定意见，评定郑吉明构成十级伤残、误工期限为210天。吴沧阳支出鉴定费1800元。郑吉明为农村户口。

【案件焦点】

1. 郑吉明、吴沧阳、贺德迁、康桂金、铭惠建筑公司之间是何种法律关系；2. 如何确定郑吉明遭受损害的赔偿责任。

【法院裁判要旨】

福建省南安市人民法院经审理认为：康桂金与铭惠建筑公司形成事实承揽合同关系。铭惠建筑公司承揽康桂金房屋主体建筑业务后，其独资股东吴沧阳以个人名义联系贺德迁，将墙体砌筑事务交给贺德迁执行，并按工作量向贺德迁支付费用。贺德迁接到业务后，邀郑吉明一起执行砌墙工作，并按天支付费用。贺德迁与郑吉明分工合作，共同完成吴沧阳指定的砌墙工作，贺德迁负责联系业务和参与砌墙工作，郑吉明负责砌墙工作，双方形成事实合伙关系。吴沧阳指定贺德迁执行砌墙工作，并向其支付劳务费用，在实际施工中也知悉郑吉明与贺德迁共同完成其指定的砌墙工作，吴沧阳与贺德迁、郑吉明均形成事实雇佣关系。作为郑吉明的雇主，吴沧阳应作为本案的赔偿责任主体承担相关法律责任。郑吉明、贺德迁在执行砌墙工作过程中，疏忽自身的安全，在较高的位置施工却未采取任何防护措施，未尽到安全操作注意义务，对本起事故的发生也存在一定的过错。康桂金将房屋主体建筑业务交给铭惠建筑公司，铭惠建筑公司系依法设立的企业法人，为吴沧阳个人独资的有限责任公司，其经营范围包含房屋建筑服务，因此康桂金不存在选任过失责任。但康桂金作为定作人，在其提供的工作场所中，发现施工人员未采取相应的安全防护措施时，未履行警告并制止危险的义务而造成损害后果，应承担相应的过失赔偿责任。因此，郑吉明与贺德迁应对造成郑吉明的各项经济损失承担20%的责任，吴沧阳应对郑吉明的各项经济损失承担70%的责任，康桂金应对郑吉明的各项经济损失承担10%的责任。关于郑吉明因本起事故造成的损失。根据庭审查明的事实，结合郑吉明的诉讼请求，依据有关法律规定，本院依法确认郑吉明提供劳务受害赔偿费用总计为118889.92元。吴沧阳应承担70%的赔偿责任，虽然吴沧阳支付的医疗费用未达到郑吉明全部医疗费用的70%，但鉴于郑吉明未就医疗费用提出诉讼请求，故吴沧阳应承担的医疗费用不足部分无须支付。因此，吴沧阳应支付郑吉明除医疗费用外其他部分损失的70%（即应支付郑吉明59357.72元）；康桂金应承担10%的赔偿责任（即应赔偿郑吉明11888.99元），扣除康桂金已代为支付的医疗费10000元，康桂金应支付郑吉明1888.99元；郑吉明、贺德迁应共同承担20%的责任，根据平等原则，二人各负担10%的责任。因郑吉明提出的诉讼请求未包含医疗费，故贺德迁应支付郑吉明除医疗费用外其他部分损失的10%（即应支付郑吉明8479.67元）。郑吉明主张的营养费、护理费、误工费、精神损害抚慰金等诉讼请求超过法律规定的部分，本院不予支持。吴沧阳主张其承担20%的赔偿责任，康桂金应承担选任过失责任的答辩意见，本院不予采纳。吴沧阳主张郑吉明应承担相应责任的答辩意见，本院予以采纳。康桂金主张其不应承担赔偿责任的答辩意见，本院不予采纳。康桂金主张对郑吉明要求的赔偿项目费用进行调整的答辩意见中合理合法部分，本院予以采纳。

福建省南安市人民法院依照《中华人民共和国民法通则》第一百三十一条，《中华人民共和国侵权责任法》第三十五条，《最高人民法院关于审理人身损害赔偿案件适用法律若干问题的解释》第二条、第十条、第十一条第一款、第十七条第一款、第二款、第十八条第一款、第十九条、第二十条、第二十一条、第二十二条、第二十三条、第二十四条、第二十五条、第三十一条、第三十五条，《最高人民法院关于确定民事侵权精神损害赔偿责任若干问题的解释》第八条第二款、第十条，《中华人民共和国民事诉讼法》第六十四条第一款，《最高人民法院关于适用〈中华人民共和国民事诉讼法〉的解释》第九十条之规定，作出如下判决：

一、吴沧阳应于本判决生效后十日内一次性支付郑吉明赔偿款59357.72元；

二、贺德迁应于本判决生效后十日内一次性支付郑吉明赔偿款8479.67元；

三、康桂金应于本判决生效后十日内一次性支付郑吉明赔偿款1888.99元；

四、驳回郑吉明的其他诉讼请求。

【法官后语】

本案并存雇佣关系和承揽关系两种法律关系，故区别认定雇佣关系与承揽关系的不同赔偿主体、归责原则等不同法律关系成为本案的关键。

1. 雇佣关系与承揽关系的区别认定。

雇佣合同，是雇员从事雇主授权或者指示范围内的劳务活动，雇主支付报酬的合同。承揽合同，是约定一方为他方完成工作，他方在承揽方交付独立完成的工作成果后支付报酬的合同。雇主对雇员存在身份上的支配关系和从属关系，而承揽关注的是工作成果，当事人双方没有身份上的约束。雇佣关系和承揽关系均属于基于劳务合同产生的法律关系，但两者的归责原则不同，雇主责任为替代责任，且系严格责任；而承揽合同则基本上属于过错责任，定作人对承揽人致人损害，仅在定作或者选任、指示有过失时，承担赔偿责任。具体来说，可以综合下列因素，结合案件具体情况予以认定：（1）当事人之间是否存在控制、支配和从属关系；（2）是否由一方指定工作场所、提供劳动工具或设备、限定工作时间；（3）是定期给付劳动报酬还是一次性结算劳动报酬；（4）是继续性提供劳务，还是一次性提供劳动成果；（5）当事人一方所提供的劳动是其独立的业务或者经营活动，还是构成合同相对方的业务或者经营活动的组成部分。如当事人之间存在控制、支配和从属关系，由一方指定工作场所、提供劳动工具或设备，限定工作时间，定期给付劳动报酬，所提供的劳动是接受劳务一方生产经营活动的组成部分的，可以认定为雇佣。反之，则应当认定为承揽。具体到本案中，康桂金将房屋主体建筑业务交给铭惠建筑公司，所关注的是房屋装修完成后的工作成果，故康桂金与铭惠建筑公司形成承揽合同关系。铭惠建筑公司承揽康桂金房屋主体建筑业务后，其独资股东吴沧阳以个人名义联系贺德迁，将墙体砌筑事务交给贺德迁执行，并按工作量向贺德迁支付费用。贺德迁接到业务后，邀郑吉明一起执行砌墙工作，并按天支付费用。贺德迁与郑吉明分工合作，共同完成吴沧阳指定的砌墙工作，贺德迁负责联系业务和参与砌墙工作，郑吉明负责砌墙工作，双方形成事实合伙关系。吴沧阳指定贺德迁执行砌墙工作，并向其支付劳务费用，在实际施工中也知悉郑吉明与贺德迁共同完成其指定的砌墙工作，贺德迁、郑吉明共同受吴沧阳支配，具有特定人身性，故吴沧阳与贺德迁、郑吉明均形成雇佣关系。

2. 雇佣关系适用无过错归责原则，承揽关系适用过错归责原则，但雇员与定作人对损害的发生存在过错的，均应承担相应的赔偿责任。

《最高人民法院关于审理人身损害赔偿案件适用法律若干问题的解释》第十一条第一款规定："雇员在从事雇佣活动中遭受人身损害，雇主应当承担赔偿责任。雇佣关系以外的第三人造成雇员人身损害的，赔偿权利人可以请求第三人承担赔偿责任，也可以请求雇主承担赔偿责任。雇主承担赔偿责任后，可以向第三人追偿。"在雇佣关系中，对雇主实行无过错责任原则。而在承揽关系中，《最高人民法院关于审理人身损害赔偿案件适用法律若干问题的解释》第十条规定："承揽人在完成工作过程中对第三人造成损害或者造成自身损害的，定作人不承担赔偿责任。但定作人对定作、指示或者选任有过失的，应当承担相应的赔偿责任。"承揽关系对定作人实行过错责任原则，定作人对承揽人所承担的责任要远低于雇主对雇员所承担的责任。但需要注意的是，适用无过错责任原则的侵权案件中，只是不考虑行为人过错，并非不考虑受害人过错。如果受害人对损害的发生也有过错的，在有的情况下可减轻甚至免除行为人的侵权责任。具体到本案中，吴沧阳作为郑吉明的雇主，应对雇员郑吉明的损害承担赔偿责任，但郑吉明、贺德迁在执行砌墙工作过程中，疏忽自身的安全，在较高的位置施工却未采取任何防护措施，未尽到安全操作注意义务；而定作人康桂金虽然不存在选任过失责任，但在其提供的工作场所中，发现施工人员未采取相应的安全防护措施时，未履行警告并制止危险的义务而造成损害后果。可以说，郑吉明、贺德迁、康桂金三人的行为均对郑吉明损害结果存在过错，应承担相应的过失赔偿责任。基于此，本案判决吴沧阳应对郑吉明的各项经济损失承担70%的责任，郑吉明与贺德迁应对造成郑吉明的各项经济损失承担20%

的责任，康桂金应对郑吉明的各项经济损失承担10%的责任。符合法律规定和法律精神。

司法实践中，此类案件往往损失越重矛盾越大，任何一方当事人独立承担损失都是困难的，笔者建议应依据法律规定，结合农村的实际情况，考虑案件的社会效果，在适用过错责任与无过错责任认定归责原则的同时辅之以公平原则，尽量由多方分担责任，不宜将责任过分集中在某一方身上，以充分保护各方当事人的权益。

编写人：福建省南安市人民法院　陈伟平　汪惠玲

9

雇佣和承揽的区别认定以及承揽关系下定作人真伪不明时的裁判标准

——俞根娌等诉李土尧等提供劳务者受害责任案

【案件基本信息】

1. 裁判书字号

江西省婺源县人民法院（2017）赣1130民初596号民事判决书

2. 案由：提供劳务者受害责任纠纷

3. 当事人

原告：俞根娌、俞华某、俞国某、俞某梅

被告：李土尧、江任成、俞根全

【基本案情】

受害人俞某来系原告俞根娌丈夫系原告俞华某、俞国某、俞某梅的父亲。被告江任成与俞某来系收购山茶油生意上的朋友，二人因在秋口镇言坑山茶村收购山茶油时，得知被告俞根全家房屋要拆旧建新，有旧木料出售后，江任成即将此信息告知做旧木料生意的朋友李土尧。2017年2月9日上午，江任成受李土尧之邀，并同俞某来一同乘坐江任成儿子江忠汉驾驶的汽车来到俞根全家查看、商谈旧木料收购事宜。到达时已近中午，一行人就在俞根全家边吃中饭边商谈旧木料收购价格的事，后双方商定好旧木料的收购价格，并由俞某来以800元的价钱负责拆除旧屋木料，李土尧当场预付了500元给俞根全。

2017年2月17日早晨，俞根全接到李土尧的电话，通知其今天来装旧木料，并说俞某来的电话无人接听，之后俞根全就到俞某来家里找俞某来。俞某来得知当天需拆旧木料，就先后联系了江某杰、俞某昌一同去俞根全家拆除旧木料，俞某来坐李土尧的货车，江某杰、俞某昌各自骑摩托车，先后来到了俞根全家拆除旧屋木料。下午3点左右，俞某来站在一松动的木板接梁上用钢钎撬旧屋木料时，因不慎从二楼摔落到地面，后在送医院途中，不治身亡。四原告认为俞某来系被告雇请来拆旧屋木料的，应由其承担主要赔偿责任。被告江任成认为自己只是负责介绍李土尧购买旧木料，不应承担赔偿责任。被告李土尧认为俞某来不是自己雇请的，自己是以4300元的价格从俞根全那里购买拆好的旧木料的，不应承担赔偿责任。被告俞根全认为俞某来不是自己雇请的，自己是按3500元的价格出售旧木料给李土尧的，不负责拆旧木料，不应承担赔偿责任。

【案件焦点】

1. 俞某来与被告李土尧、俞根全之间的法律关系；2. 本案中到底是谁向俞某来发包了拆旧木料的工作。

【法院裁判要旨】

江西省婺源县人民法院经审理认为：一、俞某来与被告李土尧、俞根全之间的法律关系。四原告主张俞某来是受雇于李土尧、俞根全拆除旧木料的，系劳务关系，而被告李土尧、俞根全均不予认可。综合本案的相关询问笔录及证人江某杰、俞某昌的证言，江某杰："拆木料总价是800元，当天俞某来跟我说800元拆木料的钱，本来是说我们两个人分的，后来我说两个人来不及，就叫了俞某昌一起拆的旧木料"；俞某昌："俞某来叫我做事我就向他要工资。"可以认定俞某来系以800元的价钱承揽了拆旧木料的工作，故本案属承揽合同关系。二、本案中，到底是谁向俞某来发包了拆旧木料的工作。李土尧主张自己是以4300元购买旧木料，由出卖人俞根全负责拆搬好，俞根全主张自己是以3500元出售旧木料，不负责拆搬。

由于二被告没有签订书面的买卖协议，且各自提供的证据均未达到高度盖然性要求，致使本案承揽关系中定作人主体真伪不明。本院在定作人身份真伪不明时，应适用公平原则划分当事人的民事责任。本案中，因俞某来站立在一松动的木板接梁上用钢钎去撬旧屋木料时，不慎从二楼摔落至地面受伤致死。具体到实际案情中，拆除旧屋木料具有一定的危险性，俞某来不是拆除旧屋作业的专业人士，没有相应资质，且作为一个63岁的人，在行动力和判断力上都存在一定限制，不宜从事此类危险作业，因此，作为定作人对俞某来受伤致死应承担选任过失的过错责任。而俞某来作为一个成年人，应对自己的工作能力具有明确的认知，俞某来忽略了安全注意事项，导致本案结果的发生，俞某来应承担本案的主要责任。结合本案的具体案情，本院认为，本案损失的60%由俞某来自己承担，被告李土尧、俞根全各自承担本案损失的20%为宜。

江西省婺源县人民法院依照《中华人民共和国民法通则》第四条、第一百三十一条，《中华人民共和国侵权责任法》第六条第一款、第十六条、第二十二条，《最高人民法院关于审理人身损害赔偿案件适用法律若干问题的解释》第二条、第十条、第十七条、第十八条，《最高人民法院关于确定民事侵权精神损害赔偿责任若干问题的解释》第八条第二款之规定，作出如下判决：

一、被告李土尧赔偿原告俞根娌、俞华某、俞国某、俞某梅损失54659.1元，限于本判决生效后十日内履行完毕；

二、被告俞根全赔偿原告俞根娌、俞华某、俞国某、俞某梅损失54659.1元，限于本判决生效后十日内履行完毕；

三、驳回原告俞根娌、俞华某、俞国某、俞某梅的其他诉讼请求。

判决作出后，在法律规定的上诉期内，原、被告均未提出上诉。

【法官后语】

本案处理重点主要在于劳务提供者死亡后法律关系的认定以及承揽合同法律关系下，定作人主体真伪不明时该如何裁判。

雇佣关系是指受雇人向雇佣人提供劳务，雇佣人支付相应报酬形成的权利义务关系。承揽关系是指定作人与承揽人约定，承揽人按照定作人的要求完成工作，交付工作成果，定作人给付报酬的民事法律关系。在承揽关系中，定作人与承揽人之间的法律地位平等，承揽人以自己的设备、技术和劳动力完成工作。承揽人在完成工作中具有独立性，与定作人不存在监督管理关系，工作中的风险责任也由承揽人自己承担。当事人双方就承揽与雇佣发生争议时，可以综合分析下列因素，结合案件具体情况予以认定：一是当事人之间是否存在控制、支配和从属关系；二是是否由一方指定工作场所、提供劳动工具或设备、限定工作时间；三是定期给付劳动报酬还是一次性结算劳动报酬。

具体到本案中，劳务提供者俞某来在提供劳务过程中死亡，作为俞某来继承人的四原告无法还原俞某来本人与各被告之间的意思表示，各被告当然也是站在有利于自己的角度来进行辩驳。那么如何认定俞某来与被告李土尧和俞根全之间的法律关系，只能结合各辅证予以认定。一、并无证据证明俞某来与被告李土尧和被告俞根全之间存在控制、支配和从属关系；二、结合本案的相关询问笔录及证人江某杰、俞某昌的证言，俞某来拆除旧屋木料作业系自己提供劳动工具，工作时间也由其自己支配，只要交付完成旧屋木料的拆除工作成果即可，且经过事先协商，俞某来一次性获得拆除旧屋木料工作的劳动报酬800元。综合以上考虑，本案认定为承揽合同关系比较合适。

《最高人民法院关于审理人身损害赔偿案件适用法律若干问题的解释》第十条规定，“承揽人在完成工作过程中对第三人造成损害或者造成自身损害的，定作人不承担赔偿责任。但定作人对定作、指示或者选任有过失的，应当承担相应的赔偿责任”。

《中华人民共和国民法通则》第四条规定，“民事活动应当遵循自愿、公平、等价有偿、诚实信用的原则”。

具体到本案中，本案认定为承揽合同关系，俞某来作为承揽人，在完成工作中自身受到损害，定作人本无须承担赔偿责任，但定作人明知拆除旧屋木料具有一定的危险性，俞某来不是拆除旧屋作业的专业人士，没有相应资质，且作为一个63岁的人，在行动力和判断力上都存在一定限制，不宜从事此类危险作业仍交由俞某来去完成作业，因此，作为定作人对俞某来受伤致死应承担选任过失的责任。然而定作人到底是被告李土尧还是被告俞根全却真伪不明，二被告也无充分证据证明自己并非定作人。因此，在作为承揽人的俞某来承担主要责任即承担损失的60%的前提下，根据公平原则，被告李土尧和被告俞根全应承担同等责任即各承担损失的20%。综合考虑以上因素，作出以上判决。

编写人：江西省婺源县人民法院　许俊峰　江勇军

10

提供劳务者受害责任纠纷中雇佣关系与承揽关系的区分

——李会章诉韩风玲等提供劳务者受害责任案

【案件基本信息】

1. 裁判书字号

福建省厦门市湖里区人民法院（2016）闽0206民初5161号民事判决书

2. 案由：提供劳务者受害责任纠纷

3. 当事人

原告：李会章

被告：韩风玲、厦门固龙节能科技有限公司（以下简称固龙公司）、厦门鑫周顺玻璃有限公司（以下简称鑫周顺公司）

【基本案情】

2015年7月3日，韩风玲打电话通知李会章到固龙公司安装玻璃门和不锈钢。2015年7月4日，李会章自行驾车，和案外人张某楠一起，带着工具到固龙公司。在安装玻璃门的过程中，异物溅入李会章眼睛致使李会章眼睛受伤。受伤后，李会章被送至厦门大学附属厦门眼科中心治疗。李会章就其伤残情况委托鉴定中心鉴定，经鉴定：1. 李会章的伤残等级评定为八级；2. 李会章的误工期评定为自损伤之日起至评残前一日，出院后护理期评定为90天；3. 李会章劳动能力丧失程度属部分丧失劳动能力。李会章称其在提供劳务过程中遭受人身伤害，固龙公司作为接受劳务一方依法应当承担赔偿责任，故起诉至法院，请求法院判令韩风玲，固龙公司、鑫周顺公司连带赔偿李会章医疗费、护理费、残疾赔偿金、交通费等各项损失共计459548元。

【案件焦点】

双方之间系雇佣关系还是承揽关系。

【法院裁判要旨】

福建省厦门市湖里区人民法院经审理认为：李会章按照韩风玲的要求，自己携带工具，雇佣案外人一起到固龙公司完成安装玻璃门的工作，符合承揽关系的特征，李会章与韩风玲之间存在承揽关系。《最高人民法院关于审理人身损害赔偿案件适用法律若干问题的解释》第十条规定："承揽人在完成工作过程中对第三人造成损害或者造成自身损害的，定作人不承担赔偿责任。但定作人对定作、指示或者选任有过失的，应当承担相应的赔偿责任"。安装的玻璃门系室内玻璃，安装该玻璃不需要资质，且李会章自2006年起即从事玻璃安装工作，应当熟悉安装玻璃门的相关操作规范及注意事项，韩风玲作为定作人选任李会章作为承揽人并无过错，因此，李会章要求韩风玲承担赔偿责任，没有事实和法律依据。李会章要求固龙公司、鑫周顺公司承担连带赔偿责任，亦无法律依据。

福建省厦门市湖里区人民法院依照《中华人民共和国民事诉讼法》第六十四条第一款之规定，作出如下判决：

驳回李会章的其他诉讼请求。

【法官后语】

提供劳务者受害责任是指在个人之间存在劳务关系的前提下，提供劳务的一方因劳务活动自身受到伤害时，在提供劳务一方向接受劳务一方主张损害赔偿时，由双方根据各自的过错程度承担相应的民事责任。在提供劳务者受害责任纠纷案件中，如何准确认定双方之间的法律关系是责任认定的重要前提。在这类案件中，诉辩双方常常就双方之间系雇佣关系还是承揽关系存在较大争议。

如本案中，原告李会章主张系韩风玲雇佣他为固龙公司提供劳务，因此固龙公司等应承担连带赔偿责任；而被告韩风玲辩称其与李会章之间是承揽关系。雇佣关系中人身损害赔偿责任认定的法律依据主要是《中华人民共和国侵权责任法》第三十五条"个人之间形成劳务关系，提供劳务一方因劳务造成他人损害的，由接受劳务一方承担侵权责任。提供劳务一方因劳务自己受到损害的，根据双方各自的过错承担相应的责任"和《最高人民法院关于审理人身损害赔偿案件适用法律若干问题的解释》第十一条"雇员在从事雇佣活动中遭受人身损害，雇主应当承担赔偿责任。雇佣关系以外的第三人造成雇员人身损害的，赔偿权利人可以请求第三人承担赔偿责任，也可以请求雇主承担赔偿责任。雇主承担赔偿责任后，可以向第三人追偿。雇员在从事雇佣活动中因安全生产事故遭受人身损害，发包人、分包人知道或者应当知道接受发包或者分包业务的雇主没有相应资质或者安全生产条件的，应当与雇主承担连带赔偿责任。属于《工伤保险条例》调整的劳动关系和工伤保险范围的，不适用本条规定”。承揽关系中人身损害赔偿责任认定的法律依据主要是《最高人民法院关于审理人身损害赔偿案件适用法律若干问题的解释》第十条规定：“承揽人在完成工作过程中对第三人造成损害或者造成自身损害的，定作人不承担赔偿责任。但定作人对定作、指示或者选任有过失的，应当承担相应的赔偿责任。”双方之间系雇佣关系还是承揽关系，关系到责任的承担问题。在雇佣关系中，雇主根据过错程度承担责任，而在承揽关系中定作人仅对定作、指示或者选任有过失的承担相应的赔偿责任。因此，在提供劳务者受害责任纠纷中，受害人往往主张双方之间系雇佣关系，而对方往往抗辩双方系承揽关系。

法官审理此类案件时，应掌握雇佣关系和承揽关系的特点，根据案件事实准确确认当事人之间的法律关系。辨别雇佣关系要重点掌握以下几点：受雇人是否为雇主所选任，并在从事雇佣活动中受雇主的控制和监督，双方是否形成从属关系，以及是否提供报酬。承揽关系是承揽人按照定作人的要求完成工作，交付工作成果，定作人接受工作成果并给付报酬而在双方当事人之间形成的法律关系，其特点是：承揽人以自己的技术、设备、劳力为定作方完成工作。本案中，李会章按照韩风玲的要求，自己携带工具，雇佣案外人一起到固龙公司完成安装玻璃门的工作，符合承揽关系的特征，因此，认定李会章与韩风玲之间存在承揽关系。双方之间的法律关系明确后，责任如何承担也就明了了。

编写人：福建省厦门市湖里区人民法院　刘路英　刘晓洪

11

审判实务中承揽关系和劳务关系的区分

——王勇峰诉李红卫提供劳务者受害责任案

【案件基本信息】

1. 裁判书字号

陕西省商洛市商州区人民法院（2017）陕1002民初729号民事判决书

2. 案由：提供劳务者受害责任纠纷

3. 当事人

原告：王勇峰

被告：李红卫

【基本案情】

原告系职业焊工。2016年10月9日，被告打电话给原告言明让原告给他盖房，言明被告买料，原告干活，每人每天300元工资。10月10日，原告与一同行任卫朋按约定去给被告搭建钢构活动房。干活干到中午12时许，天开始下雨，原告站在钢架上用电锤往墙上打孔时，不慎从钢架上跌落摔伤。随即被送往商洛市商州区人民医院治疗，诊断为：急性轻型闭合性颅脑损伤；颜面部皮肤挫裂伤；左桡骨远端并尺骨茎突骨折；牙挫伤。原告住院治疗11天，支出医疗费6664.06元。2017年2月20日陕西商洛精诚法医司法鉴定所作出鉴定意见，王勇峰伤残等级为九级。原告之父王巴曹生于1952年10月8日，女儿王某怡生于2009年12月25日，儿子王某明生于2012年2月3日，均系农村居民。原告父母生育三子女，长子王勇（已故）、次子王勇峰、女儿王强。原告受伤后被告仅支付医疗费4600元，现原告起诉要求被告赔偿医疗费、误工费等费用总计186035.42元。

【案件焦点】

原被告之间形成的是承揽合同关系还是雇佣劳务关系。

【法院裁判要旨】

陕西省商洛市商州区人民法院经审理认为：被告李红卫为建房，让原告王勇峰施工，由被告方根据实际干活的人数支付报酬，原告与被告之间形成劳务关系。被告作为接受劳务一方，应认真组织监督好具体建房事宜，维护工作场所、设施及施工过程的安全，做好必要的防护措施，防止不安全事故的发生。对原告摔落受伤的事故，被告未提供证据证明其采取了以上安全措施，故被告应负主要责任。原告作为一个有作业资质的人在施工过程中自身安全意识不强，安全防范不到位，致其摔伤，其自身存在一定的过失，应依法承担相应的责任。根据双方过错程度，原告承担40%的责任，被告承担60%的责任。

陕西省商洛市商州区人民法院依照《中华人民共和国侵权责任法》第十六条、第三十五条，《最高人民法院关于审理人身损害赔偿案件适用法律若干问题的解释》第十七条、第十九条、第二十条、第二十一条、第二十三条、第二十四条、第二十五条、第二十八条、第三十五条规定，作出如下判决：

一、原告王勇峰医疗费6789.06元、误工费10000元、护理费880元、住院伙食补助费330元、营养费110元、残疾赔偿金62431.2元、鉴定费840元，共计81380.26元，由被告李红卫赔偿48828.16元（已付4600元，仍需支付44228.16元）。

二、驳回原告其他诉讼请求。

【法官后语】

承揽合同关系是承揽人按照定作人的要求完成工作，交付工作成果，定作人给付报酬的权利义务关系。承揽关系的特点主要有：1. 承揽关系的标的是一定的工作成果。2. 标的具有特殊性。承揽合同的标的需要通过承揽行为来完成，且具有特定性。3. 人身表现性。承揽关系是承揽人以自己的技术、设备和劳力独立完成工作。劳务关系是指劳动者提供劳动力，用人单位使用劳动力，双方形成劳动力的支配与被支配关系。劳务关系的特点主要有：1. 是一种准劳动关系；2. 用工方不具备劳动法中用人单位的主体资格，或者具备主体资格但工作内容具有临时性；3. 由用工方提供工作环境和工作条件；4. 根据用工方的指示从事生产经营活动；

5. 由用工方承担在劳作过程中人身伤害的风险。承揽关系和劳务关系的区别在于：1. 当事人是否存在控制、支配和从属关系。承揽关系中承揽人提供的是一种独立性劳动，承揽人不接受用人单位管理、约束、支配，以自己的技能、设施、知识承担经营风险，基本不用听从单位有关工作指令，与工程发包单位没有身份上的隶属关系。2. 是否由一方指定工作场所、提供劳动工具或设备、限定工作时间。承揽关系中承揽方往往自己准备工具或设备，在限定的场所和时间内完成工作任务。而劳务关系中一般由用工方提供工作环境和工作条件。3. 工作期限与报酬的支付。承揽关系一般是一次提供劳动成果，承揽人的报酬一般是一次性结算报酬。劳务关系通常时间较长，但也有不定期、临时性雇佣，一般定期给付劳动报酬。4. 当事人一方所提供的劳动是其独立的业务或经营活动，还是构成合同相对方的业务或者经营活动的组成部分。承揽关系中承揽方的劳动具有相对独立性。而劳务关系中提供劳务方根据用工方的指示从事生产经营活动，双方形成劳动力的支配与被支配关系。5. 法律责任承担不同。承揽关系中由用工方承担在劳作过程中人身伤害的风险，这是基于民法中“谁受益谁负责”的原则请求赔偿的。承揽关系中承揽人在完成工作过程中造成自身损害的，定作人不承担赔偿责任。但定作人对定作、指示或者选任有过失的，应当承担相应的赔偿责任。

在处理本案的纠纷过程中看到的一些问题：在农村提供劳务或承揽大部分人习惯口头约定，且干活的人无任何资质，当前农村自建房现象越来越普遍，雇佣关系和承揽关系屡见不鲜，从当事人角度考虑，明确双方之间的关系是解决事后法律纠纷的关键。

编写人：陕西省商洛市商州区人民法院　胡娟丽

12

事故发生后雇佣关系与承揽关系的赔偿责任认定

——毕德祥诉王兆学等提供劳务者受害责任案

【案件基本信息】

1. 裁判书字号

山东省济南市历城区人民法院（2017）鲁0112民初893号民事判决书

2. 案由：提供劳务者受害责任纠纷

3. 当事人

原告：毕德祥

被告：王兆学、王怀银、王怀金

【基本案情】

被告王兆学系被告王怀金、被告王怀银之父。2016年12月25日11时30分左右，原告在被告王兆学所有的位于济南市历城区华山街道桃园村民宅处从事房屋（三层民宅）建筑工作，在房屋封顶过程中，原告不慎从三楼处跌落摔伤，事发时原告未采取任何防护措施作业。后被告王兆学、王怀银将原告送往济南市第三人民医院进行救治，经诊断为：原告左足踝部筋膜室高压；左跟骨粉碎性骨折；左外踝骨折并踝关节半脱位；腰1椎体爆裂骨折；左足舟骨骨折；左距周关节脱位。住院治疗23天，共支出医疗费36188.07元。原告出院后曾多次找被告协商赔偿事宜，被告均拒绝赔偿。为维护自身合法权益，特诉至法院，请求判令被告赔偿医疗费36188.07元、误工费22364元、护理费10530.7元、营养费2700元、住院伙食补助费2300元、后期治疗费12000元、交通费2000元、伤残赔偿金95233.6元、鉴定费3600元、精神抚慰金10000元，共计171916.37元。三被告辩称，涉案房屋是被告王兆学个人出资所建，其两个儿子（被告王怀金、被告王怀银）在结婚后就分家独立生活，三被告住址不同，户口独立，本案与被告王怀金、被告王怀银无关。

被告王兆学在建盖房屋时除了材料外都承包给了原告毕德祥。原告承包工程进行高空作业，在出事时未扎安全带，是造成事故的主要原因，原告毕德祥作为包工头，没有尽到足够的安全注意义务，所受损伤应当由其自行承担。

【案件焦点】

1. 原被告是雇佣关系还是承揽关系。2. 三被告对原告的损失承担何种赔偿责任。

【法院裁判要旨】

山东省济南市历城区人民法院经审理认为：对原告在被告王兆学的房屋建筑过程中受伤的事实，双方均无异议。本案原告系以提供劳动力为其主要工作内容，工作的操作规程及劳动过程主要听从被告王兆学的安排与指挥，受被告王兆学的管理与支配，原告与其他工人日工资并无差额，是由被告王兆学分期分段支付给原告，再由原告向下分发，而非一次性结算，双方存在一定的人身依附性。被告虽主张系承包关系，但无书面承包合同，原告亦不予认可，综上，认定原告与被告王兆学之间雇佣关系成立。雇员在从事雇佣活动中因安全生产事故遭受人身损害，雇主应当承担赔偿责任。受害人对损害的发生有重大过失的，可减轻赔偿义务人的赔偿责任。本案原告受雇于被告王兆学，在为被告提供劳务时受伤，被告王兆学作为雇主应承担相应的民事责任。原告毕德祥施工操作时未采取安全防护措施，在劳务过程中未尽到合理安全注意义务，对其受到的损害，具有一定过错。故对原告毕德祥、被告王兆学的责任承担比例酌定为3∶7。被告王怀金、被告王怀银并非涉案房屋所有者，也未曾参与对原告的管理支配，故对原告毕德祥要求被告王怀金、被告王怀银承担赔偿责任的诉讼请求不予支持。

山东省济南市历城区人民法院依照《中华人民共和国侵权责任法》第三十五条，《最高人民法院关于审理人身损害赔偿案件适用法律若干问题的解释》第十一条、第十七条、第十八条、第十九条、第二十条、第二十一条、第二十二条、第二十三条、第二十四条、第二十五条，《中华人民共和国民事诉讼法》第六十四条，作出如下判决：

一、判令被告王兆学赔偿原告毕德祥医疗费25331.6元。（36188.07元×70%）

二、判令被告王兆学赔偿原告毕德祥住院伙食补助费1610元。（2300元×70%）

三、判令被告王兆学赔偿原告毕德祥后续治疗费8400元。(12000元×70%)

四、判令被告王兆学赔偿原告毕德祥营养费1890元。(2700元×70%)

五、判令被告王兆学赔偿原告毕德祥误工费15654.8元。(22364元×70%)

六、判令被告王兆学赔偿原告毕德祥护理费7370.79元。(10529.7元×70%)

七、判令被告王兆学赔偿原告毕德祥残疾赔偿金66663.52元。(95233.6元×70%)

八、判令被告王兆学赔偿原告毕德祥精神损害抚慰金1500元。

九、判令被告王兆学赔偿原告毕德祥鉴定费2520元。(3600元×70%)

十、判令被告王兆学赔偿原告毕德祥交通费210元。(300元×70%)

上述第一项至第十项所列款项共计131150.71元,扣除被告王兆学已垫付25000元,余款106150.71元,限被告王兆学于本判决生效之日起十日内付清。

十一、驳回原告毕德祥的其他诉讼请求。

【法官后语】

根据《最高人民法院关于审理人身损害赔偿案件适用法律若干问题的解释》第十条,承揽人在完成工作过程中对第三人造成损害或者造成自身损害的,定作人不承担赔偿责任,但定作人对定作、指示或者选任有过失的,应承担相应的赔偿责任。即承揽关系中,除非定作人有过错,否则定作人不承担责任。而在雇佣关系中,依据《最高人民法院关于审理人身损害赔偿案件适用法律若干问题的解释》第十一条,雇员在从事雇佣活动中遭受人身损害,雇主应当承担赔偿责任,雇佣关系以外的第三人造成雇员人身损害的,赔偿权利人可请求第三人承担赔偿责任,也可请求雇主承担赔偿责任,雇主承担赔偿责任后,可向第三人追偿。即雇主对雇员承担的是严格责任。

雇佣关系与承揽关系最大的区别是合同标的不同,承揽关系合同标的是承揽人为定作人加工制作的劳动成果,而雇佣关系的合同标的是雇员按照雇主的指示、要求,进行劳务活动。劳务行为便是劳动的标的,本案中,原告毕德祥与被告王兆学建立法律关系的真实意思,是被告王兆学雇佣原告毕德祥等工人为其所有的位于济南市历城区华山街道桃园村民宅处从事房屋(三层民宅)建筑工作,在房屋封顶过程中,原告不慎从三楼处跌落摔伤,合同标的是劳务,而不是劳动成果。

承揽关系是承揽人按照定作人的要求完成一定的工作，交付工作成果，定作人接受工作成果并给付报酬而在双方当事人之间形成的法律关系。而雇佣关系是指当事人约定一方于一定或不定的期间内，为他方提供劳务，他方给付报酬之契约，其目的在于提供劳务，以劳务本身为标的，但不对劳务产生结果负责。承揽中承揽人与雇佣中雇员的利益分配方式也有着实质的区别，表现在：雇员是以纯粹劳务去获得雇主报酬，承揽人则是以其对于技术、设备的掌控及对他人劳务的管理来获得交易收益。这种利益和风险分配方式背后的制度意义在于：在雇佣活动中，相对于损害赔偿损失而言，有雇主事先采取必要的安全防范措施，社会成本是更为低廉的，因为只有在雇员自身存在故意或重大过失时才会免除雇主的相应损害赔偿责任，而通常情况下，雇员是不太可能以自残方式来骗取赔偿金的，所以，雇主必然会采取相应措施，提高安全管理水平，防范损害发生。损害发生后，由雇主承担赔偿责任是对其缺乏安全防范措施的惩罚。此外，承揽人的作业通常是自我控制甚至独立于定作人进行，如再由定作人来承担其完成任务过程中的风险，显然是不合适的，不应得到支持。

编写人：山东省济南市历城区人民法院　赵翠竹

13

多次分包承揽合同各方对受害劳务者损失的责任承担

——刘仁岳诉杨建春等提供劳务者受害责任案

【案件基本信息】

1. 裁判书字号

福建省泉州市中级人民法院（2017）闽05民终436号民事裁定书

2. 案由：提供劳务者受害责任纠纷

3. 当事人

原告：刘仁岳

被告：杨建春、詹天春、刘明、泉州市一代佳人娱乐有限公司（以下简称一代佳人公司）

【基本案情】

被告一代佳人公司将址在安溪县城厢镇宝龙城市广场龙公馆301号砌砖等工程发包给没有相关建筑资质的杨建春施工，后杨建春又将砌砖工程部分分包给没有相关建筑资质的詹天春。詹天春与刘明达成口头协议，由刘明以每平方米42元，包工不包料的形式，承揽砌砖工程。2015年10月10日，刘明口头雇佣刘仁岳从事其向詹天春所承揽的业务，约定工资一天约300元。2015年11月12日下午5时许，刘仁岳砌三楼一根梁上的墙面时，因没有绑安全绳站在脚手架接砖，致其从四米高的脚手架上摔落、受伤，后刘仁岳被送到安溪县医院抢救治疗，于2015年12月8日出院，共住院26天，伤情为：1. 脑挫裂伤（右额叶）；2. 急性硬膜下血肿（右额颞部）；3. 颅底骨折并气颅；4. 右额骨骨折；5. 右眼眶骨骨折；6. 右视神经损伤等。出院医嘱：1. 院外口服药物继续治疗；2. 门诊随访，注意休息、适当营养。3. 定期复查。后杨建春支付给刘仁岳21767元。审理中，杨建春申请对刘仁岳的伤残重新鉴定，本院依法委托福建安泰司法鉴定所鉴定，鉴定意见：1. 刘仁岳伤残程度为八级；2. 刘仁岳误工期限为120天；3. 刘仁岳护理期限为60天，出院后康复期间部分日常生活需要他人护理；4. 刘仁岳是否需要后续治疗不明确。为此，杨建春支付该鉴定费2460元。2016年1月8日，刘仁岳向福建省安溪县人民法院提起诉讼。福建省安溪县人民法院于2016年10月20日作出（2016）闽0524民初263号民事判决：一、刘明应赔偿刘仁岳医疗费等各项损失计62987元，款项限于本判决生效之日起十日内支付；二、詹天春应赔偿刘仁岳医疗费等各项损失计10766元，一代佳人公司、杨建春对詹天春上述赔偿款项承担连带赔偿责任；款项限于本判决生效之日起十日内支付；三、驳回刘仁岳的其他诉讼请求。宣判后刘明向福建省泉州市中级人民法院提起上诉。泉州市中级人民法院于2017年3月13日作出（2017）闽05民终436号民事裁定，按上诉人刘明自动撤回上诉处理，一审判决自裁定书送达之日起发生法律效力。

【案件焦点】

1. 一代佳人公司、杨建春、詹天春与刘明之间的法律关系如何认定；2. 刘明与刘仁岳之间的法律关系；3. 提供劳务者在提供劳务过程中受到损害，其具体责任承担？

【法院裁判要旨】

福建省安溪县人民法院经审理认为：刘仁岳受雇于刘明，双方之间成立劳务关系。刘仁岳因劳务自己受伤，各方当事人应根据各自的过错承担责任。一、刘仁岳作为雇员，在高处作业过程中应做到高度谨慎注意义务，积极采取安全防护措施。但刘仁岳作为一个从事砌砖业务的完全民事行为能力人，在未系安全绳及采取其他安全保护措施的情况下进行高处危险作业，以致从脚手架上摔落，对此，刘仁岳本人存在过错，应自行承担相应的民事责任。二、刘明作为雇主，未能提供充分安全劳动条件、采取安全防护措施。其存在过错，应承担相应的民事赔偿责任。三、建设工程施工应当取得相应的执业资格，《最高人民法院关于审理人身损害赔偿案件适用法律若干问题的解释》第十条规定：承揽人在完成工作过程中对第三人造成损害或者造成自身损害的，定作人不承担赔偿责任。但定作人对定作、指示或者选任有过失的，应当承担相应的赔偿责任。本案詹天春作为定作人，将砌砖业务承揽给没有相应执业资格的刘明，在选任上存在一定的过失，应对刘仁岳的损害承担相应的赔偿责任。四、《最高人民法院关于审理人身损害赔偿案件适用法律若干问题的解释》第十一条规定：雇员在从事雇佣活动中因安全生产事故遭受人身损害，发包人、分包人知道或者应当知道接受发包或者分包业务的雇主没有相应资质或者安全生产条件的，应当与雇主承担连带赔偿责任。一代佳人公司明知杨建春没有建筑施工资质，将涉案工程承包给杨建春施工，存在相应的过错。而杨建春又分包给没有相应建筑施工资质的詹天春施工，也具有过错。故一代佳人公司、杨建春应对詹天春的选任过失承担连带赔偿责任。综合本案的实际情况，刘明应对刘仁岳的损失承担45%的赔偿责任，詹天春承担25%的赔偿责任，一代佳人公司、杨建春对詹天春的赔偿款项承担连带赔偿责任。刘仁岳应自行承担30%的民事责任。刘仁岳要求一代佳人公司、杨建春、詹天春、刘明承担连带赔偿责任，因本案系提供劳务者受害责任纠纷，根据《中华人民共和国侵权责任法》第三十五条规定“个人之间形成劳务关系，提供劳务一方因劳务造成他人损害的，由接受劳务一方承担侵权责任。提供劳务一方因劳务自己受到损害的，根据双方各自的过错承担相应的责任”。故刘仁岳的该请求理由不能成立，不予支持。

以上合计139971.42元，根据上述的责任分担，刘明应赔偿刘仁岳的数额为139971.42×45%＝62987元；詹天春应赔偿刘仁岳的数额为139971.42×25%＝34993元，一代佳人公司、杨建春对詹天春赔偿款项承担连带赔偿责任，扣除杨建春已支付的21767元及2460元鉴定费，詹天春应赔偿刘仁岳的数额为10766元。一代佳人公司经传票传唤，无正当理由拒不到庭参加诉讼，依法缺席审理及判决。依照《中华人民共和国侵权责任法》第三条、第六条第一款、第十五条第一款第（六）项、第十六条、第二十二条、第二十六条、第三十五条，《最高人民法院关于审理人身损害赔偿案件适用法律若干问题的解释》第十条、第十一条、第十七条第一款和第二款、第十八条、第十九条、第二十条、第二十一条、第二十二条、第二十三条、第二十四条、第二十五条、第三十五条，《最高人民法院关于确定民事侵权精神损害赔偿责任若干问题的解释》第一条、第九条、第十条，《中华人民共和国民事诉讼法》第一百四十四条及《最高人民法院关于适用〈中华人民共和国民事诉讼法〉的解释》第九十条规定，判决如下：

一、刘明应赔偿刘仁岳医疗费等各项损失计62987元，款项限于本判决生效之日起十日内支付；

二、詹天春应赔偿刘仁岳医疗费等各项损失计10766元，一代佳人公司、杨建春对詹天春上述赔偿款项承担连带赔偿责任；款项限于本判决生效之日起十日内支付；

三、驳回刘仁岳的其他诉讼请求。

【法官后语】

本案同时涉及承揽合同及劳务关系，并且经过多次的分包、转包，因此，在案件审理过程中，要解决案件中涉及的两两之间的法律关系，其实就是解决司法实践中大量存在的对承揽合同关系和雇佣关系的判断？

雇佣关系，是雇员从事雇主授权或指示范围内的生产经营或其他劳务活动，雇员获得劳务报酬，雇主获得雇员劳动所创造的价值利益的劳务活动的约定，在民法体系中属于劳务合同。雇主雇佣他人从事劳务活动，对雇员有选任、指导、监督、指挥、管理的义务和权利。雇佣关系确定后，雇主就是通过行使指导、指挥、监督和管理的权利，使自己既能从雇员的劳务中获取利益，又可防范雇员在劳务活动中可能产生的经营损失。雇佣关系中，雇主处于支配地位，雇员则处于被支配的从属地位。

承揽合同，是承揽人按照定作人的要求完成某项工作并交付工作成果，定作人接受工作成果并支付报酬的合同。承揽合同具有四个显著的特征：一是承揽人的工作过程不受定作人监督、指挥和管理，由承揽人按合同标的独自完成工作达到成果质量。二是承揽合同标的的特定性，承揽人交给定作人的工作成果必须是合同指定的、满足定作人特殊需要的物或产品。三是承揽人交付定作人的物或产品是合同约定由其独自完成的劳动产物（成果），而不是市场供应采购的物品。四是承揽合同的纷争只体现在合同履行过程中工作成果的数量质量、交付成果时限和报酬给付、定作标的变更、材料提供瑕疵、图纸和技术要求不符、不合理监督检验、定作物及材料保管不善、留存泄密、中止合同等所造成损失方面的赔偿，一般不涉及人身损害方面的赔偿之争。由此可见，本案中，一代佳人公司、杨建春、詹天春不论经过几次转包，其实质系承揽合同关系中的定作人，其最终目的系接收刘明承揽的砌砖工程的劳动成果，而在这个意义上，刘明和刘仁岳是作为一个整体为承揽合同关系中的承揽人的；而刘明与刘仁岳之间，刘仁岳是以其劳动力按日计算工资，其价值系体现在劳务输出上，而不以最后交付劳动成果作为结算标准，因此，刘明与刘仁岳之间形成雇佣关系。

明确了本案中涉及的法律关系，便可以清晰地依法确定受害者在提供劳务过程中造成损失的责任分配了。首先，根据《中华人民共和国侵权责任法》第三十五条规定“个人之间形成劳务关系，提供劳务一方因劳务造成他人损害的，由接受劳务一方承担侵权责任。提供劳务一方因劳务自己受到损害的，根据双方各自的过错承担相应的责任”，刘仁岳作为提供劳务一方，对损害结果负有一定的责任，结合本案事实，酌情自行承担30%的民事责任。对于另70%的民事责任，正常情况下，应由雇主刘明自行承担。但本案中，一代佳人公司、杨建春、詹天春作为承担合同的定作人，其在定作过程中，均存在选任过失，根据法律规定，依法应承担相应的赔偿责任。因此，依法承担70%民事责任中的25%，刘明承担45%的民事责任。而关于一代佳人公司、杨建春及詹天春之间对25%责任的承担，笔者认为，根据《最高人民法院关于审理人身损害赔偿案件适用法律若干问题的解释》第十一条规定：“雇员在从事雇佣活动中因安全生产事故遭受人身损害，发包人、分包人知道或者应当知道接受发包或者分包业务的雇主没有相应资质或者安全生产条件的，应当与雇主承担连带赔偿责任”的立法本意可以得出，三者作为发包人、分包人，其因选任过失造成损失时，对外应作为连带赔偿主体，承担连带清偿责任。

编写人：福建省安溪县人民法院　黄月治　张晓娟

三、雇主与雇员的责任划分

14

雇佣关系中人身损害赔偿责任的认定

——青海某电子科技有限公司诉西宁某职业技术学校追偿权案

【案件基本信息】

1. 裁判书字号

青海省西宁市中级人民法院（2017）青01民终1404号民事判决书

2. 案由：追偿权纠纷

3. 当事人

原告（上诉人）：青海某电子科技有限公司

被告（被上诉人）：西宁某职业技术学校

【基本案情】

2015年3月，原告青海某电子科技有限公司通过青海省政府采购招标文件，对被告西宁某职业技术学校多巴新校区网络高清监控系统工程项目进行招投标，在招标文件开标一览表中规定“报价应包括全部设备、辅助材料、安装、调试人力、机械、运输、装卸、仓储、验收测试、培训使用以及验收合格交付使用之前发生的所有含税费用”。并且在商务条款偏离表中也约定“所有设备或软件必须送达采购方指定的地点并安装到位，所有为此产生的费用均由原告方承担”。经招标，原告符合西宁某职业技术学校多巴新校区网络高清监控系统工程项目的招标条件。同年4月16日，原、被告签订《青海省政府采购合同书》，合同约定甲方西宁某职业技术学校以人民币进行核算，合同金额688600元（包括设备费，包装费，运费，安装调试费，人员培训费，售前、售中、售后服务费，税金及其他不可预见费等全部费用），合同签订后，原告组织人员开始施工。2015年11月27日，原告雇佣蔡某德及其他人员在楼内进行监控设备安装过程中，蔡某德用手扶被告已经安装好的桥架时，桥架面板坠落，蔡某德从梯子摔落受伤，经抢救无效于2015年12月5日死亡，原告支付蔡某德医药费44453.42元。2015年12月11日，原告与死者蔡某德家属达成赔偿协议，由原告赔偿死者家属丧葬费、被抚养人生活费、死亡补偿费、交通费、误工损失等各项费用400000元。

原告认为，第三人作为原告公司雇员，在雇佣活动中遭受外来伤害的，应当由直接侵权人承担民事赔偿责任，现原告已代为履行赔偿义务，故提起诉讼，要求被告西宁某职业技术学校支付代为赔偿第三人的各项经济损失444453元。

【案件焦点】

1. 雇佣关系中雇员受到人身损害，谁应当承担赔偿责任；2. 被告西宁某职业技术学校应否给付原告青海某电子科技有限公司已给付第三人的经济损失444453元。

【法院裁判要旨】

青海省湟中县人民法院经审理认为：1. 根据《最高人民法院关于审理人身损害赔偿案件适用法律若干问题的解释》第十一条规定："雇员在从事雇佣活动中遭受人身损害，雇主应当承担赔偿责任。雇佣关系以外的第三人造成雇员人身损害的，赔偿权利人可以请求第三人承担赔偿责任，也可以请求雇主承担赔偿责任。雇主承担赔偿责任后，可以向第三人追偿。雇员在从事雇佣活动中因安全生产事故遭受人身损害，发包人、分包人知道或者应当知道接受发包或者分包业务的雇主没有相应资质或者安全生产条件的，应当与雇主承担连带赔偿责任"。本案中，具备相应资质的原告通过招投标取得被告西宁某职业技术学校多巴新校区网络高清监控系统工程项目，且在《招标文件》及《青海省政府采购合同》中明确约定："对被告西宁某职业技术学校多巴新校区网络高清监控系统由原告负责安装"，故理应由原告对施工过程中的安全采取相应的措施，对被告已经安装好的桥架应在施工前进行安全勘察，但原告未采取任何安全防范措施，致使其雇佣人员蔡某德用手抓桥架时安装在桥架上的面板坠落，造成了雇佣人员蔡某德的死亡。因死者蔡某德系原告雇佣，在从事雇佣活动中死亡，作为雇主的原告应承担全部赔偿责任。

2. 原告以蔡某德系被告雇佣及被告之前架设的桥架不符合相关技术规范的主张，因未提交相关的证据证明，依据“谁主张谁举证”的诉讼原则，没有证据或者证据不足以证明当事人事实主张的，由负有举证责任的当事人承担不利后果，故原告要求被告支付代为赔偿蔡某德各项损失 444530 元的请求，本院不予支持。

综上，依据《最高人民法院关于审理人身损害赔偿案件适用法律若干问题的解释》第十一条、《中华人民共和国民事诉讼法》第六十四条、《最高人民法院关于适用〈中华人民共和国民事诉讼法〉的解释》第九十条、《最高人民法院关于民事诉讼证据的若干规定》第二条、第七十六条之规定，判决：

驳回原告青海某电子科技有限公司的诉讼请求。

原告青海某电子科技有限公司不服一审判决，提起上诉。青海省西宁市中级人民法院认为：青海某电子公司与西宁某职业技术学校签订的《青海省政府采购合同书》中，明确约定由青海某电子公司向西宁某职业技术学校提供网络监控系统，并负责施工安装。双方约定合同总价 688600 元中包含设备费、安装调试费、税金等其他费用及不可预见费等费用。现青海某电子公司诉称西宁某职业技术学校管理的桥架存在安全隐患，西宁某职业技术学校应举证证明其管理的桥架符合安装规范要求，否则应推定其承担过错责任，且在案件审理过程中提出对西宁某职业技术学校桥架的安装情况进行司法鉴定申请，申请对涉案建筑物内桥架脱落事故进行司法鉴定，确定桥架安装情况是否符合相关技术规范要求。经审查，西宁某职业技术学校的电缆桥架为其建筑物的固有主体，其主要功能为房屋吊顶，承重有限。根据《招标文件》及《青海省政府采购合同》的约定，青海某电子公司在安全管理中，应负责监督施工现场的安全措施，安排和解决有关施工技术，安检工程师在工地巡查有关安全隐患并及时解决。因此青海某电子公司在施工过程中应自行提供符合实际施工要求的脚手架等辅具，并应采取安全防护措施，对施工环境进行最基础的安全检测和勘察工作。但青海某电子公司无任何其进行过相关改进或建议西宁某职业技术学校在安全工作中提出具体整改措施方案的记录，在施工过程中，无视安全施工规范，临时雇佣没有安装技术资质的人员蔡某德进行施工，终因操作不当造成了蔡某德摔伤并死亡的事故发生。结合本案实际，青海某电子公司对西宁某职业技术学校桥架的安装是否合格申请司法鉴定与本案处理结果并无关联性，故不予准许。西宁某职业技术学校通过招标投标取得西宁某职业技术学校多巴新校区网络高清监控系统工程项目后，青海某电子公司雇佣的人员在施工过程中因不符合施工规范造成事故，西宁某职业技术学校对此没有过错，亦没有证据显示其与青海某电子公司雇佣人员伤亡的损害结果具有直接的因果关系。根据《最高人民法院关于审理人身损害赔偿案件适用法律若干问题的解释》的相关规定，青海某电子公司应当对蔡某德的伤亡承担赔偿责任。其称西宁某职业技术学校管理的桥架存在安全隐患，应推定西宁某职业技术学校承担过错责任的上诉理由无据可依。

综上所述，青海某电子公司的上诉请求不能成立，应予驳回。依照《中华人民共和国民事诉讼法》第一百七十条第一款第一项之规定，判决如下：

驳回上诉，维持原判。

【法官后语】

本案涉及雇佣活动中侵权责任的认定，对此，《中华人民共和国侵权责任法》、《最高人民法院关于审理人身损害赔偿案件适用法律若干问题的解释》第十一条明确规定："雇员在从事雇佣活动中遭受人身损害，雇主应当承担赔偿责任。雇佣关系以外的第三人造成雇员人身损害的，赔偿权利人可以请求第三人承担赔偿责任，也可以请求雇主承担赔偿责任。雇主承担赔偿责任后，可以向第三人追偿。雇员在从事雇佣活动中因安全生产事故遭受人身损害，发包人、分包人知道或者应当知道接受发包或者分包业务的雇主没有相应资质或者安全生产条件的，应当与雇主承担连带赔偿责任"，但是在法律实践中关于侵权责任的认定仍然是一大难点。

（一）对于责任承担者的认定。

以本案为例，一审审理过程中，原告青海某电子公司认为，第三人蔡某德作为该公司雇员，在雇佣活动中遭受外来伤害，应当由直接侵权人承担民事赔偿责任，现原告已代为履行赔偿义务，故要求向直接侵权人追偿。而被告西宁某职业技术学校则认为：1. 其与原告签订《青海省政府采购合同书》，由原告给西宁某职业技术学校多巴新校区提供网络监控系统，并负责安装，因此原、被告之间仅存在买卖合同关系，对于产品安装调试是原告的义务，在产品安装过程中导致的原告临时雇佣人员死亡，应由原告承担责任；2. 对于原告雇佣人员死亡，根据相关法律规定，雇员在从事雇佣活动中遭受人身损害，雇主应当承担赔偿责任，雇员在雇佣活动中因安全生产事故遭受人身损害，发包人、分包人知道或者应当知道接受发包或者分包业务的雇主没有相应资质或者安全生产条件的，应当与雇主承担连带赔偿责任，原告临时雇佣人员的死亡应当由雇主即原告承担责任，且原告通过招投标与其签订的合同，原告已具备相应资质，但是原告违反合同义务，雇佣不具备相应施工资质的人员进行施工，在施工工程中，没有采取相应的安全措施，导致雇佣人员死亡，对雇员的死亡，原告应当承担全部责任。

原告青海某电子公司所主张应当由雇佣关系以外的第三人承担赔偿责任是对主体责任认定的错误，具备相应资质的原告青海某电子公司通过招投标取得被告西宁某职业技术学校多巴新校区网络高清监控系统工程项目，且在《招标文件》及《青海省政府采购合同》中明确约定："对被告西宁某职业技术学校多巴新校区网络高清监控系统由原告负责安装"，故理应由原告对施工过程中的安全采取相应的措施，对被告已经安装好的桥架应在施工前进行安全勘察，但原告未采取任何安全防范措施，致使其雇佣人员蔡某德用手抓桥架时安装在桥架上的面板坠落，造成了雇佣人员蔡某德的受伤并死亡。因此作为雇主的原告应承担全部赔偿责任。

（二）对于证明责任分配。

本案原告不服原审判决，提起上诉的原由是："一审法院对举证责任的分配有误。上诉人（原审原告）认为由青海某电子公司承担举证不能的不利后果，违反法律规定。根据《中华人民共和国侵权责任法》第八十五条规定，西宁某职业技术学校对其管理的电缆桥架坠落责任，应按照相关规定适用过错推定原则，其应举证证明电缆桥架符合安装规范要求，否则应推定其承担过错责任；青海某电子公司为证明西宁某职业技术学校管理的桥架存在安全隐患，申请一审法院对现场进行了证据保全，对现场进行拍照取证，同时，青海某电子公司向一审法院提交了有关桥架安装的相关现行国家和行业的技术规范要求。通过对现场桥架的具体安装情况和规范要求进行对比，能够清楚地发现本案中西宁某职业技术学校已安装的桥架并不符合技术规范要求，存在重大的安全隐患，原审法院对上述事实未能查明，认定事实不清。"

西宁某职业技术学校辩称：青海某电子公司向西宁某职业技术学校追偿赔偿款无法律依据，物件致损的损失应由受害人主张，青海某电子公司作为雇主追偿赔偿款其主体不适格，且青海某电子公司与西宁某职业技术学校之间形成的是购销买卖合同关系，西宁某职业技术学校作为需方与青海某电子公司雇佣的员工不存在任何法律关系，青海某电子公司雇佣的员工的伤亡事故应由雇主承担，本案中没有直接证据证明蔡某德的死亡结果与西宁某职业技术学校的物件质量有直接的因果关系，西宁某职业技术学校使用的整体办公楼是经过政府合法招投标后施工，经整体验收合格后交付使用的，青海某电子公司在对其雇员进行高空安装作业时，未尽安全注意义务，由操作不当引发的摔亡事故理应自行承担。

对于举证责任的分配，《中华人民共和国民事诉讼法》有明确的规定。合同纠纷、一般的侵权纠纷、劳动争议的责任分配原则是“谁主张谁举证”；对于高度危险作业、环境污染、动物致害、产品责任一般为无过错责任原则；少数的我们常见的专利纠纷、搁置物悬挂物致人损害、共同危险行为致人损害、医疗行为实行过错推定原则，即一般所说的举证责任倒置。本案中，原告主张蔡某德系被告雇佣及被告之前架设的桥架不符合相关技术规范，但对其主张原告未提交相关的证据证明，依据“谁主张谁举证”的举证责任分配原则，没有证据或者证据不足以证明当事人事实主张的，由负有举证责任的当事人承担不利后果，故驳回了原告的诉讼请求。

本案的审理对于雇佣关系中侵权责任的认定以及举证责任的分配都有一定的指导意义。

编写人：青海省湟中县人民法院　张瑾　张丽云

15

优势证据规则在实践中的具体应用

——李珠珠等诉胡龙雨等提供劳务者受害责任案

【案件基本信息】

1. 裁判文书字号

福建省宁德市中级人民法院（2017）闽09民终1301号民事判决书

2. 案由：提供劳务者受害责任纠纷

3. 当事人

原告（上诉人）：李珠珠、周家祺、周小玲、陆享光

被告（上诉人）：吴维营

被告（被上诉人）：胡龙雨、陆继坚、福建省宁德市汽车运输有限公司

【基本案情】

2016年4月8日，周荣俭在福建省宁德市汽车运输有限公司屏南汽车东站4号店施工过程中发生事故导致死亡，其近亲属李珠珠等人向法院起诉，请求本案房屋所有人福建省宁德市汽车运输有限公司、房屋租赁人胡龙雨、实际施工人吴维营、工友陆继坚承担相应赔偿责任。

【案件焦点】

1. 周荣俭的雇主是吴维营还是胡龙雨；2. 本案事故赔偿责任及各自承担比例；3. 损失：城乡标准、年度标准、被扶养人生活费的年限、精神损害抚慰金。

【法院裁判要旨】

福建省屏南县人民法院经审理认为：公民的生命健康权依法受法律保护。雇员在从事雇佣劳动活动中遭受人身损害，雇主应当承担赔偿责任。本案中，周荣俭与吴维营间形成了雇佣劳动关系，吴维营作为雇主，在劳动过程中未尽安全防范义务，使用淘汰的三无产品且未对使用人员进行安全教育培训，致使雇员周荣俭在劳动过程中发生事故造成人身伤亡，吴维营应承担赔偿责任。胡龙雨与吴维营之间形成了承揽关系，在对其租赁经营的汽车东站四号店面进行装修过程中，选用无资质的吴维营承揽沙石等吊装任务，但安全防范措施和安全教育培训不到位，对周荣俭的死亡亦应承担赔偿责任。汽车运输公司将其所有的店面承租给胡龙雨经营，对承租店面的装修未尽统一协调义务，且在承租人将已经建成的墙面拆除进行吊装作业时未进行劝阻和强调安全注意事项，亦应对事故承担一定责任，周荣俭在事故中未按规范要求固定三角支架支脚，导致套在预埋钢筋上的钢丝绳在重力任用下崩开造成事故发生，亦是事故发生的主要原因。因此，周荣俭的死亡赔偿责任应由事故各方当事人根据实际承担。周荣俭在安装使用涉案吊机时未按要求使用固定的三角架支脚，违章操作，且在使用该机械时安全防护设施不到位，对自身造成的人身伤害

存在过错，根据本案实际，周荣俭承担事故15%的责任，即周荣俭应自行承担原告各项损失801471.5元×15%＝120220元（取整）的责任。吴维营与周荣俭系雇佣关系，因本案事故造成周荣俭死亡，因此，吴维营对原告的损失承担50%的赔偿责任，即801471.5×50%＝400735元（取整）。胡龙雨在将承租店面交由无装修资质的吴维营装修时，存在选任过错，因此，对原告的损失应承担相应的赔偿责任，根据本案实际，胡龙雨应对原告的损失承担20%的赔偿责任，即801471.5×20%＝160294元（取整）。汽车运输公司在承租人胡龙雨进行装修时，未尽统一协调管理义务，特别是在承租人将已经建设完工的墙面拆除进行吊装作业时，未进行劝阻和强调安全注意事项，因此，应对原告的损失负15%的赔偿责任，即801471.5×15%＝120220元（取整）。陆继坚因在事故中没有过错，不负事故的赔偿责任。判决：

一、被告吴维营应于本判决生效之日起三十日内赔偿原告李珠珠、周家祺、周小玲、陆享光各项经济损失400735元。

二、被告胡龙雨应于本判决生效之日起三十日内赔偿原告李珠珠、周家祺、周小玲、陆享光各项经济损失160294元（胡龙雨已支付的100000元应予扣除）。

三、被告福建省宁德市汽车运输有限公司应于本判决生效之日起三十日内赔偿原告李珠珠、周家祺、周小玲、陆享光各项经济损失120220元（福建省宁德市汽车运输有限公司已支付100000元应予扣除）。

四、驳回原告李珠珠、周家祺、周小玲、陆享光的其他诉讼请求。

福建省宁德市中级人民法院经审理认为：1. 针对吴维营和胡龙雨谁是死者雇主问题，采取优势证据规则，认定受害方对吴维营是雇主已完成举证责任，吴维营主张系无偿帮助胡龙雨代叫工人而非雇主，对此举证不能。认定死者周荣俭的雇主是吴维营。2. 房屋出租人宁德汽运公司对本案应否承担赔偿责任存疑，但因其对一审判决承担15%责任未上诉，故无须改判为无责。一审确定各方责任比例属合理裁量范围，可予支持。3. 城乡标准支持原审意见；年度标准属二审增加诉讼请求，无法支持；被扶养人生活费中，陆享光生活费年限6年计算错误，应为6年9个月，生活费标准亦应由原审的2014年标准变更为2015年标准；精神损害抚慰金存在按周荣俭过错折抵两次的问题，应由原审4万元改判为6万元。判决：

一、变更屏南县人民法院（2016）闽0923民初1197号民事判决第一项为：吴维营应于本判决生效之日起三十日内赔偿李珠珠、周家祺、周小玲、陆享光各项损失417120元；

二、变更屏南县人民法院（2016）闽0923民初197号民事判决第二项为：胡龙雨应于本判决生效之日起三十日内赔偿李珠珠、周家祺、周小玲、陆享光各项损失66848元（已扣除胡龙雨支付的100000元）。

三、变更屏南县人民法院（2016）闽0923民初197号民事判决第三项为：福建省宁德市汽车运输有限公司应于本判决生效之日起三十日内赔偿李珠珠、周家祺、周小玲、陆享光各项损失25136元（已扣除福建省宁德市汽车运输有限公司支付的1000元）；

四、撤销屏南县人民法院（2016）闽0923民初1197号民事判决书第四项；

五、驳回李珠珠、周家祺、周小玲、陆享光的其他诉讼请求。

【法官后语】

本案有以下两个问题需要注意：

其一，确定各个诉讼主体间的关系问题。本案是一个提供劳务者受害责任纠纷，已经可以明确确定的几组关系是：被告宁德汽运公司是“4号店”的所有人，被告胡龙雨是租赁方，被告陆继坚是受害人周荣俭的工友。本案需要确定的关系就是，死者周荣俭的雇主是胡龙雨还是吴维营。亦即，胡龙雨与吴维营之间是委托关系，还是承揽关系。因为周荣俭已经死亡，且其与胡龙雨、吴维营之间并未签订合同，因此尝试证明本事实的证据都是间接证据。正如二审法院所述，只能采用高度盖然性的优势证据标准，即哪种可能性更大且达到高度可能性。本案中，受害人周荣俭和工友陆继坚都是由吴维营叫来做工，事故吊机亦是吴维营提供。并且，事实上在事故发生前，也是由吴维营安排并陪同周荣俭、陆继坚吃饭。据吴维营自认，涉案施工项目系由其负责，周荣俭在事故发生前曾长期为吴维营打工。在施工时对外进行谈判，亦是由吴维营负责并拥有决定权。吴维营认为其仅是委托，但并未提供任何证据予以证明。综合以上事实判断，受害人对吴维营是雇主已完成举证责任，吴维营未提供证据证明自己的反驳主张，应承担举证不能的责任。因为任何人都无法还原客观事实，在没有直接的、完全充分的证据证明案件事实时，法律事实要求的只能是“最大可能性”，对应举证责任就是优势证据规则。作为法官对此享有极大的自由裁量权，但终究无法脱离案件实际，对证据进行逐一排查、说理，最终才能得出令人信服的结论。

其二，一审判决对精神损害抚慰金的重复计算问题。关于精神损害抚慰金，一审判决理由中写明“周荣俭对事故造成其死亡的后果存在过错，结合本案实际，本院酌定精神损害抚慰金4万元”，说明在确定精神损害抚慰金数额时已经考虑了受害人周荣俭的自身过错因素，但在对总的赔偿数额进行责任比例分配时，又将精神损害抚慰金数额包括在内，按周荣俭的过错比例15%再次予以折抵，明显重复抵扣。处理此类计算时，为避免出错，可以先综合考虑本案侵权情节、侵权后果、侵权人承担责任的经济能力、当地平均生活水平等法定因素，在不考虑周荣俭过错的前提下，确定本案的精神损害抚慰金数额，周荣俭的过错因素可以在责任比例分担时再予考虑。

编写人：福建省屏南县人民法院　陈臻强

16

雇员上班途中发生交通事故，雇主是否承担赔偿责任

——王林兰、贺庆芳等诉徐州瑞鑫新型墙材有限公司提供劳务者受害责任案

【案件基本信息】

1. 裁判书字号

江苏省徐州市中级人民法院（2017）苏03民终1851号民事判决书

2. 案由：提供劳务者受害责任纠纷案

3. 当事人

原告：王林兰、贺庆芳、贺庆伟

被告：徐州瑞鑫新型墙材有限公司

【基本案情】

2014年8月30日7时许，案外人韩某川驾驶苏CVZ1××号小型普通客车与贺

再启驾驶的自行车发生交通事故，至贺再启受伤。事故经交警部门认定双方承担事故的同等责任。贺再启入住徐州市矿物集团总医院治疗至2015年1月22日死亡。2015年6月8日贺再启继承人向铜山区人力资源和社会保障局提出工伤认定申请，该局于2015年8月3日以“贺再启已于2009年8月办理退休手续，退休人员不属于《工伤保险条例》调整范围，申请不符合受理条件，决定终止对贺再启的工伤认定程序”。2015年7月21日贺再启继承人将事故驾驶员韩某川及事故车辆保险公司诉至法院，后经（2015）开民初字第1188号民事判决书判决“被告韩某川赔偿原告66912.2元，中国平安财产保险股份有限公司徐州中心支公司在交强险、商业三者险限额内赔偿原告610000元”，上述款项已经赔偿完毕。现原告以被告作为雇主应当承担赔偿责任为由起诉，要求被告赔偿各项损失合计300000元。

【案件焦点】

贺再启在去徐州瑞鑫新型墙材有限公司途中发生交通事故，徐州瑞鑫新型墙材有限公司作为雇主应否予以赔偿。

【法院裁判要旨】

江苏省铜山区人民法院经审理认为：《最高人民法院关于审理人身损害赔偿案件适用法律若干问题的解释》第十一条规定“雇员在从事雇佣活动中遭受人身损害，雇主应当承担赔偿责任。雇佣关系以外的第三人造成雇员人身损害的，赔偿权利人可以请求第三人承担赔偿责任，也可以请求雇主承担赔偿责任。雇主承担赔偿责任后，可以向第三人追偿”，上述司法解释对雇主与第三人之间对于雇佣人遭受人身损害如何进行赔偿进行了规定，第一，雇员应是在从事雇佣活动中遭受人身损害。第二，雇主与第三人之间是一种不真正连带责任。本案中，贺再启的损害系第三人韩某川的加害行为直接造成，即便本案被告基于雇佣关系的报偿原理承担赔偿责任，但韩某川作为终局责任人，在本案被告赔偿完毕后仍应向第三人追偿。而本案第三人根据责任比例已经实际赔偿原告，故原告起诉被告承担赔偿责任于法无据，本院不予支持。一审法院据此作出判决：

驳回原告王林兰、贺庆芳、贺庆伟的诉讼请求。

王林兰、贺庆芳、贺庆伟不服提起上诉，江苏省徐州市中级人民法院经审理认为：上诉人主张，贺再启在去徐州瑞鑫墙材有限公司途中发生交通事故，应参照工伤的相关规定进行处理，亦属于从事雇佣活动中受伤，雇主应当承担赔偿责任。本院认为，在劳动合同关系中，法律有明确规定劳动者在上下班途中受到非本人主要责任的交通事故，用人单位应当承担工伤赔偿责任。而本案中，贺再启与徐州瑞鑫墙材有限公司并不存在劳动合同关系，而是雇佣关系。雇佣关系不同于劳动合同关系，如果直接套用工伤保险条例的规定来确定雇主的责任承担，则会加大用工主体的责任义务，且有失公允，故不宜直接参照工伤的规定进行处理。对于是否属于从事雇佣活动中受伤，《最高人民法院关于审理人身损害赔偿案件适用法律若干问题的解释》第九条第二款规定："前款所称'从事雇佣活动'，是指从事雇主授权或者指示范围内的生产经营活动或者其他劳务活动。雇员的行为超出授权范围，但其表现形式是履行职务或者与履行职务有内在联系的，应当认定为'从事雇佣活动'。"对于雇佣关系中，雇员至从事劳务途中发生交通事故能否认定为从事雇佣活动，应当结合具体案情进行分析认定。本案中，贺再启虽系去瑞鑫墙材公司途中发生交通事故，但瑞鑫墙材公司并未提供任何交通工具和交通补助用以通勤，并不负责、安排贺再启通勤的交通方式和路线，贺再启在去瑞鑫墙材公司途中亦不属于从事雇主授权或指示范围内的劳务活动，与需要从事的劳务活动之间的关联性亦较远，不宜认定为从事雇佣活动。贺再启因交通事故所致的损害后果，应由实际侵权人予以赔偿，瑞鑫墙材公司不应对贺再启因交通事故死亡所产生的损害后果承担赔偿责任。二审法院据此判决：

驳回上诉，维持原判。

【法官后语】

一、上班途中的行为能否界定为从事雇佣活动。《最高人民法院关于审理人身损害赔偿案件适用法律若干问题的解释》第九条第二款规定："前款所称'从事雇佣活动'，是指从事雇主授权或者指示范围内的生产经营活动或者其他劳务活动。雇员的行为超出授权范围，但其表现形式是履行职务或者与履行职务有内在联系的，应当认定为'从事雇佣活动'。"一般情况下，雇主不向雇员提供交通工具和交通补助用以通勤，亦不负责、安排雇员通勤的交通方式和路线，雇员上下班途中亦不属于从事雇主授权或指示范围内的劳务活动，与需要从事的劳务活动之间的关联性亦较远，不宜认定为从事雇佣活动。若雇员能够提供充分证据证明其发生交通事故遭受人身损害，系执行雇主的授权或指示的工作过程中，与履行职务存在密切关联性，则可认定为从事雇佣活动。

二、提供劳务者受害应适用过错责任原则。《中华人民共和国侵权责任法》第三十五条规定“提供劳务一方因劳务自己受到损害的，根据双方各自的过错承担相应的责任”，上述规定以法律形式确认了提供劳务者受害的过错规则原则，从而否认了人身损害司法解释中雇主无过错规则原则的适用，故雇员在上下班途中遭受损害的，应由实际侵权人承担赔偿责任，而不能简单规定为由雇主承担赔偿责任。

三、《中华人民共和国侵权责任法》第二十八条规定“损害是因第三人造成的，第三人应当承担侵权责任”，《最高人民法院关于审理人身损害赔偿案件适用法律若干问题的解释》第十一条规定“雇员在从事雇佣活动中遭受人身损害，雇主应当承担赔偿责任。雇佣关系以外的第三人造成雇员人身损害的，赔偿权利人可以请求第三人承担赔偿责任，也可以请求雇主承担赔偿责任。雇主承担赔偿责任后，可以向第三人追偿”，由前述法律规定可知，侵权责任法明确了雇员因第三人原因导致损害，应由实际侵权人承担赔偿责任。而司法解释虽规定第三人侵权的情形下，雇员可以向实际侵权人或雇主主张权利，但雇主与实际侵权人之间是一种不真正连带责任，雇主赔偿后仍应向第三人追偿。无论依据上述何种赔偿形式，在实际侵权人赔偿完毕后，雇主均不应再对雇员的损害承担赔偿责任。

编写人：江苏省徐州市铜山区人民法院　张衡

17

雇员受害法律关系竞合时权利人应择一而诉

——许宗诉颜永发、潘定琼提供劳务者受害责任案

【案件基本信息】

1. 裁判书字号

福建省厦门市同安区人民法院（2016）闽0212民初4114号民事判决书

2. 案由：提供劳务者受害责任纠纷

3. 当事人

原告：许宗

被告：颜永发、潘定琼

【基本案情】

2016年6月4日8时许，许宗受雇于工头颜永发在同安区洪塘镇龙泉村龙秋里71号一楼搬运水泥时，被同在工地做工的潘定琼从二楼扔下的木板砸伤右脚脚背。事故发生后，原告被送往厦门市第五医院接受治疗，住院23天，花费医疗费用26560.25元。入院诊断为右足压砸伤：1. 右足第2、3、4跖骨骨折，2. 右足背皮肤挫裂撕脱伤。出院医嘱：1. 术后一个月拆除石膏固定；2. 术后一年拆除内固定；3. 三个月内避免负重；4. 定期拍片复查（术后三个月、半年、一年）；5. 出院后一周我科门诊复查，不适随诊。2016年6月11日，许宗就此事向厦门市公安局洪塘派出所报警，洪塘派出所于2017年6月28日出具报警回执交由许宗收执。

2017年4月27日，经福建义成司法鉴定所鉴定，原告的伤情结果鉴定为：1. 被鉴定人许宗于2016年6月4日受伤，致右足第2—4跖骨骨折等，经治疗与恢复，其右足多发跖骨骨折后遗现状尚未构成伤残。2. 被鉴定人许宗因本次事故受伤，予以其伤后误工期150日，营养期90日，院外护理期60日。3. 被鉴定人许宗院外护理期内需部分护理依赖。4. 被鉴定人许宗后续需行右足第2跖骨内固定物取出术治疗，约需人民币陆千元整（6000.00元）。一般情况下，该次手术治疗住院时间7—10日，出院后建议休息1—2周。本次鉴定费用为2800元（法律援助中心支付）。

另查明，被告颜永发于2016年3月31日为许宗、潘定琼等11人一并购买了国寿综合意外伤害保险（2013版），保险有效期为2016年4月1日起至2017年3月31日止（人均保险金额240000元，保费300元）。

原告方在庭审辩论阶段陈述：“本案原告受雇于颜永发，与潘定琼是工友关系，从报警回执及庭审陈述，颜永发是雇主，颜永发为工人投保意外险，赚取工人利润，提供工具，颜永发与潘定琼、许宗是雇主关系，雇主承担无过错责任，潘定琼是颜永发的雇员，潘定琼在从事雇佣工作时，砸伤工友，存在重大过错应与雇主承担连带责任，请求法院支持原告的诉讼请求。”对此，被告颜永发一方陈述：“原告对于本案事故的发生本身存在安全疏忽，应承担相应的责任，潘定琼是在提供劳务准备工作时发生的侵权行为，应承担主要责任，颜永发承担补充责任。”

【案件焦点】

雇员受害出现法律关系竞合时，应请求雇主承担赔偿责任还是请求侵害的第三人承担赔偿责任。

【法院裁判要旨】

福建省厦门市同安区人民法院经审理认为：《中华人民共和国侵权责任法》第三十五条规定：“个人之间形成劳务关系，提供劳务一方因劳务造成他人损害的，由接受劳务一方承担侵权责任。提供劳务一方因劳务自己受到损害的，根据双方各自的过错承担相应的责任”，原告许宗受雇于被告颜永发，在搬水泥过程中受伤，颜永发作为接受劳务一方理应对许宗的损失承担赔偿责任。根据《最高人民法院关于审理人身损害赔偿案件适用法律若干问题的解释》第十一条规定“雇员在从事雇佣活动中遭受人身损害，雇主应当承担赔偿责任。雇佣关系以外的第三人造成雇员人身损害的，赔偿权利人可以请求第三人承担赔偿责任，也可以请求雇主承担赔偿责任。雇主承担赔偿责任后，可以向第三人追偿”，雇佣关系纠纷中的损害赔偿民事责任存在侵权责任与违约责任的竞合，允许雇员自由选择以其中一种诉讼请求进行诉讼。根据庭审查明的事实，被告颜永发雇佣许宗等人从事水泥搬运等建房的事实清楚，双方之间应认定为雇佣关系。本案原告诉讼请求雇主与第三方侵权人连带赔偿原告损失，其主张的主要依据是颜永发与许宗存在雇佣关系应承担雇主责任，潘定琼存在重大过错应与雇主承担连带责任，因此其请求权对象首先是被告颜永发。由于法律关系的竞合，根据原告请求对象的顺序，本案中原告许宗的经济损失应首先由被告颜永发承担赔偿责任。被告颜永发承担赔偿责任后，再另案以侵权责任的过错承担方式等向相关的责任人主张权利。颜永发辩称“颜永发只是班主，与原告、潘定琼只是合伙关系，不是雇佣关系”，缺乏事实依据，本院不予采信。

本案各项经济损失逐一认定如下：1. 医疗费。许宗主张前期医疗费 26560. 25 元，由相应的病历材料和医疗费用凭据佐证，本院对其主张予以确认。2. 误工费。许宗主张误工费 37500 元（鉴定前期误工 150 天 ×250 元/天），其误工时间经鉴定为 150 天，但许宗未充分举证证明其固定收入状况，本院按照厦门市农林牧渔业从业人员人均劳动报酬 126 元/天计算，误工费计为 18900 元（126 元/天 ×150 天），超出部分不予支持。3. 护理费。许宗主张住院护理费 2684.82 元（住院 23 天 × 42607 元/年 ÷365 天/年）；首次出院后护理费 3501.94 元（护理 60 天 ×42607 元/年 ÷365 天/年 ×50%），其住院时间为 23 天，经鉴定出院后护理期限 60 天部分护理依赖，按照厦门市护工从事同等级别护理的劳务报酬 70 元/天计算，护理费计为 3710 元（住院期间护理费住院 23 天 ×70 元/天 =1610 元；首次出院后护理费 60 天 ×70 元/天 ×50% =2100 元）。4. 住院伙食补助费。许宗主张住院伙食补助费 2300 元（住院 23 天 ×100 元/天），其住院 23 天，按照厦门市国家机关一般工作人员出差伙食补助 100 元/天的标准计为 2300 元（100 元/天 ×23 天），本院对其主张予以确认。5. 交通费。许宗主张交通费 230 元，其住院 23 天，交通费系客观需要支出，本院予以支持。6. 营养费。许宗主张营养费 9000 元（鉴定营养期 90 天 ×100 元/天），其因事故住院治疗，适当补充营养为伤情恢复所必需，本院酌情认定为 2600 元。7. 后续治疗费。许宗主张二次手术取内固定物的后续医疗费 6000 元，有相应的鉴定意见佐证，本院依法予以支持。8. 二次住院误工费。许宗主张二次手术取内固定物的误工费 6000 元（鉴定住院时间 10 天及休息 14 天共计误工 24 天 ×250 元/天），根据鉴定意见，二次住院时间 7—10 天，出院后建议休息 1—2 周，原告主张 250 元/天标准偏高，每日应按 126 元/天计算，故其二次住院误工费应为（10 天 +14 天） ×126 元/天 =3024 元。9. 二次住院护理费。许宗主张二次手术取内固定物住院护理费 1167.31 元（住院 10 天 ×42607 元/年 ÷365 天/年），其主张标准偏高，应为 10 天 ×70 元 =700 元。10. 二次住院伙食费。许宗主张二次手术取内固定物住院伙食补助费 1000 元（住院 10 天 ×100 元/天），并未超出相关标准，本院依法予以准许。11. 精神损害抚慰金。许宗主张精神损害抚慰金 3000 元，其虽因本事故受伤住院，但治疗结果已经好转，并无伤残等后遗症，故本院依法不予支持。上述损失合计 65024.25 元。

综上所述，被告颜永发应赔偿给原告许宗因本次事件引起的经济损失共计 65024.25 元。被告颜永发承担本案的赔偿责任后，可另案以侵权责任的过错承担方式等向相关的责任人主张权利。被告潘定琼经本院传票传唤，无正当理由拒不到庭参加诉讼，本院依法可以缺席判决。

综上，依照《中华人民共和国侵权责任法》第三十五条，《最高人民法院关于审理人身损害赔偿案件适用法律若干问题的解释》第十一条、第十七条、第十八条、第十九条、第二十条、第二十一条、第二十二条、第二十三条、第二十四条以及《中华人民共和国民事诉讼法》第六十四条、第一百四十四条之规定，判决如下：

一、被告颜永发于本判决生效之日起十五日内赔偿原告许宗经济损失人民币65024.25元；

二、驳回原告许宗的其他诉讼请求。

【法官后语】

法律关系的竞合是指由于某种法律事实的出现，导致两种或两种以上的法律责任产生，而这些责任之间相互冲突，但又不能同时追究，只能追究其一，这种情况即是法律关系（责任）的竞合。法律关系（责任）的竞合是法律上竞合的一种，它既可发生在同一法律部门内部，如民法上侵权责任和违约责任的竞合，也可发生在不同的法律部门之间，如民事责任、行政责任和刑事责任等之间的竞合。根据《中华人民共和国合同法》第一百二十二条规定，在发生违约责任和侵权责任竞合的情况下，允许受害人选择其中一种责任提起诉讼。

《中华人民共和国侵权责任法》第三十五条规定："个人之间形成劳务关系，提供劳务一方因劳务造成他人损害的，由接受劳务一方承担侵权责任。提供劳务一方因劳务自己受到损害的，根据双方各自的过错承担相应的责任"，原告许宗受雇于被告颜永发，在搬水泥过程中受伤，颜永发作为接受劳务一方理应对许宗的损失承担赔偿责任。根据《最高人民法院关于审理人身损害赔偿案件适用法律若干问题的解释》第十一条"雇员在从事雇佣活动中遭受人身损害，雇主应当承担赔偿责任。雇佣关系以外的第三人造成雇员人身损害的，赔偿权利人可以请求第三人承担赔偿责任，也可以请求雇主承担赔偿责任。雇主承担赔偿责任后，可以向第三人追偿"的规定，雇佣关系纠纷中的损害赔偿民事责任存在侵权责任与违约责任的竞合，允许雇员自由选择以其中一种诉讼请求进行诉讼。根据庭审查明的事实，被告颜永发雇佣许宗等人从事水泥搬运等建房的事实清楚，双方之间应认定为雇佣关系。本案原告诉讼请求雇主与第三方侵权人连带赔偿原告损失，其主张的主要依据是颜永发与许宗存在雇佣关系应承担雇主责任，潘定琼存在重大过错应与雇主承担连带责任，因此其请求权对象首先是被告颜永发。由于法律关系的竞合，根据原告请求对象的顺序，本案中原告许宗的经济损失应首先由被告颜永发承担赔偿责任。被告颜永发承担赔偿责任后，再另案以侵权责任的过错承担方式等向相关的责任人主张权利。颜永发辩称"颜永发只是班主，与原告、潘定琼只是合伙关系，不是雇佣关系"，缺乏事实依据，不应予以采信。

编写人：福建省厦门市同安区人民法院　李金森

18

雇员在工作中晕倒并最终死亡，雇主是否应担责

——路国珍等诉北京格顺旅馆提供劳务者受害责任案

【案件基本信息】

1. 裁判书字号

北京市第一中级人民法院（2017）京01民终5331号民事判决书

2. 案由：提供劳务者受害责任纠纷

3. 当事人

原告（上诉人）：路国珍、徐保有、徐侠、徐乐乐、徐莹莹、徐静静

被告（被上诉人）：北京格顺旅馆

【基本案情】

北京格顺旅馆是个体工商户，其经营者是王开国。原告的亲属程伟受雇于北京格顺旅馆。自2016年3月15日开始，程伟到格顺旅馆从事保洁员工作，每月劳务费用2000元。2016年5月10日上午，程伟在旅馆客房内做清洁工作，当日上午9点40左右，程伟突然昏迷晕倒在地。格顺旅馆的经营者王开国知情后，就近找来医生进行查看救治，并及时拨打120电话和999急救电话，并及时通知程伟的家属。后程伟被送往医院救治，程伟被确诊为："1. 左侧丘脑出血破入脑室合并脑

疝；2. I 型呼吸衰竭；3. 尿崩症；4. 电解质紊乱；5. 酸碱失衡”。当日，医院对程伟实施了脑室钻孔、置管术及脑室血肿清除术、引流术等手术治疗，程伟自 2016 年 5 月 10 日至 2016 年 5 月 16 日在北京市红十字会急诊抢救中心住院治疗 6 天。2016 年 5 月 16 日，因程伟处于深昏迷状态，疼痛刺激无反应，无自主呼吸，亦无法自主排痰，家属拒绝进一步手术治疗，并要求当日出院，后程伟于 2016 年 5 月 16 日出院。程伟住院期间花费医疗费 66775.07 元，格顺旅馆的经营者王开国共计为程伟垫付医疗费 33000 元。程伟于 2016 年 5 月 17 日死亡。现程伟家属起诉至法院，要求被告赔偿原告因程伟死亡造成的医疗费、陪护费、丧葬费、交通费、死亡赔偿金、被扶养人生活费、精神损害抚慰金等共计 1340065.81 元。

【案件焦点】

1. 原、被告之间是否适用《中华人民共和国侵权责任法》第三十五条规定的个人之间形成的劳务关系情形；2. 本案是否适用“雇员在雇佣活动中遭受人身损害，雇主应当承担赔偿责任”的情形，换言之，被告格顺旅馆是否应对程伟的死亡承担赔偿责任。

【法院裁判要旨】

北京市昌平区人民法院经审理认为：原、被告之间形成劳务（雇佣）合同法律关系。因被告格顺旅馆是个体工商户，因此程伟与格顺旅馆之间的劳务关系，不符合《中华人民共和国侵权责任法》第三十五条规定的个人之间形成的劳务关系情形。根据本院查明的事实，程伟虽在从事劳务（雇佣）工作过程中突然昏迷晕倒，经医院诊断原因主要在于“左侧丘脑出血破入脑室合并脑疝”，通过程伟的住院病历和相关检查诊断，并未有程伟昏迷前头部曾受外伤的情况，且根据公安机关对程伟的主治医生的询问笔录，程伟未发现外伤，仪器诊断显示未有软组织损伤、无骨折等情况，而外力并非造成脑出血的唯一原因，故本案中并未有任何证据证明程伟突发左侧丘脑出血破入脑室合并脑疝系因摔倒摔伤或其他外伤所导致，程伟最终不治而亡，但其死亡并非受到人身损害所致。程伟的死亡不属于“雇员在从事雇佣活动中遭受人身损害，雇主应当承担赔偿责任”的情况，无法适用《最高人民法院关于审理人身损害赔偿案件适用法律若干问题的解释》第十一条第一款之规定，且原告的经营者王开国在得知程伟昏迷晕倒后，积极协助进行救助，作为一名非医学专业人员在救助过程中并无过错，故原告要求被告支付程伟医疗费、陪护费、死亡赔偿金、被扶养人生活费、丧葬费及精神损害赔偿金，于法无据，本院不予支持。但涉及本案的具体情况，程伟工作期间在工作岗位上昏迷晕倒并因病去世，给家属造成较大精神痛苦，被告作为程伟生前的雇佣单位，基于人道主义精神和公平原则，亦应当给予原告一定的经济补偿。考虑到被告的经营者王开国在程伟住院期间，曾为程伟垫付3.3万元医疗费，关于被告另行补偿数额，本院综合考虑程伟住院、丧葬费支出情况、程伟在被告处工作时间、程伟子女的具体情况等因素予以酌情确定。

北京市昌平区人民法院依照《中华人民共和国民法通则》第一百三十二条，《中华人民共和国民事诉讼法》第六十四条之规定，判决如下：

一、被告北京格顺旅馆于本判决生效后七日内补偿原告路国珍、徐保有、徐莹莹、徐静静、徐侠、徐乐乐四万元。

二、驳回原告路国珍、徐保有、徐莹莹、徐静静、徐侠、徐乐乐的其他诉讼请求。

路国珍等原告持原审起诉意见提起上诉。北京市第一中级人民法院经审理认为，第二审人民法院应当围绕当事人的上诉请求进行审理。当事人没有提出请求的，不予审理，但一审判决违反法律禁止性规定，或者损害国家利益、社会公共利益、他人合法权益的除外。上诉人认为程伟在完成格顺旅馆安排的工作期间突发疾病，后格顺旅馆处置不及时导致程伟死亡的结果，由此要求格顺旅馆承担相应的赔偿责任，原审法院根据现有证据认定格顺旅馆的经营者王开国作为一名非医学专业人员，积极协助进行救助，过程中并无过错，符合日常生活经验法则，并无不当，本院予以维持。原审法院根据本案的实际情况，基于人道主义精神和公平原则，在格顺旅馆的经营者王开国已给付的3.3万元医疗费之外，判决格顺旅馆另行给予原审原告一定数额的补偿，并无不妥。路国珍、徐保有、徐莹莹、徐静静、徐侠、徐乐乐的上诉理由，未提供充分的证据予以证明，本院不予采纳。

综上所述，路国珍、徐保有、徐莹莹、徐静静、徐侠、徐乐乐的上诉请求不能成立，应予驳回；一审判决认定事实清楚，适用法律无误，应予维持。依照《中华人民共和国民事诉讼法》第一百七十条第一款第一项规定，判决如下：

驳回上诉，维持原判。

【法官后语】

在侵权责任法颁布实施后，涉及雇员受伤，雇主是否应当承担责任问题，在法律适用上，除了《最高人民法院关于审理人身损害赔偿案件适用法律若干问题的解释》第十一条第一款之规定外，还有《中华人民共和国侵权责任法》第三十五条的相关规定，两者在法律适用上并不冲突，《中华人民共和国侵权责任法》第三十五条规定的是个人之间形成劳务雇佣关系的情形。具体到本案中，被告北京格顺旅馆作为个体工商户，根据侵权责任法的立法本意和相关司法解释，个体工商户与个人之间形成劳务（雇佣）关系并不适用上述《中华人民共和国侵权责任法》第三十五条的规定。从案由上来看，提供劳务者受害责任纠纷适用的归责原则为过错责任。现原告亲属程伟在工作中系因自身疾病原因导致昏迷晕倒，并最终死亡，在此过程中，被告北京格顺旅馆作为雇主，对雇员程伟的死亡并无过错，因此被告不应承担相应的赔偿其死亡赔偿金、丧葬费、被扶养人生活费等责任。类似案件，往往是雇员在提供劳务过程中因劳务受伤或者因劳务受伤后导致死亡，此种情形下，雇主如果是个人的话，适用过错责任原则，需要审查雇主和雇员各自是否具有过错及过错大小，从而决定承担相应的责任；如果雇主是企业、组织、个体工商户，雇主在从事劳务、接受安排、指示，或者与从事劳务相关的工作职责、范围内受伤、致死等情形，则适用司法解释的相关规定，适用无过错责任，即无论雇员（提供劳务者）是否具有过错，雇主应承担相应的赔偿责任。

实践中，类似案件不在少数。在此稍作延伸，若雇员或者提供劳务者是在上下班途中发生交通事故，自己需要承担一定责任或者自己发生单方事故，作为雇主是否应承担相应的责任。“从事雇佣活动”是指从事雇主授权或者指示范围内的生产经营活动或者其他劳务活动。雇员的行为超出授权范围，但其表现形式是履行职务或者与履行职务有内在联系的，应当认定为“从事雇佣活动”。因此判断雇主是否应承担责任，应严格审查雇员的行为是否超出授权范围，是否与履行职务有内在联系。

因原告诉求没有法律依据，不能得到法院支持，但法院考虑到死者是在工作岗位上发生自身疾病意外死亡，基于人道主义精神，法院酌情确定被告给予原告一定的经济补偿，聊以抚慰原告突然失去亲人的痛苦。

编写人：北京市昌平区人民法院　李炜鑫

19

因工伤认定超期限未受理提起的人身损害赔偿应如何处理

——陈妆花诉福建省南安市成信石业有限公司提供劳务者受害责任案

【案件基本信息】

1. 裁判书字号

福建省南安市人民法院（2017）闽 0583 民初 5091 号民事判决书

2. 案由：提供劳务者受害责任纠纷

3. 当事人

原告：陈妆花

被告：福建省南安市成信石业有限公司（以下简称成信公司）

【基本案情】

2016 年 1 月 7 日 14 时许，陈妆花在成信公司生产车间从事杂工工作时，因石板材倒塌，不慎被砸中左腿，成信公司随即安排管理人员将陈妆花送至泉州丰泽仁福骨外科住院治疗，经诊断，伤情为：左胫骨三段骨折、左腓骨双段骨折等。陈妆花住院至 2016 年 1 月 27 日出院，共住院 20 天，成信公司支付了住院期间的医疗费用。其出院医嘱为：全休 3 个月，1 年后视骨折愈合情况取内固定物等。福建天行司法鉴定所依据《劳动能力鉴定　职工工伤与职业病致残等级》的标准评定陈妆花的损伤构成九级伤残；依据《人体损害误工期、护理期、营养期评定规范》的标准评定陈妆花的损伤护理时间为 90 日、误工时间为 180 日、后续治疗费为 10000 元，原告陈妆花为此支出鉴定费 2600 元；本案在审理过程中，福建安泰司法鉴定所按《人体损伤致残程度分级》的标准鉴定："陈妆花伤残程度为十级"，原告陈妆花为此支付鉴定费 1000 元。

陈妆花与被告成信公司在庭审过程中一致认可被告成信公司为原告陈妆花在中国太平洋人寿保险股份有限公司厦门市分公司投保了员工团体意外伤害保险；且均同意本案以提供劳务者受害责任纠纷进行审理并以此作出判决。

【案件焦点】

陈妆花在工伤认定超过申请期限不予受理的情况下，提起的提供劳务者受害责任赔偿要求是否予以支持。

【法院裁判要旨】

福建省南安市人民法院经审理认为：陈妆花受成信公司的聘请从事杂工工作，工作中遭受人身损害，因未能在规定时间内申请工伤认定，致陈妆花无法依法享受工伤保险待遇。但根据《最高人民法院关于审理人身损害赔偿案件适用法律若干问题的解释》第十一条之规定，“雇员在从事雇佣活动中遭受人身损害，雇主应当承担赔偿责任。”因此，陈妆花有权基于雇佣关系要求雇主即成信公司承担赔偿责任。陈妆花起诉请求被告成信公司赔偿的项目、金额合理部分予以采纳，不符合规定的部分不予支持。成信公司称其不用承担民事赔偿责任的主张，没有事实和法律依据，本院不予支持。

关于诉讼时效期间的问题。陈妆花因本案事故受伤住院治疗，根据医嘱，陈妆花在1年后尚需视骨折愈合情况取内固定物，因本案事故所受伤害治疗尚未终结，在医疗终结期后方能确定其实际损失，故诉讼时效应从该日起算，陈妆花于2017年7月4日提起本案诉讼的时间并未超过法定的诉讼时效期间。成信公司关于本案超过诉讼时效期间的主张没有事实和法律依据，本院不予支持。

关于陈妆花主张赔偿的项目、数额是否合理合法，合理损失是多少的问题。根据法律及司法解释的规定，本院依法确定陈妆花损失赔偿项目及数额为131131.8元。其中：医疗费45000元、后续治疗费10000元、营养费5000元、住院伙食补助费700元、护理费7333.4元、误工费24000元、残疾赔偿金29998.4元、交通费500元、精神损害抚慰金5000元、鉴定费3600元。

关于成信公司、陈妆花的赔偿责任，赔偿数额问题。提供劳务一方在提供劳务过程中遭受人身损害也有自身存在过错的情况，提供劳务一方也应担负一定的责任，完全由接受劳务一方承担责任也显失公平。陈妆花在石材生产车间从事杂工工作，工作中不仅需考虑工作强度，还应充分考虑其作业的周围环境因素，观察周围的情况，尽到必要的注意义务，但陈妆花未能充分注意自身安全和观察周围环境，疏于防范可能出现的安全风险，未能做好安全防护措施，致腿部被砸伤，过错明显，应当适当减轻雇主即成信公司的赔偿责任，综合分析具体案情，酌情确定陈妆花自行承担20%的责任，由成信公司承担80%的赔偿责任，即成信公司尚应赔偿给陈妆花59905.44元（131131.8元×80% -45000元）。

福建省南安市人民法院依照《中华人民共和国侵权责任法》第二条、第六条第一款、第十六条、第二十六条，《最高人民法院关于审理人身损害赔偿案件适用法律若干问题的解释》第一条、第十一条、第十二条、第十七条、第十九条、第二十条、第二十一条、第二十二条、第二十三条第一款、第二十四条、第二十五条、第三十五条，《最高人民法院关于适用〈中华人民共和国民事诉讼法〉的解释》第九十条的规定，作出如下判决：

一、被告福建省南安市成信石业有限公司应于本判决生效后十日内一次性赔偿给原告陈妆花后续治疗费、住院伙食补助费、残疾赔偿金、护理费、误工费、交通费等经济损失59905.44元；

二、驳回原告陈妆花的其他诉讼请求。

【法官后语】

本案主要争议焦点是在劳动者因超过工伤认定申请时限相关部门不予受理认定的情况下，能否以提供劳务者受害为由要求用人单位承担人身损害赔偿责任。对此，由于相关法律没有明确规定，实践中理解做法不一，争议较大，主要有三种不同观点：第一种观点认为，对于用人单位构成工伤无异议的案件，不必经过劳动保障行政部门的工伤认定程序，法院可根据劳动能力鉴定情况直接按照工伤处理；第二种观点认为，法院不能直接进行工伤认定，应以没有工伤认定为由驳回劳动者的起诉；第三种观点认为，在工伤无法认定的情况下，应允许劳动者按人身损害赔偿纠纷案件提起侵权责任诉讼，以提供劳务者受害责任为由，判令用人单位承担人身损害赔偿责任。

笔者同意第三种观点，法院也持该观点作出裁判。理由如下：

首先，法院不能直接作出工伤认定。陈妆花在成信公司从事杂工工作，成信公司对陈妆花进行了管理，并支付工资报酬给陈妆花，且成信公司又为陈妆花在中国太平洋人寿保险股份有限公司厦门市分公司投保了员工团体意外伤害保险，故双方虽没有书面劳动合同佐证，但足以认定已具备了劳动关系成立的法定要件，建立了事实劳动关系，应认定成信公司与陈妆花在事故发生时存在劳动合同关系。原告在工作时间、工作场所受伤，显然也系事实上的工伤。但是，根据《工伤保险条例》第五十二条和第五十三条的规定，工伤认定是劳动保障行政部门的行政职权行为，法院应遵循司法权与行政权相分离的原则，不能直接予以认定。第一种观点不仅有违法律的规定，且在实际操作中也存在困难，法院不是专业部门，在伤残等级的认定上有难度。没有工伤认定，有的地方劳动委员会拒绝做伤残等级鉴定，如果法院另外委托有关机构作出人身伤残鉴定，则与工伤伤残鉴定的等级又不完全一致。

其次，原告未能进行工伤认定，但不因此丧失提起人身损害赔偿的权利。《最高人民法院关于审理人身损害赔偿案件适用法律若干问题的解释》第十二条第一款规定，“依法应当参加工伤保险统筹的用人单位的劳动者，因工伤事故遭受人身损害，劳动者或者其近亲属向人民法院起诉请求用人单位承担民事赔偿责任的，告知其按《工伤保险条例》的规定处理”。从该条规定的含义来看，其一，劳动者因工伤事故遭受人身损害的，实际上也与提供劳务者受害责任、故意伤害、道路交通事故损害等人身损害一样，都属人身损害赔偿的一种类型。其二，为保障因工作遭受事故伤害或者患职业病的职工获得医疗救治和经济补偿，促进工作预防和职业康复，更好地保障劳动者的权益，法律另行规定了工伤保险条例，劳动者受工伤适用无过错责任按照工伤保险条例规定处理，并且在伤残等级鉴定、赔偿数额、赔偿项目等均优于一般的人身损害，从而对劳动者的权益予以特殊充分的保护，这也是工伤保险条例的立法宗旨。也因此，该条文规定了劳动者因工伤事故遭受人身损害，劳动者或者其近亲属向人民法院起诉请求用人单位承担民事赔偿责任的，告知其按《工伤保险条例》规定处理。但该条并未否定劳动者在未能进行工伤认定时，可以依照其他法律规定请求用人单位赔偿损失的权利。并且，《中华人民共和国职业病防治法》第五十八条和《中华人民共和国安全生产法》第五十三条规定：职业病病人和因安全生产事故受到损害的劳动者，除依法享有工伤社会保险外，依照有关民事法律，尚有获得赔偿权利的，有权向用人单位提起赔偿要求。也因此，如超过申请时限错过工伤认定，法院就因此驳回起诉不给予劳动者法律救济，不但剥夺了劳动者因人身损害获赔偿的权利，且由于提起工伤认定是用人单位的一项义务，如果用人单位怠于承担义务的结果是用人单位不用承担任何责任，则还会诱发用人单位不申报工伤认定的道德风险，违背社会的公正正义，显然也不符合立法原意。

综上，劳动者因超过申请期限未能进行工伤认定时，仅仅是丧失工伤认定及其按工伤保险条例请求救济赔偿的权利，不影响其系人身损害的性质认定，也不因此丧失其按照人身损害赔偿来请求用人单位赔偿损害的权利。

编写人：福建省南安市人民法院 周佳宝 黄振东

20

提供劳务者受害责任纠纷中劳务者存在过错应承担相应责任

——黄银根诉徐忠华、苏玉华提供劳务者受害责任案

【案件基本信息】

1. 裁判书字号

江西省丰城市人民法院（2017）赣0981民初1277号民事判决书

2. 案由：提供劳务者受害责任纠纷

3. 当事人

原告：黄银根

被告：徐忠华、苏玉华

【基本案情】

被告徐忠华系建筑包工头。原告十多年来由其雇请做工。2016年11月，被告苏玉华在张巷集镇街上兴建一栋五层楼房，将该房砌筑工程包给被告徐忠华，徐忠华雇请原告做工。2016年12月15日下午4时许，原告在外墙粉刷时，吊架钢丝绳有一根突然断裂，吊架侧翻致原告从约7米高处坠落受伤。在市人民医院紧急处理后即送往南昌大学第一附属医院住院58天，好转后转张巷卫生院住院19天。医院诊断原告多处骨折，两次手术，至今依赖轮椅，生活不能自理。经丰城市丰安司法鉴定中心鉴定为六级伤残，后续治疗费70000元，误工期540日、护理期200日。仅医疗费已用去157052.53元，被告徐忠华仅支付10余万元，被告苏玉华仅支付3万余元，余款分文未赔。经张巷镇政府多次调解未果。被告徐忠华作为直接接受劳务方、名义雇主，被告苏玉华作为实际接受劳务方、实际雇主，发包时选任不当。

两被告负有组织指挥施工、消除安全隐患、保障施工安全义务，对本次事故存在过错，原告方没有过错，请求依法支持原告的诉讼请求。

被告徐忠华认为原告诉称的部分不属实：1. 其隐藏了在事故发生当天中午喝酒的事实；事故发生的真正原因是原告没有尽到应尽的义务，存在重大过错，原告没扣上保险栓，应承担主要的医疗费用；2. 原告要求答辩人承担伤残赔偿金的依据错误，不能成立，原告要求的误工费、护理费、营养费等过高，具体结合庭审中原告的举证情况予以阐述；3. 答辩人在本次事故中已经垫付了10万元，无需再承担责任，诉讼费、保全费也无需承担。综上所述，请求法庭查明事实依法驳回原告对答辩人的诉讼请求。

被告苏玉华认为：1. 被告已经垫付34126元；2. 我方是房东，没有雇请原告，不应承担赔偿责任；3. 根据侵权责任法的规定，个人之间的雇佣，应按照过错承担责任，原告自身存在重大过错；4. 对原告的诉请，我方认为相应的计算依据与事实不符，有的过高，希望法庭调查后予以核实。

【案件焦点】

1. 原告方在此次事故中是否存在过错，被告苏玉华是否应承担责任，若要，各方应如何承担责任；2. 原告的损失是多少；3. 原告提供的司法鉴定意见书能否作为本案赔偿的依据。

【法院裁判要旨】

江西省丰城市人民法院经审理认为：《中华人民共和国侵权责任法》第三十五条规定：个人之间形成劳务关系，提供劳务一方因劳务自己受到损害的，根据双方各自的过错承担相应的责任。本案中，被告徐忠华作为雇主雇佣原告粉刷外墙，其作为接受劳务方，对施工现场有安全保障和安全管理的义务，且未提供合格的劳动生产设施，导致原告受伤，被告徐忠华应当承担主要赔偿责任，本院酌定其承担比例为55%。被告苏玉华以包工不包料的方式将所建房屋工程发包给没有相关建筑资质的被告徐忠华，存在选任过错，对原告的损失应承担次要赔偿责任，本院酌定承担比例为25%。同时，原告在施工作业过程前曾有饮酒行为，自身未尽安全注意义务，对损害的发生存在一定过错，本院酌定承担比例为20%。

关于本案的赔偿范围，结合原告诉请及《最高人民法院关于审理人身损害赔偿案件适用法律若干问题的规定》，本院作如下认定：1. 医疗费155182.53元；2. 住院伙食补助费2310元（77天×30元/天）；3. 营养费2310元（77天×30元/天）；4. 护理费9163元［77天×（31010÷12÷21.75元/天）］；5. 误工费9894元（97天×（26620÷12÷21.75元/天，算至定残日前一日）；6. 残疾赔偿金121380元（12138元/年×20年×50%）；7. 交通费结合原告住院天数、次数，本院酌定为600元；8. 鉴定费1800元；9. 后续治疗费70000元；10. 关于精神损害抚慰金，根据本案案情和原告伤情，酌情确定原告精神损害抚慰金为25000元。综上，原告以上各项损失共计397639.53元，由被告徐忠华赔偿原告损失397639.53元的55%即218701.74元，抵除其已垫付原告的100000元，还应赔偿原告118701.74元；被告苏玉华赔偿原告损失397639.53元的25%即99409.88元，抵除其已垫付原告的33378元，仍应赔偿原告66031.88元。原告自行负担其损失的20%。

江西省丰城市人民法院根据《中华人民共和国侵权责任法》第三十五条，《最高人民法院关于审理人身损害赔偿案件适用法律若干问题的解释》第十七条、第十八条，《中华人民共和国民事诉讼法》第六十四条第一款、第一百四十二条之规定，判决如下：

一、限被告徐忠华在本判决生效后十日内向原告黄银根支付各项人身损失费118701.74元。

二、限被告苏玉华在本判决生效后十日内向原告黄银根支付各项人身损失费66031.88元。

三、驳回原告黄银根的其他诉讼请求。

【法官后语】

本案中，原告黄银根在提供劳务中受到伤害是事实，其作为受害人有权要求被告苏玉华、徐忠华承担人身损害赔偿责任。至于原告黄银根自身是否需承担责任，《最高人民法院关于审理人身损害赔偿案件适用法律若干问题的解释》第十一条规定，雇员在雇佣活动中遭受人身损害的，雇主应当承担无过错赔偿责任，不存在免责事由。2010年7月1日施行的《中华人民共和国侵权责任法》第三十五条规定，个人之间形成劳务关系，提供劳务一方因劳务造成他人损害的，由接受劳务一方承担侵权责任。提供劳务一方因劳务自己受到损害的，根据双方各自的过错承担相应的责任。其中已经没有了雇佣、雇员等字样，明确了提供劳务一方因劳务自己受到损害的，根据双方的过错承担相应的责任。最高人民法院 2011 年 2 月 18 日发布《关于修改〈民事案件案由规定〉的决定》，在第二级案由“三十、侵权责任纠纷”项下增加“345. 提供劳务者受害责任纠纷”，删除了“特殊类型的侵权纠纷（包括雇员受害赔偿纠纷）”案由。说明雇员受害赔偿纠纷已变化为提供劳务者受害纠纷。

根据上述法律规定，提供劳务一方是否承担责任，要看提供劳务一方是否存在过错。提供劳务者的过错应相应减轻赔偿义务人的赔偿责任。对于是否有过错的举证责任，根据举证责任原则，应由过错方承担。《中华人民共和国侵权责任法》的规定减轻了接受劳务者的责任，加重了提供劳务者的安全注意义务。根据《中华人民共和国侵权责任法》的规定及此类案件的性质和特点，对提供劳务者受害责任纠纷案件的划分一般应适用过错责任原则加公平原则。

综合上述分析来看，本案中，被告徐忠华作为实际雇主雇佣原告粉刷外墙，其作为接受劳务方，对施工现场有安全保障和安全管理的义务，且未提供合格的劳动生产设施，导致原告受伤，被告徐忠华应当承担主要赔偿责任。被告苏玉华以包工不包料的方式将所建房屋工程发包给没有相关建筑资质的被告徐忠华，存在选任过错，对原告的损失应承担次要赔偿责任。原告在施工作业过程前曾有饮酒行为，自身未尽安全注意义务，对损害的发生存在一定过错，也要承担一定的责任。

提供劳务者作为社会底层的弱势群体，他们在提供劳务过程中自身受到伤害的情形非常普遍，一般情况下，提供劳务者本人存在对自己安全注意不够的过错，应自负相应的民事责任。判定提供劳务者的注意义务时，应考虑他们处于社会底层，注意义务能力较弱等诸多因素，不能让其承担较重的注意义务。此类案件划分责任的原则适用过错责任原则加公平原则，对今后处理此类案件纠纷有着积极的借鉴意义。

编写人：江西省丰城市人民法院　陈汉东

21

提供劳务者受害责任纠纷的责任主体及责任划分问题

——黄德荣诉湖南省天伟建筑工程有限公司等提供劳务者受害责任案

【案件基本信息】

1. 裁判书字号

湖南省宜章县人民法院（2017）湘1022民初811号民事判决书

2. 案由：提供劳务者受害责任纠纷

3. 当事人

原告：黄德荣

被告：湖南省天伟建筑工程有限公司（以下简称天伟公司）、谭书茂、邱定发、黄小红、黄海、高新华、李兵、吴开国、邱小斌、邱满红、邱永章、肖小建

【基本案情】

2016年3月1日，被告邱定发、黄小红作为施工代表与被告天伟公司签订了《木工工程承包合同》，约定被告天伟公司将其承建的宜和（君悦）公租房1、2栋工程的木工工程部分承包给被告邱定发、黄小红，单价为42元每平方米。合同签订后，被告邱定发、黄小红组织原告黄德荣，被告黄海、高新华、李兵、吴开国、邱小斌、邱满红、邱永章、肖小建开始进行木工工程施工。同年7月8日，原告黄德荣在施工过程中造成左手受伤，受伤后，被送到宜章县人民医院治疗，后因伤情严重转院到郴州市骨科医院住院治疗。经诊断，原告黄德荣左腕部电锯伤：1. 桡动脉、尺动脉及其伴行静脉断裂；2. 尺神经、正中神经断裂；3. 腕部关节囊韧带损伤；4. 食中环小指指浅、深屈肌腱断裂；5. 拇长屈肌腱断裂；6. 尺、桡侧腕屈肌腱、掌长肌腱断裂；7. 桡骨远端骨折。原告黄德荣住院治疗至2016年7月27日出院。出院时郴州骨科医院开具的出院记录出院医嘱：建议全休2周，注意休息，

加强营养。2016 年 9 月 2 日，原告黄德荣第二次到郴州骨科医院住院治疗，经诊断：1. 左腕部外伤术后左拇指长屈肌腱再次断裂；2. 左腕部处伤术后左示中环小指指深、浅屈肌腱粘连。原告黄德荣第二次住院至 2016 年 9 月 9 日出院，出院医嘱：1. 建议休息 2 周，加强营养支持；2. 术后 12—14 天伤口拆线，期间伤口隔日换药；3. 术后 3 周复查，择期拆除外固定；4. 术后拆除外固定后，在医师指导下行功能锻炼；5. 不适随诊。原告黄德荣两次共住院 26 天，花去医疗费 44891.74 元（被告天伟公司垫付了 40686.65 元，原告黄德荣支付了 4205.09 元）。2016 年 8 月 12 日，原告黄德荣委托郴州市科诚司法鉴定所对其进行伤残等级评定。2016 年 8 月 15 日，郴州市科诚司法鉴定所作出《郴州市科诚司法鉴定所伤残等级鉴定意见书》（郴科诚所［2016］临鉴字第 0980 号），原告黄德荣左腕关节损伤致左腕关节畸形丧失活动功能约 65%，并左手肌力 4 级，评定为八级伤残。原告黄德荣为此花去鉴定费 700 元。2017 年 7 月 21 日，被告天伟公司申请对原告黄德荣的伤残等级重新鉴定。2017 年 11 月 3 日，湖南正宏司法鉴定中心重新作出《湖南正宏司法鉴定中心司法鉴定意见书》（湖南正宏司鉴中心［2017］临鉴字第 776 号），原告黄德荣的伤残等级评定为九级。原告黄德荣曾向宜章县劳动人事争议仲裁委员会申请仲裁确认其与被告天伟公司存在劳动关系，宜章县劳动人事争议仲裁委员会依法作出宜劳人仲裁字［2016］第 104 号仲裁裁决书，确认原告黄德荣自 2016 年 3 月 1 日至 2016 年 7 月 8 日期间与被告天伟公司存在劳动关系。被告天伟公司不服该裁定，向法院提起诉讼，法院依法作出（2017）湘 1022 民初 114 号判决，被告天伟公司与原告黄德荣自 2016 年 3 月 1 日至 2016 年 7 月 8 日期间不存在劳动关系。

另查明：被告天伟公司是经郴州市工商行政管理局依法登记的有限责任公司，其经营范围为：房屋建筑工程、建筑装修装饰工程等业务。被告邱定发、黄小红无建筑施工资质。被告谭书茂作为被告天伟公司在宜和（君悦）公租房 1、2 栋项目的委托代理人，负责一些具体事务性工作，包括签订合同、现场管理、发放承包费。被告邱定发、黄小红是按照工程进度到被告天伟公司领取装饰工资款项，由被告谭书茂签字同意开支。原告黄德荣系农村户籍。2017—2018 年度湖南省道路交通事故损害赔偿项目计算标准中农村居民人均年可支配收入为 11930 元；建筑业年平均工资为 46712 元；居民服务、修理和其他服务业年平均工资为 46458 元；伙食补助费为 100 元/人·天。

【案件焦点】

1. 关于原告黄德荣在本案中因本次事故所受损失的数额问题；2. 原告黄德荣在本次事故中的损失应当由谁承担相应的责任及责任是如何划分的。

【法院裁判要旨】

湖南省宜章县人民法院经审理认为，本案为提供劳务者受害责任纠纷。本案争议的焦点为以下几个方面：一、关于原告黄德荣在本案中因本次事故所受损失的数额问题。依照《中华人民共和国侵权责任法》《最高人民法院关于审理人身损害赔偿案件适用法律若干问题的解释》的相关规定，结合当事人的举证及庭审情况，本院确认原告黄德荣在本案事故中所受经济损失数额为：（1）医疗费44891.74元；（2）误工费，参照建筑业年平均工资标准计算为6873元（46458元/年÷365天×54天）；（3）护理费，护理人员的护理费参照当地其他服务业的劳务报酬标准计算，本院酌定原告黄德荣在住院期间由一人护理，参照居民服务、修理和其他服务业年平均工资标准，计算为3309元（46458元/年÷365天×26天）；（4）交通费，本院酌情确定为500元；（5）住院伙食补助费2600元（26天×100元/人·天）；（6）营养费，结合医嘱，本院酌情确定为2000元；（7）残疾赔偿金，根据湖南正宏司法鉴定中心重新鉴定意见书，原告黄德荣构成九级伤残，原告黄德荣系农村户籍，而其提供的证据，不能证明事发前在城镇居住生活一年以上，因此，其残疾赔偿金应以农村居民人均纯收入11930元作为计算标准，即残疾赔偿金为47720元（11930元/年×20年×20%）；（8）鉴定费700元；（9）精神抚慰金，本院酌情确定原告黄德荣的精神抚慰金为10000元。综上，原告黄德荣的损失共计118593.74元。对于原告黄德荣超出本院上述认定的经济损失数额范围，本院不予支持。对于原告黄德荣主张的后续治疗费，由于后续治疗尚未开始，原告黄德荣可待该费用实际发生后再行向本院提起诉讼。二、原告黄德荣在本次事故中的损失应当由谁承担相应的责任及责任是如何划分的问题。根据《最高人民法院关于审理人身损害赔偿案件适用法律若干问题的解释》第十一条“雇员在从事雇佣活动中遭受人身损害，雇主应当承担赔偿责任……雇员在从事雇佣活动中因安全生产事故遭受人身损害，发包人、分包人知道或者应当知道接受发包或者分包业务的雇主没有相应资质或者安全生产条件的，应当与雇主承担连带赔偿责任”的规定，装修过程中，原告黄德荣系由被告邱定发、黄小红雇请，被告邱定发、黄小红作为雇主，其将装修的工作交给原告黄德荣，未采取相应的安全保障措施，没有为提供劳务一方的原告尽到安全防护保障义务，被告邱定发、黄小红作为雇主，对于雇员在从事雇佣活动中遭受的人身损害应承担赔偿责任。被告天伟公司作为经营建筑装修装饰工程的公司，应当预知到装修具有危险性，而此类危险工作理应承包给具有相应资质的企业，但被告天伟公司最终将此工作随意承包给了无相应装修资质的被告邱定发、黄小红，而被告邱定发、黄小红并不具备规避此风险的资质，最终导致了本案事故的发生，因此，被告天伟公司在人员的选任方面存在重大过失，应对被告邱定发、黄小红承担的责任承担连带赔偿责任。《中华人民共和国侵权责任法》第二十六条规定："被侵权人对损害的发生也有过错的，可以减轻侵权人的责任。"本案原告黄德荣是具有完全民事行为能力人，其无相应的装修资质而装修，且在装修过程中未尽到谨慎安全注意义务，自身也存在一定过错，对事故的发生应承担相应的责任。被告谭书茂、黄海、高新华、李兵、吴开国、邱小斌、邱满红、邱永章、肖小建在本次事故中无过错，不应承担本案的赔偿责任。综合以上分析，本院酌情确定被告邱定发、黄小红承担本次事故的80%的赔偿责任，即94875元（118593.74元×80%），扣除已支付的40686.65元医疗费，还需赔偿54188.35元，被告天伟公司对此款负连带赔偿责任；原告黄德荣自行承担本次事故20%的责任，即23718.74元（118593.74元×20%）。案经本院调解无果。依照《中华人民共和国侵权责任法》第六条、第二十六条，《最高人民法院关于审理人身损害赔偿案件适用法律若干问题的解释》第十一条第一、二款，《中华人民共和国民事诉讼法》第六十四条、第一百四十二条之规定，判决如下：

一、被告邱定发、黄小红于本判决生效之日起十日内赔偿原告黄德荣各项经济损失共计54188.35元，被告湖南省天伟建筑工程有限公司对上述款项承担连带赔偿责任；

二、驳回原告黄德荣的其他诉讼请求。如果未按本判决指定的期间履行给付金钱义务，应当依照《中华人民共和国民事诉讼法》第二百五十三条之规定，加倍支付迟延履行期间的债务利息。

【法官后语】

对于此类案件的处理，首先要明确他们之间的法律关系是劳务合同关系还是承揽合同关系。劳务关系是指两个或两个以上的平等主体之间就劳务事项进行等价交换过程中形成的权利义务关系。劳务合同的典型特征是提供劳务。承揽关系是承揽人按照定作人的要求完成工作，交付工作成果，定作人给付报酬的权利义务关系。承揽合同的典型特征是交付劳动成果，提供劳务是完成工作成果的手段，该特征是承揽合同和劳务合同的本质区别。本案黄德荣在装修过程中所用的材料都是由被告邱定发、黄小红提供，在施工过程中受被告邱定发、黄小红的指挥、监督，因此，黄德荣在装修过程中提供的是劳务，并非劳动成果，故黄德荣与被告邱定发、黄小红之间这种包工不包料的方式形成了劳动力的支配与被支配关系。因此，双方之间更符合劳务关系的特征，就是说黄德荣与被告邱定发、黄小红实际达成了口头劳务合同，双方形成了劳务合同法律关系，黄德荣系提供劳务一方，被告邱定发、黄小红系接受劳务一方。本案的处理重点在于事故责任主体的确定及事故责任在各方当事人之间的分配问题。关于责任主体的确定的问题，《最高人民法院关于审理人身损害赔偿案件适用法律若干问题的解释》第十一条规定："雇员在从事雇佣活动中遭受人身损害，雇主应当承担赔偿责任……雇员在从事雇佣活动中因安全生产事故遭受人身损害，发包人、分包人知道或者应当知道接受发包或者分包业务的雇主没有相应资质或者安全生产条件的，应当与雇主承担连带赔偿责任。"装修过程中，原告黄德荣系由被告邱定发、黄小红雇请，被告邱定发、黄小红作为雇主，其将装修的工作交给原告黄德荣，未采取相应的安全保障措施，没有为提供劳务一方的原告尽到安全防护保障义务，被告邱定发、黄小红作为雇主，对于雇员在从事雇佣活动中遭受的人身损害应承担赔偿责任，故判决其承担原告损失80%的责任。被告天伟公司作为经营建筑装修装饰工程的公司，应当预知到装修具有危险性，而此类危险工作理应承包给具有相应资质的企业，但被告天伟公司最终将此工作随意承包给了无相应装修资质的被告邱定发、黄小红，而被告邱定发、黄小红并不具备规避此风险的资质，最终导致了本案事故的发生，因此，被告天伟公司在人员的选任方面存在重大过失，应对被告邱定发、黄小红承担的责任承担连带赔偿责任。《中华人民共和国侵权责任法》第二十六条规定："被侵权人对损害的发生也有过错的，可以减轻侵权人的责任。"本案原告黄德荣是具有完全民事行为能力人，其无相应的装修资质而装修，且在装修过程中未尽到谨慎安全注意义务，自身也存在一定过错，对事故的发生应承担相应的责任，故判决其自行承担20%的责任。被告谭书茂、黄海、高新华、李兵、吴开国、邱小斌、邱满红、邱永章、肖小建在本次事故中无过错，不应承担本案的赔偿责任。

编写人：湖南省宜章县人民法院　周瑞

22

个人合伙之间健康权责任分担适用补偿责任

——蒙金荣诉蒙北振、玉灿宏提供劳务者受害责任案

【案件基本信息】

1. 裁判书字号

广西壮族自治区贵港市中级人民法院（2017）桂08民终1964号民事判决书

2. 案由：提供劳务者受害责任纠纷

3. 当事人

原告（上诉人）：蒙金荣

被告（被上诉人）：蒙北振、玉灿宏

【基本案情】

玉灿宏与蒙北振商谈，将其所有的林木发包给蒙北振承揽砍伐，并以装载上车树木吨数按每吨70元的价格计算报酬。蒙北振承揽下该砍伐林木工程后，邀约包括蒙金荣在内的四人自带工具、自行安排时间和每日工作量共同进行林木砍伐工作，并约定所得报酬由四人按工作时间平均分配。2016年5月17日15时许，蒙金荣将其已修剪好的树木堆放起来后到下方继续修剪树木时，因其堆放的树木没有牢固并从山上滚落，蒙金荣躲避不及，被滚落的树木砸伤。后众人将其送到平南县第二人民医院抢救住院治疗，诊断为左胫骨上段骨折，左腓骨近端骨折。从2016年5月17日至2016年6月6日，蒙金荣住院治疗20天，花医疗费13449.65元，出院医嘱4—6周后可行内固定螺钉拆除术。2016年9月5日至2016年9月8日，蒙金荣再次到平南县第二人民医院住院治疗，花医疗费3561.09元，出院医嘱三个月内

避免体力劳动。2016年11月7日，经桂林市正诚司法鉴定中心司法鉴定，蒙金荣的伤残等级为十级伤残，花鉴定费1100元。蒙金荣为医疗费事宜协商未果后起诉至法院，请求法院判令蒙北振、玉灿宏支付医疗费、住院伙食费、营养费、护理费、误工费、鉴定费、残疾赔偿金、交通费、精神损害抚慰金、后续治疗费等损失共计73054.34元。

【案件焦点】

1. 蒙金荣与玉灿宏、蒙北振之间的关系如何认定；2. 蒙金荣所受损失的责任如何划分。

【法院裁判要旨】

广西壮族自治区平南县人民法院经审理认为：承揽合同是承揽人按照定作人的要求完成工作，交付工作成果，定作人给付报酬的合同。玉灿宏将砍伐树木的工程交由蒙北振后由蒙北振负责联系砍伐工人并组织施工，玉灿宏只是按约定给付报酬，故玉灿宏与蒙北振之间系承揽关系。蒙北振拿到林木砍伐工程后邀约包括蒙金荣在内的三人共同劳动，其四人之间是平等协作关系，出勤及施工并不受蒙北振的监督管理，劳务报酬平均分配，并无提成或抽利，各方不存在人身依附或从属关系。因此，蒙金荣与蒙北振等四人之间是由蒙北振牵头形成的松散型合伙关系。

松散型合伙的合伙人在施工中遭受人身损害，其他合伙人对受害人均无过错的，不承担赔偿责任。蒙北振对同为合伙人的蒙金荣并无过错，不承担侵权责任。参照《最高人民法院关于贯彻执行〈中华人民共和国民法通则〉若干问题的意见（试行）》第一百五十七条的规定，结合蒙北振作为该组织共同成员共同信任的组织者，应当履行更多的安全注意义务，故蒙北振应当对蒙金荣承担相应的补偿责任，酌定3000元为宜。蒙金荣主张与玉灿宏之间存在雇佣关系，要求玉灿宏承担赔偿责任，缺乏事实和法律依据，不予支持。

广西壮族自治区平南县人民法院依照《中华人民共和国侵权责任法》第三十五条、《中华人民共和国合同法》第二百五十一条、《最高人民法院关于贯彻执行〈中华人民共和国民法通则〉若干问题的意见（试行）》第一百五十七条、《中华人民共和国民事诉讼法》第六十四条之规定，作出如下判决：

一、蒙北振应于本判决生效之日起十日内向蒙金荣支付补偿款3000元；

二、驳回蒙金荣的其他诉讼请求。

蒙金荣不服一审判决，提出上诉。

广西壮族自治区贵港市中级人民法院经审理认为，一、关于本案各方当事人之间法律关系如何认定的问题。上诉人提出其与被上诉人玉灿宏、蒙北振之间属雇佣关系的主张。经查，上诉人蒙金荣在一审期间承认，其与被上诉人蒙北振约定各自携带工具共同参与砍伐树木，开工时间由砍伐人员自行约定，报酬以装载上车的树木计重按70元/吨计算，由被上诉人玉灿宏支付给参与砍伐树木的四人平分。结合上述情况，一审法院认定被上诉人玉灿宏与蒙北振等四人之间属承揽关系，蒙北振、蒙金荣等四人内部之间为合伙关系依法有据，上诉人该主张与查明事实不符，本院依法不予采信。二、关于本案责任如何分担的问题。上诉人蒙金荣主张应由两被上诉人承担事故全部责任，但其陈述的事故经过为，在被上诉人蒙北振将树木锯倒后，蒙金荣将树木修剪完毕，而后蒙金荣到下方继续修剪树木时，之前修剪好的树木滚落致其受伤。综合到案证据，上诉人蒙金荣未能举证证实两被上诉人在其受伤过程中存在过错。因此，一审法院认定两被上诉人不存在过错责任，但被上诉人蒙北振作为合伙组织的组织者，应承担相应的补偿责任符合实际情况，本院依法予以维持。综上，依照《中华人民共和国民事诉讼法》第一百七十条第一款第（一）项之规定，判决如下：

驳回上诉，维持原判。

【法官后语】

1. 承揽关系和雇佣关系的区别。承揽与雇佣的实质性区别在于，承揽的目的是获取成果，并不对承揽方的人身进行限制或提出要求；雇佣则不仅要求一定的劳动成果，还要管理考察雇工、安排劳动时间和方式、评估工资水平等。两者的具体区别包括是否存在人身依附关系、劳动条件的提供情况、劳动方式、报酬的支付方式、劳务是否可以转移等。本案蒙金荣等四人的劳务活动是基于蒙北振与玉灿宏的协商，二人商定由玉灿宏将树木砍伐工程交由蒙北振，报酬按照装载上车树木每吨70元价格计算，对具体劳动方式、时间、团队等均未做要求，玉灿宏追求的仅仅是完成树木砍伐这一劳动结果。而且按照行业一般惯例，此类树木砍伐劳务通常是自带工具、自定时间、自行劳动，承接方与定作方并不存在人身依附性，故玉灿宏与蒙北振之间是承揽关系，蒙金荣与玉灿宏之间并无直接关系。

2. 个人合伙中健康权责任分担适用补偿责任。在现实生活中，个人合伙型的劳务组织十分常见，如没有资质的合伙建筑组织、合伙种植、砍伐组织等，这些组织具有相同的特点：一是自发组织，共同劳动；二是口头约定，自由组合；三是自负盈亏，共享收益。根据《中华人民共和国民法通则》第三十条的规定，蒙金荣与蒙北振等四人按照农村一般习惯自由组合、共同劳动、平分收益，符合上述合伙型劳务组织的基本属性，系个人合伙关系。本案的合伙主要是由蒙北振发起，而后自发组织在一起，在劳动过程中，其中合伙成员人身受到损害，虽然各合伙人并非致害人，亦不存在过错，但根据利益衡量这一法学方法，其他合伙人可能从蒙金荣的劳动中有所获益，从平衡各方利益角度出发，可要求可能获利方对受损害方进行补偿。利益衡量方法在民法上的体现主要是公平原则，在法律中的体现就是《中华人民共和国民法通则》第一百三十二条、《中华人民共和国侵权责任法》第二十四条以及《最高人民法院关于贯彻执行〈中华人民共和国民法通则〉若干问题的意见(试行)》第一百五十七条，具体适用情形包括：(1) 无民事行为能力人造成他人损害；(2) 完全民事行为能力人对自己的行为暂时没有意识或者失去控制没有过错，但造成他人损害；(3) 具体加害人不明，由可能加害的人分担损失；(4) 因意外情况造成损害；(5) 为对方利益或者共同利益进行活动过程中受到损害。本案属于第五种情形。蒙金荣放弃对另外2名合伙人主张权利，是其对自己权利的处分，应予尊重，故本案应由蒙北振承担相应的补偿责任。补偿责任的适用还涉及法官自由裁量权的把握问题。自由裁量权是法律赋予法官的有限司法选择权，并非无尺寸的“任意裁量”，所以裁量要有理、有据、有尺度。具体应把握以下几点：一是要合法合理，裁量有据；二是要公平正义，不偏不倚；三是要审慎处置，利益权衡；四是要严格规范，统一尺度。本案补偿责任的确定既权衡了受害人的实际损失和责任，又仔细求证了合伙各方的利益，将补偿责任具体数额控制在了科学合理范围。

编写人：广西壮族自治区平南县人民法院　韦欣伶

23

提供劳务者受害责任的认定及过错承担问题

——孙某某、周立某诉李某平、蒋某雄提供劳务者受害责任案

【案件基本信息】

1. 裁判书字号

云南省鲁甸县人民法院（2017）云0621民初260号民事判决书

2. 案由：提供劳务者受害责任纠纷

3. 当事人

原告：孙某某、周立某

被告：李某平、蒋某雄

【基本案情】

被告李某平为筹建鲁甸县文屏镇×××经营部需要搭建厂房，与被告蒋某雄口头约定由被告蒋某雄承建。2016年12月14日原告之子孙小某受雇于被告蒋某雄，前往鲁甸县文屏镇岩洞村搭建跨度达10米以上的钢结构厂房，孙小某在施工过程中从高处坠地受伤，先后被送往鲁甸县人民医院、昭通市第一人民医院抢救无效死亡。

另查明：被告李某平经营的鲁甸县文屏镇×××经营部于2017年3月10日在鲁甸县市场监督管理局登记设立。原告之子孙小某发生事故时已年满26周岁，未婚无子女。被告李某平向原告孙某某支付了赔偿款50000元，被告蒋某雄向原告支付了赔偿款20000元。

【案件焦点】

1. 原告之子孙小某与被告蒋某雄是否存在劳务关系；2. 原告之子孙小某的死亡与二被告是否有事实上的因果关系；3. 原告起诉的赔偿项目是否符合法律的规定？如符合，应当如何赔偿。

【法院裁判要旨】

云南昭通市省鲁甸县人民法院经审理认为：个人之间形成劳务关系，提供劳务一方因劳务造成他人损害的，由接受劳务一方承担侵权责任。提供劳务一方因劳务自己受到损害，根据双方的过错责任承担相应的民事责任。本案中，原告孙某某、周立某之子孙小某向被告蒋某雄领取报酬，与蒋某雄形成劳务关系，被告蒋某雄应对孙小某死亡所造成的经济损失承担赔偿责任；对其辩解孙小某在提供劳务过程中死亡属于应当参照工伤认定的意见，不予采纳。被告李某平明知被告蒋某雄无资质还将搭建跨度高达十米以上的钢结构厂房发包给被告蒋某雄进行承建，有选任过失，应承担一定民事赔偿责任。鉴于孙小某系完全民事行为能力人，在施工过程中对自身安全未尽到安全注意义务，亦存在过错，可适当减轻二被告的民事赔偿责任。孙小某在事故发生前其户口为“农转城”，其赔偿标准应当按照城镇户口标准计赔。综上，二原告的各项损失有：死亡赔偿金26373元/年×20年=527460元、丧葬费64463元/年÷12个月×6个月=32231元，共计559691元，以上经济损失应根据提供劳务方及接受劳务方、发包方与接受劳务方的过错比例进行分担，即由被告蒋某雄承担60%、被告李某平承担20%的责任，二被告之前已经支付的费用应在其应承担的费用中扣除。据此，依照《中华人民共和国侵权责任法》第十五条、第十六条、第二十六条、第三十五条以及《最高人民法院关于审理人身损害赔偿案件适用法律若干问题的解释》第十一条、第二十七条、第二十九条的规定，判决如下：

一、由被告蒋某雄于本判决生效之日起十日内赔偿原告孙某某、周立某各项经济损失335815元（含已支付的20000元）。

二、由被告李某平于本判决生效之日起十日内赔偿原告孙某某、周立某各项经济损失111938元（含已支付的50000元）。

三、上述赔偿款项由被告蒋某雄、李某平互负连带责任。

四、驳回原告孙某某、周立某的其他诉讼请求。

李某平不服该判决，提起上诉。但在上诉中因未交上诉费，也未提出减缓免司法救助申请，云南省昭通市中级人民法院作出裁定按撤回上诉处理，故该判决为生效判决。

【法官后语】

1. 提供劳务者受害责任纠纷与工伤的区别。本案案由系提供劳务者受害责任纠纷，该案由是指个人之间形成劳务关系，劳务提供者因劳务活动自身受到损害时，由双方根据各自的过错程度承担相应的民事责任所引发的纠纷。根据本案的事实认定，本案确属发生在两个自然人之间劳务关系中，因提供劳务者孙小某受伤死亡一事引发的纠纷，故不能按照工伤案件处理。两者的主要区别：(1) 工伤案件中的赔偿主体是用人单位，包括公司企业等而不可能是自然人，提供劳务者受害责任纠纷的赔偿主体一般是个人或者是用人单位。(2) 工伤案件一般适用《工伤保险条例》，而提供劳务者受害责任纠纷一般适用《中华人民共和国侵权责任法》。(3) 工伤一般走劳动仲裁程序前置程序，当不服仲裁时才向法院起诉，提供劳务者受害责任纠纷一般走诉讼途径。故本案是一个典型的提供劳务者受害责任纠纷案。

2. 提供劳务者受害责任纠纷赔偿是过错承担

根据《中华人民共和国侵权责任法》第三十五条规定，“个人之间形成劳务关系，提供劳务一方因劳务造成他人损害的，由接受劳务一方承担侵权责任。提供劳务一方因劳务自己受到损害的，根据双方各自的过错承担相应的责任”。这是我国法律明确规定雇员受害赔偿归责原则为过错责任原则，即提供劳务一方在提供劳务过程中受到伤害，是否由接受劳务一方承担责任，要看哪一方存在过错，“相应的责任”就是与过错程度相适应，与原因力比例相适应。

编写人：云南省昭通市鲁甸县人民法院　田琼

24

多个被告的提供劳务者受害责任纠纷案件的归责原则与担责比例确定

——吴尚文诉田瑞阁、张平提供劳务者受害责任案

【案件基本信息】

1. 裁判书字号

河北省隆化县人民法院（2016）冀0825民初2690号民事裁判书

2. 案由：提供劳务者受害责任纠纷

3. 当事人

原告：吴尚文

被告：田瑞阁、张平

【基本案情】

被告田瑞阁系农村包工头，承包了隆化镇煤窑村张平家一间平房的施工工程。原告吴尚文经同村村民李学伟介绍，受雇于被告田瑞阁到被告张平家干木工零活。2016年4月20日下午6时许，原告与另一瓦工梁志军共同在梁顶上施工，梁志军往梁上钉钉子，原告阻止说不能钉钉子，被告田瑞阁说往东钉，在钉的过程中架子塌下，原告和梁志军从上掉落，被告张平闻讯后用车送原告到隆化县中医院，经检查原告右耻骨上、下肢骨折，右足软组织挫伤，右跟骨骨折，骶椎骨折。原告在隆化县中医院住院30天，于2016年5月20日出院。被告田瑞阁称，原告是经同村的李学伟介绍后，直接到的被告张平家干活，并非受雇于他，因此原告的雇主应是被告张平。原告受伤是因梁志军的行为导致的，与其没有关系。原告伤后，其与被告张平、介绍人李学伟都给垫付了药费，其中被告张平垫付1000元。被告张平给另外两个小工徐树林、黄淑云发了工资，说明被告张平既是房主亦是雇主。被告张平称，其要在原主房西侧接一间房屋，将该工程以7500元承包给被告田瑞阁。原告是被告田瑞阁雇佣的，与其没有关系。开工几天后，被告田瑞阁先后向其借款三次，金额分别为6000元、1000元、3000元，被告田瑞阁称张平为原告垫付的1000元医药费，其实就是田瑞阁第二次借张平的，是田瑞阁交给原告的。打顶子那天需要的人多，被告田瑞阁找不到人，被告张平帮田瑞阁找了两个小工徐树林、黄淑云，按当地的习俗这天房东都请干活的吃晚饭，被告田瑞阁返还了1900元，所以被告张平才帮田瑞阁给徐树林、黄淑云发了工资，每人120元。

【案件焦点】

1. 原告吴尚文与被告田瑞阁、张平之间，二被告之间分别存在什么法律关系；2. 责任主体是谁，原、被告之间责任比例如何。

【法院裁判要旨】

河北省隆化县人民法院经审理认为：原告与被告田瑞阁之间形成劳务合同的法律关系。根据法律规定，雇员在从事雇佣活动中遭受人身损害，雇主应当承担赔偿责任，被告田瑞阁作为雇主，在现场组织指挥施工时行为欠妥，安全意识不强，造成架子塌落，致原告受伤，因此，被告田瑞阁对原告的合理损失应当承担相应的赔偿责任。被告张平是受益人，亦应当给予原告适当补偿。原告系完全民事行为能力人，在施工过程中发现存在不安全因素，未采取必要的措施及合理的注意义务以避免事故的发生，存在过错，应当适当减轻被告田瑞阁的赔偿责任，对原告的合理损失以被告张平承担10%为宜，另90%以原告担20%，被告田瑞阁担80%为宜。原告的医疗费7573.09元、复印病历费6.6元、营养费600元、护理费3000元本院予以确认。原告主张的误工费按每天240元计算无证据予以证明，本院不予支持，结合原告伤情、出院医嘱及其从事的工种酌情保护90天，每天按100元计算，合计9000元。原告主张的住院期间伙食补助费每天按100元计算，无有效证据予以证明，应按每天50元计算，合计1500元。原告主张的交通费500元，无证据予以证明，结合原告就医地至居住地及住院时间，酌情保护100元，原告的实际损失为21779.69元。被告田瑞阁辩称的原告系被告张平雇佣，自己对原告的损失不承担责任，无证据予以证明，本院不予支持。被告张平辩称的被告田瑞阁向其借款10000元的主张与本案不是同一法律关系，本院没有处理的必要。

综上所述，依照《中华人民共和国侵权责任法》第三十五条，《最高人民法院关于审理人身损害赔偿案件适用法律若干问题的解释》第十七条、第十九条、第二十条、第二十一条、第二十二条、第二十三条、第二十四条、第二十五条，《中华人民共和国民事诉讼法》第六十四条第一款，《最高人民法院关于适用〈中华人民共和国民事诉讼法〉的解释》第九十条之规定，判决如下：

一、被告田瑞阁于本判决生效后十日内赔偿原告吴尚文医疗费、误工费、护理费、住院伙食补助费、营养费、交通费各项经济损失15681.38元（总损失21779.69元×90%×80%），扣除已给付的2700元，实际再给付12981.38元；

二、被告张平于本判决生效后十日内补偿原告吴尚文医疗费、误工费、护理费、住院伙食补助费、营养费、交通费各项经济损失2177.97元（总损失21779.69

元×10%）；

三、驳回原告吴尚文的其他诉讼请求。

【法官后语】

提供劳务者受害责任纠纷案件中，存在多个被告，原告与其中部分被告形成劳务合同关系，被告之间形成承揽合同关系的，那么，作为原告雇主的被告因过错对原告的损失承担赔偿责任毫无疑问，但各被告对原告的损失适用何种归责原则、承担何种责任，承担责任的比例又如何呢？

如作为承揽合同发包人的被告在发包时存在选任承包人不当的情况，那么作为承揽合同发包人的被告对原告损失的产生具有过错，应适用过错责任的归责原则，承担赔偿责任。但各法院对作为承揽合同发包人的被告承担责任的形式裁判不一：有的法院认为其应与作为承包人的被告（即原告的雇主）承担连带责任，有的法院认为其应独立于作为承包人的被告（即原告的雇主）承担赔偿责任，且其承担赔偿责任的比例要少于作为承包人的被告（即原告的雇主）的赔偿比例。对此笔者认为，因作为承包人的被告（即原告的雇主）才是劳务合同法律关系中的直接责任主体，所以其承担赔偿责任的比例应多于作为承揽合同发包人的被告。

如作为承揽合同发包人的被告在发包时不存在选任承包人不当的情况，即对原告损失的产生无过错，对此情形，笔者与大多数法院的认识相同，认为其应适用公平责任的归责原则，其可以作为受益人对原告的损失给予适当的补偿。但对于其如何承担补偿责任，笔者认为该种情形下，因作为承揽合同发包人的被告与作为承包人的被告（即原告的雇主）适用的是不同的归责原则，因此，该补偿责任应独立于作为承包人的被告（即原告的雇主）的赔偿责任，即如认定作为承揽合同发包人的被告可以给予原告10%的补偿，那么，作为承包人的被告（即原告的雇主）和应自负部分责任的原告应在剩余90%内再按比例承担相应责任，例如作为承包人的被告（即原告的雇主）承担赔偿责任的比例为90%×70%=63%，原告自负责任比例为90%×30%=27%。

编写人：河北省隆化县人民法院　钱宝莲

25

提供劳务一方对因劳务自己受到损害应承担事故的主要责任的，应减轻接受劳务一方的赔偿责任

——麻成发诉息烽县志合商砼有限公司等提供劳务者受害责任案

【案件基本信息】

1. 裁判书字号

贵州省息烽县人民法院（2017）黔0122民初1510号判决书

2. 案由：提供劳务者受害责任纠纷

3. 当事人

原告：麻成发

被告：息烽县志合商砼有限公司（以下简称志合公司）、周开录、陈兴平

【基本案情】

贵州省息烽县人民法院经公开审理查明：2017年3月21日中午，原告麻成发驾驶贵A399××号散装水泥罐车运载散装水泥至被告志合公司，其驾驶车辆到达志合公司后，在卸载水泥过程中，罐车罐体顶部靠车尾的充装口盖子漏气，麻成发在未关停空压机且未泄压的情况下，冒险爬到罐车顶部的充装口处理盖子漏气问题，被气压冲出的罐体盖子击中头部，造成麻成发受伤。事故发生后，原告麻成发随即被送往息烽县人民医院进行救治，后因伤情较重转至贵阳市金阳医院继续治疗，经诊断为：Ⅰ. 开放性颅脑损伤（特重）；1. 脑挫裂伤（额、双），2. 蛛网膜下腔出血，3. 硬膜下血肿（颞顶，右），4. 颅骨骨折（额顶，双），5. 前颅凹底骨折，6. 头皮裂伤（额，双），7. 颅内感染，8. 双侧视神经及动眼神经损伤；Ⅱ. 双肺肺炎；Ⅲ. 双下肢深静脉血栓形成。目前仍在该院治疗中。截至2017年12月30日，原告在该院的医疗费用为549851.58元，在息烽县人民医院产生费用6412.29元，其中

被告志合公司在事发后向原告支付医疗费30万元，周开录支付21万元，陈兴平支付2万元。原告所受损伤经贵州中一司法鉴定中心鉴定，原告因特重型颅脑损伤导致其属于持续性植物生存状态，伤残等级评定为一级，属于完全护理依赖，后续医疗费综合评定为每月需2000—3000元，此次鉴定费用为2300元。

同时查明，原告麻成发于2012年开始驾驶散装水泥罐车，并持有合法驾驶资格证，被告周开录于2016年9月起雇佣其驾驶车辆运送水泥，保底月工资为5000元，另视实际运输情况提成。事发当日，被告志合公司向散装水泥供应商即本案被告陈兴平购买水泥，后陈兴平联系周开录为其负责运送，周开录遂安排麻成发驾驶周开录所有的贵A39980号散装水泥罐车运货，运送至志合公司后在卸载水泥过程中发生上述事故。息烽县安监局组织事故调查组对该起事故进行了调查，认定该事故属于生产安全责任事故，并根据各方责任对本案原、被告分别进行了处罚。

【案件焦点】

如何确认提供劳务一方和接受劳务一方的责任。

【法院裁判要旨】

贵州省息烽县人民法院经审理认为：本案中，原告麻成发与被告周开录之间形成个人劳务关系，根据法律规定，提供劳务一方因劳务自己受到损害的，应根据双方各自的过错承担相应的责任。原告麻成发作为具有一定驾驶经验的罐车驾驶人员，应熟知罐车的驾驶及操作流程，但在事发时，其未按操作规程，在车辆罐体带压运行且未泄压的情况下，爬到灌顶冒险作业，被气压冲出的盖子击中头部受伤，直接导致本次事故发生，其应承担事故的主要责任；周开录作为接受劳务一方，在雇佣时未对驾驶人员进行安全培训，对罐车安全情况也未及时进行排查处理，对本次事故的发生也有一定过错，故结合本案实际情况，应由原告麻成发承担60%的责任，由被告周开录承担40%的责任较为合理。被告志合公司及陈兴平，虽因生产安全责任事故被予以相应的行政处罚，但该责任认定并非等同于民事责任，志合公司及陈兴平并不存在侵权行为，故对原告主张由被告志合公司、陈兴平共同承担赔偿责任的请求，本院不予支持。结合现有证据及相关赔偿标准，原告所主张的部分费用计算标准过高，本院依法予以扣减，原告所遭受的损失应为：误工费3万元，原告主张按5000元/月计算6个月，符合法律规定，各方亦予以认可，本院予以支持；住院期间护理费应根据居民服务业平均工资104.8元/天计算180天，为18864元，住院伙食补助费为1.8万元；营养费应按50元/天计算180天，为9000元；残疾赔偿金534852.4元，结合原告行业性质及收入来源，原告主张按城镇标准计算，符合法律规定，本院予以支持；对于后续的护理费及治疗费用，原告因特重型颅脑损伤导致其属于持续性植物生存状态，伤残等级评定为一级，属于完全护理依赖，根据其具体伤情，本院认为应先行支持5年的费用较为适宜，如之后再行产生相关费用，原告可另行主张或再诉，故护理费应为191230元（居民服务行业年平均工资38246元/年×5年）；后续医疗费为15万元（3万元/年×5年）；鉴定费为2300元；精神损失费结合原告伤情及双方过错程度，酌情支持2万元；另对被告支付的医疗费用，原告并未进行主张，故本案不予处理。上述费用共计为974246.4元，其中精神损失费2万元因已考虑双方各自存在的过错，该费用不再按责任比例进行分担，故被告周开录实际应承担的赔偿金额为401698.6元［（974246.4元－2万）×40%＋2万元］。据此，依照《中华人民共和国民法通则》第一百三十一条、《中华人民共和国侵权责任法》第三十五条、《最高人民法院关于审理人身损害赔偿案件适用法律若干问题的解释》第十七条第一款、《中华人民共和国民事诉讼法》第六十四条第一款及《最高人民法院关于适用〈中华人民共和国民事诉讼法〉的解释》第九十条之规定，作出如下判决：

一、由被告周开录在本判决生效之日起十日内赔偿原告麻成发残疾赔偿金、误工费等各项经济损失共计401698.6元；

二、驳回原告麻成发的其他诉讼请求。

【法官后语】

本案系具有一定驾驶经验的罐车驾驶人员，因其未按操作规程，在车辆罐体带压运行且未泄压的情况下，爬到灌顶冒险作业，被气压冲出的盖子击中头部受伤，导致发生事故的一起案件。作为接受劳务一方，在雇佣时未对驾驶人员进行安全培训，对罐车安全情况也未及时进行排查处理，对本次事故的发生也有一定过错。法院根据《中华人民共和国侵权责任法》第三十五条“个人之间形成劳务关系，提供劳务一方因劳务造成他人损害的，由接受劳务一方承担侵权责任。提供劳务一方因劳务自己受到损害的，根据双方各自的过错承担相应的责任”和《最高人民法院关于审理人身损害赔偿案件适用法律若干问题的解释》第十七条第一款“受害人遭受人身损害，因就医治疗支出的各项费用以及因误工减少的收入，包括医疗费、误工费、护理费、交通费、住宿费、住院伙食补助费、必要的营养费，赔偿义务人应当予以赔偿”的规定，判决麻成发承担60%的责任，周开录承担40%的责任。对原告主张由志合公司、陈兴平共同承担赔偿责任的请求，根据审理查明的情况，虽然志合公司和陈兴平因为此事故被相关行政部门课以相应的行政处罚，但行政处罚并不等于民事责任，志合公司及陈兴平在本案中不存在侵权行为。故对原告的该请求不予支持。

随着经济的发展，提供劳务者与接受劳务者之间的交往越来越频繁，在双方交往过程中贯彻最大限度保护提供劳务者合法权益的价值取向，必须要明确行使自由裁量权需考虑的具体因素。一是要看接受劳务者是否履行了一些必要义务，如接受劳务者是否为提供劳务者提供了安全的劳动环境；是否为提供劳务者提供了符合安全标准的劳动工具；是否告知提供劳务者对劳动工具的使用和操作方法。二是要看提供劳务者自身受到伤害原因，即是因为提供劳务者自己没有尽到对自身安全注意义务，还是因为接受劳务者对提供劳务者选任不当、现场监督和指挥不力等原因而导致伤害的发生。

编写人：贵州省息烽县人民法院　杨文艳

26

约定不明情况下提供劳务者受害责任的承担

——李洪生诉苏刚等提供劳务者受害责任案

【案件基本信息】

1. 裁判书字号

新疆生产建设兵团第八师中级人民法院（2016）08终字第990号民事判决书

2. 案由：提供劳务者受害责任纠纷

3. 当事人

原告（被上诉人）：李洪生

被告（被上诉人）：石河子安厦建筑安装工程有限公司（以下简称安厦公司）

被告（上诉人）：苏刚、贺云

【基本案情】

2015年，安厦公司承建142团老年活动中心。安厦公司将工程中的雨棚项目以连工带料的方式分包给贺云，后贺云又将雨棚以单包工的形式转包给了苏刚，苏刚雇佣李洪生、马某某等人具体施工。2015年11月10日，李洪生在施工过程中，不慎从人字梯上跌落致伤。李洪生伤情诊断为双侧跟骨骨折，其他诊断右距骨骨折，于11月26日出院，住院费为25624.97元。李洪生伤情鉴定为：十级伤残，误工240天，护理80天，营养期100天。事故发生后，贺云垫付医疗费用共计30000元。2016年4月1日，贺云与李洪生达成赔偿协议，内容为："2015年11月10日李洪生在142团工地受伤，现已痊愈。医疗费一次性赔付完毕。此伤再无纠纷（注：叁万元整，30000元），贺云、李洪生，2016.4.1。"

另查，2015年度兵团城镇常住居民人均可支配收入为31432元，兵团在岗职工（就业人员）平均工资为54599元。

【案件焦点】

1. 三被告是否应承担侵权责任以及如何承担；2. 李洪生是否存在过错及是否应当自担相应责任；3. 李洪生请求的赔偿项目和数额是否合理合法。

【法院裁判要旨】

新疆生产建设兵团下野地垦区法院经审理认为：个人之间形成劳务关系，提供劳务一方因劳务造成他人损害的，由接受劳务一方承担侵权责任，提供劳务一方因劳务自己受到损害的，根据双方各自的过错承担相应的责任。雇员在从事雇佣活动中因安全生产事故遭受人身损害，发包人、分包人知道或者应当知道接受发包或者分包业务的雇主没有相应资质或者安全生产条件的，应当与雇主承担连带赔偿责任。原告在为被告苏刚提供劳务过程中受伤，被告苏刚作为雇主未提供任何安全施工设备，未尽到安全管理职责，对施工疏于管理，应承担侵权责任。因原告在提供劳务过程中，安全意识不强，未采取任何安全措施，未尽到安全谨慎义务，对损害的发生亦存在一定过错，应自担相应责任。综合考虑双方的过错程度，该院认为被告苏刚作为接受劳务一方应承担70%的责任，原告作为提供劳务一方应自担30%责任为宜。被告安厦公司明知被告贺云没有相应资质将工程分包给他，被告贺云明知被告苏刚没有相应资质却转包于他，故被告安厦公司、贺云依法应当与被告苏刚承担连带赔偿责任。

新疆生产建设兵团下野地垦区人民法院依照《中华人民共和国侵权责任法》第三十五条，《最高人民法院关于审理人身损害赔偿案件适用法律若干问题的解释》第十一条第二款、第十七条、第二十条、第二十一条、第二十二条、第二十三条、第二十四条、第二十五条、第三十条，《最高人民法院关于确定民事侵权精神损害赔偿责任若干问题的解释》第十条、第十一条的规定，作出如下判决：

一、被告苏刚于本判决生效后十日内赔偿原告李洪生各项损失共计 56437 元；

二、被告石河子安厦建筑安装工程有限公司、被告贺云对上述款项承担连带赔偿责任；

三、驳回原告苏刚的其他诉讼请求；

苏刚、贺云不服一审判决，提起上诉。新疆生产建设兵团第八师中级人民法院经审理认为，李洪生在提供劳务的过程中受伤的事实清楚，现各方争议的焦点是：一、李洪生与苏刚间是否存在雇佣关系，苏刚应否承担赔偿责任；二、贺云与李洪生达成赔偿协议后，李洪生能否向贺云再次提出赔偿请求；贺云在本案中应否承担赔偿责任。

关于焦点一，根据查明的事实，一四二团老年活动中心雨棚项目由上诉人苏刚与上诉人贺云商谈，被上诉人李洪生亦是上诉人苏刚叫到工地干活，由上诉人苏刚记工。事故发生后，上诉人苏刚亦支付了部分费用。原审根据上述行为认定上诉人苏刚与被上诉人李洪生间存在雇佣关系并无不当。上诉人苏刚主张其与被上诉人李洪生间不存在雇佣关系，除本人陈述外，提供了证人马某某证言，该证人与本案有一定利害关系，证言系孤证，部分证言亦与苏刚的陈述不一致，不能证实上诉人苏刚的主张，故对上诉人苏刚不承担责任的上诉理由本院不予采纳。

关于焦点二，其一，被上诉人李洪生受伤入院治疗后与上诉人贺云达成赔偿协议，系双方真实意思表示，且已履行完毕，对该协议中的赔偿项目即李洪生医药费的赔偿应为有效。但该协议是在未进行伤残评定的情况下达成的，被上诉人李洪生作为非专业人员在达成协议时并不能准确地对自己的伤情作出判断，协议中未涉及的其他费用，李洪生要求赔偿义务人赔偿与原赔偿协议并无矛盾之处，符合法律规定。其二，上诉人贺云系本案所涉工程的分包人，依据《最高人民法院关于审理人身损害赔偿案件适用法律若干问题的解释》第十一条第二款的规定，发包人、分包人知道或者应当知道接受发包或者分包业务的雇主没有相应资质或者安全生产条件的，对雇员在从事雇佣活动中因安全生产事故遭受的人身损害，应当与雇主承担连带赔偿责任，原审判决上诉人贺云承担连带责任并无不当。上诉人贺云上诉认为依据《中华人民共和国侵权责任法》第三十五条的规定，其不应承担责任，前述司法解释并未废止，第十一条第二、三款的规定也与《中华人民共和国侵权责任法》第三十五条的规定不矛盾，上诉人贺云以此主张不承担责任的上诉理由不能成立。其三，上诉人贺云提出原审中被上诉人李洪生放弃对上诉人苏刚的诉讼请求，经查原卷，被上诉人李洪生该意思表示是在认为上诉人苏刚系工头，与其是工友的前提下做出的，并未明确如果法院认定其与苏刚间存在雇佣关系，是否放弃对苏刚的请求，加之原判决认定二人间存在雇佣关系李洪生也未提出上诉，二审中亦不明确要求放弃对苏刚的诉讼请求，故上诉人贺云该上诉理由不能成立。

综上所述，上诉人苏刚、贺云的上诉请求不能成立，应予驳回；一审判决认定事实清楚，适用法律正确，应予维持。依照《中华人民共和国民事诉讼法》第一百七十条第一款第一项规定，判决如下：

驳回上诉，维持原判。

【法官后语】

目前在社会经济活动中，大量存在着个人之间提供与接受劳务的行为，而个人之间劳务关系普遍存在设施不健全、安全保障措施较少、提供劳务者对安全劳动的意识较差、接受劳务者疏于管理等问题。

一、法律关系的认定

本案例中，在侵权责任法实施后，法律关系认定中发生的最大变化是“使用人责任理论”取代了“雇佣人责任理论”。当然，这一变化也与司法实践的需要密切相关。《最高人民法院关于审理人身损害赔偿案件适用法律若干问题的解释》第十一条的规则适用以存在雇佣关系为前提，如不存在雇佣关系，则驳回原告之诉讼请求。这使得一些难以证明雇佣关系的原告在实践中无法获得司法救济。而侵权责任法实施后，在适用法律规则进行裁判时，只需要确定使用人即可，并不需要原告证明与被告之间存在雇佣关系，实际上侵权责任法第三十五条的适用范围有所扩张。

关于被告的责任承担应当从以下几个方面进行认定：第一，是否提供了劳务；第二，接受劳务一方是否因为提供劳务而受益；第三，提供劳务者是否接受了指示、控制、管理或者监督。本案中李洪生亦是苏刚叫到工地干活，由苏刚记工；事故发生后，苏刚亦支付了部分费用。根据上述行为认定上诉人苏刚与被上诉人李洪生间存在雇佣关系并无不当。依据《最高人民法院关于审理人身损害赔偿案件适用法律若干问题的解释》第十一条第二款的规定，发包人、分包人知道或者应当知道接受发包或者分包业务的雇主没有相应资质或者安全生产条件的，对雇员在从事雇佣活动中因安全生产事故遭受的人身损害，应当与雇主承担连带赔偿责任，判决贺云、石河子安厦建筑安装工程有限公司承担连带责任并无不当。

二、关于过错认定的问题

对于《中华人民共和国侵权责任法》第三十五条与《最高人民法院关于审理人身损害赔偿案件适用法律若干问题的解释》第十一条规定的归责原则，学者的意见不一。有人认为，《最高人民法院关于审理人身损害赔偿案件适用法律若干问题的解释》第十一条的规定为无过错责任原则，而《中华人民共和国侵权责任法》第三十五条修正了此做法，改采过错责任原则。有学者认为，《最高人民法院关于审理人身损害赔偿案件适用法律若干问题的解释》第十一条的规定不以雇主具有过错为构成要件，而《中华人民共和国侵权责任法》第三十五条修改了司法解释的规则，实际上是过失相抵规则的特别规定。因此，运用这一规则时，应当考虑双方的过错程度以及原因力等因素，综合确定接受劳务一方所应承担的责任。本案中因原告李洪生在提供劳务过程中安全意识不强，未采取任何安全措施，未尽到安全谨慎义务，对损害的发生亦存在一定过错，应自担相应责任。综合考虑双方的过错程度，该院认为被告苏刚作为接受劳务一方应承担70%的责任，原告作为提供劳务一方应自担30%责任为宜。

笔者认为，无论归责原则采用哪种观点，过错应当成为在审理提供劳务者受害案件当中应当考虑的因素之一。

编写人：新疆生产建设兵团第八师中级人民法院　刘江兴

27

准确认定法律事实，合理划分当事人责任

——郦玉荣诉青岛莱西市园林开发总公司提供劳务者受害责任案

【案件基本信息】

1. 裁判书字号

山东省青岛市中级人民法院（2017）鲁02民终7697号

2. 案由：提供劳务者受害责任纠纷

3. 当事人

原告：郦玉荣

被告：青岛莱西市园林开发总公司

【基本案情】

原告系被告雇佣的临时工人，自2016年7月份在被告处工作，主要负责锄草、收拾垃圾等工作。2016年9月8日，原告在莱西市重庆路除草时掉入古力井中。同日，原告到莱西市市立医院住院治疗21天，入院诊断为右膝关节内侧副韧带损伤，右膝关节交叉韧带损伤不除外，左肩袖损伤，出院诊断为右膝关节内侧副韧带损伤，右膝关节交叉韧带损伤不除外，左肩袖损伤，出院医嘱为建议休息一个半月，持续右下肢具外固定，避免早起负重及剧烈活动；适当功能锻炼，避免关节粘连、肌肉萎缩及下肢静脉血栓形成。原告医疗费共计43949.96元，由被告支付33286.01元（32986.01元+300元）、保险公司支付9913.95元。

2016年12月21日，原告之伤经鉴定构成十级伤残，误工损失日建议为120天，出院后建议1人护理60天。原告支付鉴定费1600元。诉讼过程中，被告于2017年2月17日提出鉴定申请，要求对原告的伤残等级进行重新鉴定。法院依法委托烟台正禾司法鉴定所对以上事项进行鉴定。2017年3月27日，烟台正禾司法鉴定所出具鉴定报告，原告因伤致右膝内、外侧半月板损伤构成十级伤残。

郈玉荣、朱某彬系莱西市水集街道办事处后于格庄村村民，均系失地农民。被告处负责园林养护的工人月工资满勤按照30天计算，总计为1440元，每天48元；涉事古力井在原告发生事故前后一直没有变化，没有井盖；证人孙某纲系被告处工人兼队长。2016年8月8日、2016年9月8日、2016年10月13日、2016年11月7号、2016年12月7日被告分别支付给原告2016年7月份、8月份、9月份、10月份、11月份工资384元、1464元、1440元、1488元、1440元。即原告2016年9月份工作了8天，被告自2016年9月9日起多发给了原告83天的工资，每天按照48元计算。

【案件焦点】

1. 原告对涉案路段古力井没有井盖的问题是否知情；2. 提供劳务者与接受劳务者的责任划分问题。

【法院裁判要旨】

山东省莱西市人民法院经审理认为：原告主张其一直由队长孙某纲安排在莱西市广州路段工作，事发当天是孙某纲安排其到重庆路工作的，其对重庆路路段有古力井没有井盖的情况并不知情。被告主张原告一直在莱西市重庆路路段工作，并非临时安排的，其对该路段有古力井没有井盖的情况知情。被告作为原告的雇主，其主张原告对重庆路古力井的状况知情，应当对其主张承担举证责任。被告为证明其主张，申请证人孙某纲出庭作证，孙某纲出庭作证称原告一直在重庆路工作，但原告不予认可。本院认为，该证人关于以上问题的证言未有其他证据佐证，不能形成完整的证据链条，单独的证人证言不能作为定案的依据。同时，证人亦未对其是否对原告履行了告知义务进行说明。综上，被告的主张不能成立。因此，本院认定，关于重庆路路段的古力井状况，被告未对原告尽到相应的告知义务，原告对该路段路况并不知情。因此，被告对原告的受伤存在过错，应当承担相应的赔偿责任。同时，原告作为完全民事行为能力人，其在工作时并未尽到相应的注意义务，对自身的受伤亦存在过错。综合本案案情，被告的过错程度明显大于原告，以被告承担原告70%的赔偿责任为宜。

关于原告的误工损失日及护理费天数，莱西中医医院司法鉴定所的鉴定意见合法有效，对误工损失日和护理费天数本院予以确认。因原告系被告处的临时工人，根据其工作及工资收入情况，其误工费应当按照实际收入计算，但被告多发给原告的工资应当予以抵顶，即原告误工费为1776元（48元/天×120天－48元/天×83天）。关于原告的伤残等级，烟台正禾司法鉴定所出具的鉴定报告合法有效，本院予以采信。关于护理费及残疾赔偿金，因原告系失地农民，原告主张按照城镇标准计算，本院予以支持。关于交通费，根据原告的治疗情况，以酌减为200元为宜。综上所述，本案中原告的合理经济损失为：误工费1776元、护理费11919.96元[147.16元/天×（60天+21天）]、伙食补助费420元（20元/天×21天）、交通费200元、残疾赔偿金80740元（40370元/年×20年×10%），以上共计95055.96元。故被告应当赔偿原告误工费、护理费、住院伙食补助费、交通费、残疾赔偿金共计66539.17元（95055.96元×70%）。同时，被告为原告垫付了33286.01元医疗费，其多支付的部分应当予以扣除，多支付的金额为2521.04元（33286.01元－43949.96元×70%）。故被告还需要赔偿原告64018.13元（66539.17元－2521.04元）。原告其他过高的诉讼请求无事实及法律依据，本院不予支持。

据此，依照《中华人民共和国侵权责任法》第二条、第六条、第十五条、第十六条、第二十六条、第三十五条之规定，判决如下：

被告青岛莱西市园林开发总公司于本判决生效之日起十日内赔偿原告经济损失共计64018.13元。

青岛莱西市园林开发总公司不服一审判决，提出上诉。青岛市中级人民法院经审理认为，本案系提供劳务者受害责任纠纷。根据上诉人的上诉与被上诉人的答辩，本案二审争议的焦点是：一、被上诉人是否应当按照城镇标准计算残疾赔偿金；二、应否从被上诉人的赔偿费用中扣除意外费用补偿团体医疗保险已经支付的保险金9913.95元。

关于焦点一，本院认为，根据被上诉人一审提交的证明材料，证实被上诉人系失地农民。莱西市水集街道办事处后于格庄村委会和莱西市水集街道办事处均在证明材料上加盖了公章，并由相关经办人在证明材料上签字确认。上诉人对失地证明的效力提出异议，未能提交充分有效的反驳证据，应当承担举证不能的法律后果。原审法院据此认定被上诉人属于失地农民，其残疾赔偿金应按照城镇居民标准计算于法有据，本院予以支持。

关于焦点二，经查，被上诉人在上诉人处担任临时工期间，上诉人为其投保了国寿绿洲团体意外伤害保险、国寿附加绿洲意外费用补偿团体医疗保险及国寿附加绿洲意外住院定额给付团体医疗保险。本案损害发生后，被上诉人作为国寿附加绿洲意外费用补偿团体医疗保险的保险金权益人，已经向中国人寿保险股份有限公司青岛市分公司申请保险理赔，领取了保险金9913.95元。本院认为，该保险的保险费虽然系上诉人交纳，但该保险金的权益人系被上诉人。上诉人在为被上诉人投保上述保险时，双方并没有明确约定该保险的保险金用以抵顶上诉人应当承担的雇主责任。因此，上诉人在本案中请求以上述保险金抵顶部分赔偿费用，缺乏法律依据，本院不予支持。

综上所述，上诉人青岛莱西市园林开发总公司的上诉主张不能成立。原审判决认定事实清楚，适用法律正确，应予以维持。依照《中华人民共和国民事诉讼法》第一百七十条第一款第一项、第一百七十五条规定，判决如下：

驳回上诉，维持原判。

【法官后语】

提供劳务受害责任纠纷是审判实践中最常见的人身损害赔偿案件之一，根据《中华人民共和国侵权责任法》第三十五条的规定，提供劳务一方因劳务自己受到损害的，根据双方各自的过错承担相应的责任。审理该类案件，认定双方的过错是关键。而认定双方过错的前提是准确确认法律事实。因被告主张原告对涉案路段是知情的，因此根据“谁主张谁举证”的证据规则，其应当承担举证责任。在提供劳务盛行的当下，相对于接受劳务者而言，提供劳务者的举证能力相对较弱。在案件事实处于真伪不明的状态下，正确运用举证规则是确保法律事实正确以及案件公正裁判的前提。另外，单位证明在损害赔偿案件中是重要的证据形式之一，需要重点审核其形式要件，即单位公章是否真实，经办人是否对证明内容予以认可。最后，雇主责任险与本案并非同一法律关系，在原、被告未进行明确约定抵顶的前提下，雇主不能因此要求予以抵顶。原告对涉案路段的具体情况是否知情处于真伪不明的状态。在待证事实处于真伪不明的状态下，法官正确运用举证规则让被告承担举证责任。在被告举证不能的情况下，认定原告对涉案路段的具体情况并不知情，确保了法律事实的正确性。在此基础上分清原、被告的过错情况，判令被告对原告承担主要赔偿责任，保障了案件的公正裁判。鉴于提供劳务者举证能力相对较弱的现实情况，本案认定法律事实的方法对该类案件的审判实践有一定的参考价值。

编写人：山东省莱西市人民法院　李姗姗

28

执行和解协议的可诉性及显失公平的认定问题

——徐安全诉赵新才等提供劳务者受害责任案

【案件基本信息】

1. 裁判书字号

江苏省徐州市中级人民法院（2017）苏03民终3323号民事裁定书

2. 案由：提供劳务者受害责任纠纷

3. 当事人

原告：徐安全

被告：赵新才、王秋咏、河南省路桥建设集团有限公司（以下简称河南路桥公司）

【基本案情】

2011年10月22日，被告王秋咏租赁被告赵新才的装载机一台，并由被告赵新才为设备配备机手两名，原告徐安全系被告赵新才雇佣的两名机手之一。2011年11月2日，被告王秋咏将包括租赁被告赵新才的装载机等设备租赁给被告河南路桥公司使用，原告徐安全遂至河南路桥公司施工工地进行施工作业。

2011年11月21日晚22时左右，原告徐安全施工过程中因装载机需要加油，于是其便开着装载机同他人一起至被告河南路桥公司在施工工地临时设立的加油点进行加油。加油过程中，装载机的驾驶室突然起火，原告徐安全因此烧伤，其伤情经治疗后鉴定为二级伤。本次事故发生后，公安机关对事故进行了调查，但经相关部门调查后，对起火原因未能作出鉴定结论。

原告徐安全于2012年7月11日诉三被告至本院，本院于2012年12月10日作出（2012）铜民初字第1237号民事判决书，判决被告赵新才、王秋咏、河南省路桥建设集团有限公司分别承担30%、20%和40%的赔偿责任，即134950.24元、89966.83元和179933.65元；因原告徐安全没有驾驶特种车辆的资质，自行承担10%的责任。该判决书生效后，执行期间，原告徐安全与被告赵新才达成执行和解协议，被执行人赵新才给付申请执行人徐安全150000元，包括（2012）铜民初字第1237号民事判决书确定的义务，及徐安全以后的治疗费、残疾赔偿金等各项费用，于2014年11月6日之前付90000元，2014年11月29日前付10000元，余款于2015年10月30日前付清。如赵新才按上述协议履行完毕，徐安全放弃对赵新才的所有权利，即使徐安全起诉后判决赵新才承担责任，赵新才亦无需履行。后被告赵新才按上述协议履行完毕。2015年10月29日的谈话笔录载明，原告徐安全确认赵新才已按双方签订的执行和解协议的内容履行义务完毕，钱款已收到，同意法院结案。该执行案件结案。

2015年11月5日，原告诉三被告至本院，要求撤销原告与被告赵新才于2014年10月29日签订的《执行和解协议》；三被告赔偿原告医疗费、残疾赔偿金等合计785348.77元。

【案件焦点】

1. 原告主张的各项损失是否有事实及法律依据；2. 原告主张撤销与赵新才的执行和解协议是否有事实及法律依据。

【法院裁判要旨】

江苏省徐州市铜山区人民法院经审理认为：关于争议焦点一：公民的生命健康权受法律保护，原告徐安全因本次事故受伤，其相关损失应当获得赔偿。经核算，原告应获得的医疗费、住院伙食补助费、营养费、误工费、护理费、残疾赔偿金、精神损害抚慰金、交通费，合计846547.7元。

关于争议焦点二：首先，执行和解协议在一定情况下具有可诉性。《中华人民共和国民事诉讼法》第二百三十条规定，在执行中，双方当事人自行和解达成协议的，执行员应当将协议内容记入笔录，由双方当事人签名或者盖章。申请执行人因受欺诈、胁迫与被执行人达成和解协议，或者当事人不履行和解协议的，人民法院可以根据当事人的申请，恢复对原生效法律文书的执行。由此可知，执行和解协议是一种以私法行为为基础公权力适当介入的私法契约，在一定条件下具有可诉性。其一，执行和解协议的启动需各方自愿，是各方当事人自行协商达成的协议，是权利人处分自身权利的意思表示。其二，在执行程序中不能进行调解，审判程序终结后，双方当事人的权利义务已经明确，非经审判监督程序不能改变，执行和解协议只是记入笔录，其亦不具有强制执行力，并未受到国家公法意志的制约。其三，《最高人民法院印发〈关于执行案件立案、结案若干问题的意见〉的通知》第十五条规定，生效法律文书确定的执行内容，经被执行人自动履行、人民法院强制执行，已全部执行完毕，或者是当事人达成执行和解协议，且执行和解协议履行完毕，可以以"执行完毕"方式结案。在执行结案的情况下，申请人不能因受欺诈、胁迫等原因申请恢复对原生效法律文书的执行，其此时的救济途径则是提起新的诉讼。综上，原告在执行结案的情况下，申请撤销执行和解协议，属于人民法院受案范围，具有可诉性。

其次，关于显失公平问题。显失公平是指合同一方当事人利用自身优势，或者利用对方没有经验等情形，在与对方签订合同中设定明显对自己一方有利的条款，致使双方基于合同的权利义务和客观利益严重失衡，明显违反公平原则。本案中，执行和解协议是双方当事人自愿达成，从原告2013年7月9日申请执行至被告赵新才达成执行和解协议，期间间隔2年有余，双方对于和解的效果及其风险均有充分的时间予以考量和认识，是否作出让步，作出多大让步，均由双方当事人自主决定。且签订协议至履行完毕，中间间隔近一年的时间，原告在此期间，亦未提出异议，或申请恢复对原生效法律文书的执行。在2015年10月29日执行谈话中，其已表示没有其他需要反映的，同意法院结案，故据此可以判断，涉案执行和解协议系双方真实意思表示。《中华人民共和国民事诉讼法》第六十四条第一款规定当事人对自己提出的主张，有责任提供证据。《最高人民法院关于适用〈中华人民共和国民事诉讼法〉的解释》第九十条规定，当事人对自己提出的诉讼请求所依据的事实或者反驳对方诉讼请求所依据的事实，应当提供证据加以证明，但法律另有规定的除外。在作出判决前，当事人未能提供证据或证据不足以证明其事实主张的，由负有举证责任的当事人承担不利的后果。原告主张显失公平，未能提供相应的证据证明，应承担举证不能的法律后果，故对原告的该项诉讼请求本院不予支持。遂判决由被告王秋咏赔偿原告各项损失合计169309.55元、河南省路桥建设集团有限公司赔偿原告各项损失合计338619.1元。

后被告河南省路桥建设集团有限公司不服一审判决，提起上诉，在上诉期间，上诉人于2017年9月13日以书面方式申请撤回上诉，江苏省徐州市中级人民法院于2017年9月25日作出（2017）苏03民终3323号民事裁定书，裁定准许上诉人河南省路桥建设集团有限公司撤回上诉。一审判决自本裁定送达之日起发生法律效力。

【法官后语】

首先，本案涉及的执行和解协议的可诉性问题在司法实践中相关案例较少，本案裁判时，法律规定尚不明确。司法实践中存在两种意见，一种观点认为执行和解协议从形式到内容都受到司法权的制约和影响，是在公权力介入下达成的协议，是一种诉讼制度，不是单纯的民事合同，所以不属于人民法院受案范围。并认为从现有法律规定来看，执行和解协议是一种实践性合同，只有现实履行完毕才发生法律效力，否则对双方当事人没有约束力，因此，其不具有可诉性。另一种观点认为执行和解协议属于人民法院受案范围，执行和解属于诉讼外和解，是双方当事人自行达成协议，国家公法意志并不介入当事人的合意过程、结果；执行和解协议不具有强制执行力，如当事人不履行和解协议，可依申请恢复对原生效法律文书的执行；而且执行和解协议可诉，是对当事人权利义务的一种有效救济。2018年3月1日《最高人民法院关于执行和解若干问题的规定》施行，其中第十六条对该问题予以明确，规定当事人、利害关系人认为执行和解协议无效或者应予撤销的，可以向执行法院提起诉讼。本案的裁判与该规定相符，从执行和解协议的相关法律规定展开论述，进而对执行和解协议的含义进行分析，翔实地论述了执行和解协议的可诉性。

其次，本案涉及显失公平的认定问题，显失公平的认定问题不仅是一个法律问题，在审理中也会触动当事人的内心深处，类似案件往往争议较大，较难服判息诉。本案从显失公平的定义展开，结合双方达成和解协议的具体情形，综合考量执行案件执行的进度，当事人的履行能力，执行和解协议达成的过程、时间、履行期限，以及原告本人的执行结案说明等相关笔录和被告赵新才应付数额与实际给付数额之间的差距，认定本案中并不存在一方当事人利用优势或对方缺乏经验，使双方的权利义务明显违反公平合理、等价有偿原则的情形，原、被告双方在执行法官的组织下达成的调解协议，是在完全自愿、平等的基础上签署的，是原、被告自愿做出的利益选择，既是原告为尽快得到赔偿所作出的让步，也是被告为减轻赔偿责任所作出的努力。该协议不存在显失公平的情形。本案裁判后原告徐安全及被告赵新才均未提出上诉，裁判效果较好。

编写人：江苏省徐州市铜山区人民法院　张小舟

四、雇主与其他被告、第三人之间的责任划分

29

提供劳务者向第三人主张侵权责任后并不必然导致其丧失向接受劳务者主张赔偿的权利

——朱兰英等诉张雷、灵璧瑞华物流运输有限公司提供劳务者受害责任案

【案件基本信息】

1. 裁判书字号

江苏省无锡市中级人民法院（2016）苏02民终3581号民事判决书

2. 案由：提供劳务者受害责任纠纷

3. 当事人

原告（上诉人）：朱兰英、阴兰芬、魏彬彬、魏银银

被告（被上诉人）：张雷、灵璧瑞华物流运输有限公司

【基本案情】

2015年9月12日0时40分许，陈守祥驾驶苏NU10××重型半挂牵引车牵引苏NU6××挂重型普通半挂车沿江阴市海港大道东侧主车道由南向北行驶至江阴大道连接线叉口北侧地段由北向南倒车，被魏爱某驾驶的由南向北行驶的皖L298××重型半挂牵引车牵引皖LF7××挂重型普通半挂车的前部撞击，造成魏爱某受

伤，送江阴市人民医院抢救时已死亡、车辆损坏的重大道路交通事故。江阴市公安局交通巡逻警察大队作出的《道路交通事故认定书》，认定陈守祥负事故主要责任，魏爱某负事故次要责任。该认定书同时载明：魏爱某夜间驾驶未定期进行安全技术检验的货运机动车载物超过核定载质量，上道路行驶至事故路段未及时查明前方路况，其违法行为是造成事故的一定原因。另江阴市机动车检测中心出具的《道路交通事故车辆检验意见书》载明：皖 L298××、皖 LF7××挂车辆撞击后，驾驶室、仪表台等严重变形，因此无法检测灯光系统、转向系统的工作情况；经检查 12 个车轮的制动蹄片，间隙正常。

魏爱某发生交通事故时，系向张雷提供劳务过程中。魏爱某驾驶的皖 L298××重型半挂牵引车牵引皖 LF7××挂重型普通半挂车登记在灵璧瑞华物流运输有限公司（以下简称物流公司）名下，但为张雷实际所有，该车挂靠在物流公司从事道路运输经营活动。张雷称：其与魏爱某就超载约定了提成，当天魏爱某载货从上海回扬中，其告知魏爱某货重共 58 吨左右，过磅时魏爱某就超载是明知的。

在朱兰英、阴兰芬、魏彬彬、魏银银（均为魏爱某继承人）诉陈守祥道路交通事故责任纠纷一案（以下简称前案道路交通事故责任纠纷）中，法院认定魏爱某因本次交通事故产生损失共计 788407.50 元，由保险公司在交强险范围内赔偿 110000 元，剩余损失由陈守祥赔偿 70% 共计 474885.25 元。该判决已发生法律效力。

后朱兰英、阴兰芬、魏彬彬、魏银银以张雷、物流公司为被告诉至法院，请求判令张雷、物流公司共同赔偿魏爱某因本次交通事故产生的损失共计 209474.25 元。

【案件焦点】

提供劳务者在劳务过程中因第三人侵权致损，在该提供劳务者向第三人主张赔偿后，是否必然导致其丧失向接受劳务者主张赔偿的权利。

【法院裁判要旨】

江苏省江阴市人民法院经审理认为：魏爱某在向张雷提供劳务过程中，因陈守祥侵权发生交通事故死亡，接受劳务方张雷和侵权人陈守祥形成不真正连带之债。魏爱某的继承人可基于提供劳务者受害责任法律关系主张接受劳务方赔偿，也可基于道路交通事故责任法律关系主张侵权人赔偿，其虽享有请求选择权，但只可择一而主张。现朱兰英、阴兰芬、魏彬彬、魏银银已通过诉讼向侵权人陈守祥主张了权利，故其再要求接受劳务方张雷及被挂靠单位物流公司赔偿，无法律依据，依法不予支持。

江苏省江阴市人民法院依照《最高人民法院关于审理人身损害赔偿案件适用法律若干问题的解释》第十一条第一款之规定，作出如下判决：

驳回朱兰英、阴兰芬、魏彬彬、魏银银的诉讼请求。

朱兰英、阴兰芬、魏彬彬、魏银银不服一审判决，提出上诉。江苏省无锡市中级人民法院经审理认为：前案道路交通事故责任纠纷处理的仅是陈守祥作为侵权人就其侵权行为应如何对魏爱某死亡承担民事责任的问题，并不影响魏爱某的近亲属基于魏爱某向雇主提供劳务的事实就该案判决中未获赔偿的部分向雇主另行主张权利。本案中，朱兰英、阴兰芬、魏彬彬、魏银银起诉的赔偿主体、赔偿范围及其所依据的法律关系均有别于前案，一审之认定混淆了两种不同法律关系所产生的民事责任，应予纠正。根据查明的事实，张雷系魏爱某的雇主；物流公司系车辆被挂靠单位，与魏爱某之间不存在雇佣关系。根据《中华人民共和国侵权责任法》第三十五条之规定，个人之间形成劳务关系，提供劳务一方因劳务自己受到损害的，由提供劳务方和接受劳务方根据各自过错承担相应的责任。本案中，超载和未及时察明前方路况均系导致魏爱某在提供劳务时遭受损害的原因，张雷自认对超载具有指示上的过错，也未能举证魏爱某对超载具有分成利益，应承担相应责任。魏爱某作为驾驶员明知超载属于交通违法行为，仍驾驶超载车辆，且在驾驶时未及时察明前方路况导致追尾，具有过错，应自担相应责任。综合双方过错大小，认定张雷应就本案损失向朱兰英、阴兰芬、魏彬彬、魏银银赔偿损失81408.90元。

江苏省无锡市中级人民法院依照《中华人民共和国侵权责任法》第三十五条、《中华人民共和国民事诉讼法》第一百七十条第一款第（二）项之规定，作出如下判决：

一、撤销江阴市人民法院（2016）苏0281民初6092号民事判决；

二、张雷应于本判决发生法律效力之日起十日内向朱兰英、阴兰芬、魏彬彬、魏银银赔偿共计81408.9元；

三、驳回朱兰英、阴兰芬、魏彬彬、魏银银的其他诉讼请求。

【法官后语】

本案涉及对不真正连带之债的理解以及相关法律的选择与适用问题。

一、关于不真正连带之债。不真正连带之债，是指数个债务人基于不同的债之发生原因，对于同一债权人，所承担的以同一给付为标的的数个债务，如其中之一债务人完全履行其债务，其他债务人的债务即因为债权人债权实现而归于消灭的法律关系。其特点是：1. 各个债务人承担责任的范围是相同的；2. 各个债务人对债权人都有义务履行全部债务；3. 任何一个债务人履行债务后，债权人的债权即消灭；4. 存在一个终局责任人，终局责任人承担责任后无追偿权。[①] 本案一审法院判决驳回原告的诉请，依据的法律是《最高人民法院关于审理人身损害赔偿案件适用法律若干问题的解释》（以下简称《人损解释》）第十一条第一款，即雇佣关系以外的第三人造成雇员人身损害的，赔偿权利人可以请求第三人承担赔偿责任，也可以请求雇主承担赔偿责任；雇主承担赔偿责任后，可以向第三人追偿之规定。一审法院认为在前案道路交通事故责任纠纷中，终局责任人即侵权人已经承担赔偿责任，故本案中提供劳务者即被侵权人无权再向接受劳务者主张权利。但该认识存在以下问题：第一，前案道路交通事故责任纠纷认定侵权人承担70%的赔偿责任，因该部分责任被侵权人已获得赔偿，故不得再向接受劳务者主张，侵权人由于系该部分责任的终局责任人，也无权追偿。但本案系被侵权人即提供劳务者向接受劳务者主张另外30%的赔偿责任，债务范围与前案侵权人并不相同；第二，一审法院混淆了内外部关系，道路交通事故的双方是提供劳务者和侵权第三人，在这两者之间根据过错划分责任属于外部关系，但属于前案中认定的属于提供劳务者一方30%的责任中，在雇佣关系的内部，接受劳务者对该30%的责任是具有可归责性的，二审法院已做出了具体分析。事实上，本案构成不真正连带之债的范围只有侵权第三人应承担的70%赔偿责任部分，由于一审法院存在上述错误认识，导致其将另外的30%赔偿责任也认定为不真正连带之债，继而错误适用《人损解释》第十一条第一款判决驳回原告的诉请。

二、相关法律的选择与适用。提供劳务者因劳务受伤大致可分为以下几种情

---

① 姜强：《〈侵权责任法〉中的连带责任、不真正连带责任及其诉讼程序》，载《人民司法》2010年第7期。

形：一是雇佣关系内部过错导致提供劳务者受伤，根据《中华人民共和国侵权责任法》（以下简称《侵权责任法》）第三十五条的规定，由提供劳务者、接受劳务者根据各自过错承担侵权责任；二是第三人侵权导致提供劳务者受伤，根据《侵权责任法》第六条的规定，采用过错归责原则，但因《侵权责任法》未对提供劳务者是否有权请求雇主承担替代责任作出规定，故仍应适用《人损解释》第十一条第一款的规定；三是第三人侵权与雇佣关系内部过错并存导致提供劳务者受伤，这是司法实践中常出现且争议较大的情形，有如本案。此种情形下，应注重区分提供劳务者向侵权第三人主张侵权责任与向接受劳务者主张提供劳务者受害责任系基于两个不同法律关系产生的分别独立的请求权，如侵权第三人赔偿范围未能全部涵盖提供劳务者损失的，提供劳务者仍可依据《侵权责任法》第三十五条要求接受劳务者承担相应赔偿责任。

综上，提供劳务者因劳务受伤，在有第三人侵权的情况下，不应机械地认定提供劳务者向侵权第三人主张赔偿后必然丧失其向接受劳务者主张赔偿之权利，而应根据各方的过错情形正确适用法律，维护提供劳务者的合法权益。

编写人：江苏省无锡市中级人民法院　李杨　宁尚成

30

工程转包后如何确定提供劳务者受害责任中承担连带责任主体

——王庆党诉北京博大新业东方超市有限公司等提供劳务者受害责任案

【案件基本信息】

1. 裁判书字号

北京市第三中级人民法院（2017）京03民终130号民事裁定书

2. 案由：提供劳务者受害责任纠纷

3. 当事人

原告（被上诉人）：王庆党

被告（上诉人）：北京博大新业东方超市有限公司（以下简称博大公司）

被告：北京苏皋伟业装饰工程有限公司（以下简称苏皋伟业公司）

【基本案情】

王庆党是具有相应作业资格的焊工。2015 年 10 月 25 日王庆党在苏皋伟业公司承接一项装修改造工程施工过程中用力按压钢梁致其本人亲手焊接的板坠落，砸伤其脚部。当日他未前往医院治疗，第二日其在家中以白酒揉搓方式自行疗伤，期间因操作不当致其伤脚从 20 公分左右高的凳子上掉落在地上。10 月 29 日，王庆党在潞河医院进行了治疗，并遵医嘱休息至 2016 年 2 月 29 日。治疗花费医疗费 4798.16 元。2016 年 2 月 25 日，王庆党自行委托北京华夏物证鉴定中心对其伤情进行伤残等级鉴定，经鉴定该机构于 2016 年 2 月 29 日出具鉴定意见："被鉴定人王庆党左足第 2、3 跖骨骨折构成十级伤残；伤残赔偿指数为 10%。"王庆党支出鉴定费 2400 元。

涉案工程系博大公司发包给湖北红旗公司北京分公司（以下简称湖北红旗公司），湖北红旗公司具有建设工程企业资质证书。湖北红旗公司将涉案工程分包给苏皋伟业公司，苏皋伟业公司不具备建设工程企业资质证书。苏皋伟业公司临时雇佣王庆党在内的数名工人从事具体施工作业，所有人的劳务报酬均由苏皋伟业公司发放给施工工人。王庆党与苏皋伟业公司协商赔偿事宜未果，将雇主苏皋伟业公司和发包人博大公司诉至法院要求：苏皋伟业公司、博大公司连带赔偿王庆党医疗费、误工费、残疾赔偿金等各项损失共计 11.57 万元。

苏皋伟业公司辩称：王庆党事发当日没有就诊，也没有告知管理人员，事发四天后才去医院，不排除这四天发生了其他事故导致其受伤。此外，苏皋伟业公司并非直接从博大公司承包涉案工程，而是从湖北红旗公司承包涉案工程，不应由博大公司承担责任，苏皋伟业公司同意给王庆党 2 万元补偿。博大公司辩称：博大公司没有雇佣过王庆党，也没有和苏皋伟业公司签订过合同。涉案工程的承包方为湖北红旗公司，博大公司不应承担责任。

【案件焦点】

涉案工程存在发包方、分包方和雇主，如何确定提供劳务者受害责任纠纷案件中承担连带责任的主体。

【法院裁判要旨】

北京市通州区人民法院经审理认为：雇员在从事雇佣活动中遭受人身损害，雇主应当承担赔偿责任。本案中，苏皋伟业公司承接了涉案装修改造工程，并临时雇佣包括王庆党在内的几名工人从事具体施工作业，王庆党在施工中不慎将脚部砸伤，由此所遭受的损失应由苏皋伟业公司负责赔偿。王庆党作为一名具有相应作业资格的焊工，其在安放钢梁过程中用力按压钢梁致其本人亲手焊接的板坠落，并导致砸伤其脚部，可以认定王庆党施工操作存在失误，对其自身受伤王庆党存在一定的过失；且其在受伤后未及时前往医院治疗，而是采取自行按摩方式处理，并在自行处理时发生伤脚坠地的情况，故王庆党对其所受损害后果亦应承担一定的责任，本院认为苏皋伟业公司与王庆党对王庆党受伤的损害后果应各承担百分之五十的责任。博大公司虽然并未与苏皋伟业公司直接联系业务，也未签订书面施工合同，但该公司作为涉案工程的实际发包人，应当对该工程的实际施工情况进行合理管理，避免施工项目随意分包转包，博大公司对其发包的工程疏于管理，故该公司应当与苏皋伟业公司承担连带赔偿责任。北京市通州区人民法院依据《中华人民共和国民法通则》第五条，《中华人民共和国侵权责任法》第十六条、第二十二条，《中华人民共和国民事诉讼法》第六十四条第一款之规定，作出如下判决：

一、苏皋伟业公司赔偿王庆党医疗费、误工费、护理费、营养费、鉴定费、残疾赔偿金、交通费、精神损害抚慰金等共计 48488.96 元，于判决生效之日起七日内执行清，博大公司对上述给付内容承担连带赔偿责任；

二、驳回王庆党的其他诉讼请求。

苏皋伟业公司持辩称意见上诉。北京市第三中级人民法院经审理认为：一审判决认定基本事实不清，遗漏当事人。依照《中华人民共和国民事诉讼法》第一百七十条第一款第三项、第四项之规定，裁定如下：

一、撤销北京市通州区人民法院（2016）京 0112 民初 8132 号民事判决。

二、发回北京市通州区人民法院重审。

【法官后语】

该案例涉及提供劳务者受害责任纠纷案件中应承担连带责任的主体问题。

一、法院应当追加可能的共同侵权人作为被告，否则遗漏必要共同诉讼当事人将导致事实不清，责任不清。

《最高人民法院关于审理人身损害赔偿案件适用法律若干问题的解释》第五条规定："赔偿权利人起诉部分共同侵权人的，人民法院应当追加其他共同侵权人作为共同被告。赔偿权利人在诉讼中放弃对部分共同侵权人的诉讼请求的，其他共同侵权人对被放弃诉讼请求的被告应当承担的赔偿份额不承担连带责任。责任范围难以确定的，推定各共同侵权人承担同等责任。"本案中，涉案工程发包人系博大公司，湖北红旗公司北京分公司从博大公司处承包涉案工程后，将工程分包给施工单位苏皋伟业公司，王庆党受雇于苏皋伟业公司。王庆党在施工过程中遭受人身损害，湖北红旗公司作为分包人，按照《最高人民法院关于审理人身损害赔偿案件适用法律若干问题的解释》第十一条第二款的规定，是可能与苏皋伟业公司共同承担连带赔偿责任的主体，该分包人未被法院追加为共同被告，属于遗漏必要共同诉讼当事人。分包人未被追加进本案中，不能查清案情，分清责任。只有厘清责任主体，确认有责任的主体应当承担哪种责任及责任大小，在此基础上，赔偿权利人才能对那些应当承担责任的主体作出是否放弃的选择，否则就会事实不清，责任不清。

二、发包人将工程分包给具有资质的分包人，分包人将工程转包给不具有资质的雇主，提供劳务者在雇佣活动中受到损害的，承担连带责任的主体应当是分包人与雇主，而不是发包人与雇主。

《最高人民法院关于审理人身损害赔偿案件适用法律若干问题的解释》第十一条第二款规定："雇员在从事雇佣活动中因安全生产事故遭受人身损害，发包人、分包人知道或者应当知道接受发包或者分包业务的雇主没有相应资质或者安全生产条件的，应当与雇主承担连带赔偿责任。"本案中，涉案工程发包人系博大公司，湖北红旗公司北京分公司从博大公司处承包涉案工程后，将工程分包给施工单位苏皋伟业公司，王庆党受雇于苏皋伟业公司。从现有证据看，发包人博大公司将涉案工程发包给有资质的湖北红旗北京分公司符合法律规定，博大公司不应在本案中承担责任。承包人湖北红旗北京分公司将工程转包给并不具有施工资质的苏皋伟业公司，苏皋伟业公司雇佣王庆党在施工过程中遭受人身损害，按照《最高人民法院关于审理人身损害赔偿案件适用法律若干问题的解释》第十一条第二款的规定及现有证据，湖北红旗北京分公司系应与苏皋伟业公司共同承担连带赔偿责任的主体。

编写人：北京市第三中级人民法院　蒋巍　吴可加

31

“工友”损害情景下的责任确定和分配

——苏志强与李程等提供劳务者受害责任案

【案件基本信息】

1. 裁判书字号

辽宁省沈阳市中级人民法院（2017）辽01民终2396号民事判决书

2. 案由：提供劳务者受害责任纠纷

3. 当事人：

原告：苏志强

被告：李程、贾俊财、刘闯等

【基本案情】

2015年4月18日，被告李程通知被告贾俊财，让其联系两位人员后共同拆除金港名城小区某业主房屋的承重墙，每人200元。嗣后，贾俊财告知原告、被告刘闯拆墙事宜，原告和刘闯表示同意。随后，三人去作业地点共同拆除承重墙。拆除过程中，贾俊财用大铁锤砸墙时石子蹦出伤到原告左眼。原告到医疗诊所检查后经建议，转往沈阳何氏眼科医院住院治疗，共住院12天，出院诊断为：“左眼角膜破裂伤；左眼角膜异物；左眼前房积血；左眼外伤性白内障；左眼虹膜脱出；左眼球内异物。”被告贾俊财已给付原告1万元。之后，李程通过贾俊财将报酬分发三人。另查明，原告系城镇居民。经原告申请，法院委托中国医科大学法医司法鉴定中心对原告左眼伤残等级进行了鉴定。鉴定结论为：苏志强左眼损伤致左眼视力和左眼晶状体缺如的伤残等级均为（十）级。

【案件焦点】

各被告是否承担责任及承担责任比例的确定。

【法院裁判要旨】

辽宁省沈阳市辽中区人民法院经审理，根据查明事实，被告李程告知被告贾俊财让其召集人员拆除承重墙，报酬为600元。李程与贾俊财、苏志强、刘闯之间形成个人劳务关系，前者为个人劳务接受者，后者为个人劳务提供者。个人之间形成劳务关系，提供劳务一方因劳务自己受到损害的，根据双方的过错承担相应责任。原告的人身损害发生在劳务活动中，原告工作时未采取相应防护措施，存在过错，但过错程度较轻，应自行承担10%的责任。提供劳务一方因劳务造成他人损害的，由接受劳务一方承担侵权责任。因原告同时向劳务接受一方即被告李程和提供劳务一方即被告贾俊财、刘闯提起诉讼，三人亦对是否承担责任进行辩论，本院将剩余90%的责任在被告之间依法分摊。根据贾俊财其对损害发生的预见性、不当作业方式等过错因素，确定其承担30%的赔偿责任，诉前贾俊财已支付原告1万元，应予扣除。其余60%的赔偿责任应由接受劳务一方即李程承担。被告刘闯对原告的人身损害无过错，故不承担责任。被告李程辩称自己只是介绍人，不承担责任，李程告知贾俊财拆除墙壁的事项并要求其召集劳务提供人，嗣后由李程支付报酬。李程对苏志强、贾俊财、刘闯的劳务活动存在间接控制、管理关系，成立个人劳务关系。故李程的此反驳理由不予采纳。依照《中华人民共和国侵权责任法》第十六条、第二十二条、第三十五条，《最高人民法院关于审理人身损害赔偿案件适用法律若干问题的解释》第九条、第十一条第一款、第十七条、第十八条、第十九条、第二十条、第二十二条、第二十三条、第二十五条之规定，判决如下：

一、被告贾俊财于本判决生效后10日内赔偿原告苏志强医疗费3563.68元、误工费11767.88元、住院伙食补助费180元、交通费750元、残疾赔偿金22683.96元、精神损害抚慰金3000元，扣减被告贾俊财已赔偿原告的10000元后共计赔偿31945.52元；

二、被告李程于本判决生效后10日内补偿原告苏志强医疗费7127.36元、误工费23535.76元、住院伙食补助费360元、交通费1500元、残疾赔偿金45367.92元、精神损害抚慰金6000元；

三、驳回原告苏志强的其他诉讼请求。

被告李程不服，提起上诉。辽宁省沈阳市中级人民法院经审理，认定被上诉人贾俊财、苏志强、刘闯从事的拆除承重墙工作是受上诉人李程的指派，且由上诉人本人在工程完工后与贾俊财、苏志强、刘闯结算劳务费，双方之间形成了雇佣关系。根据侵权法律的相关规定，雇员在从事雇佣活动中遭受人身损害，雇主应承担赔偿责任。故上诉人李程应承担民事责任。据此，上诉人李程的上诉请求缺乏事实及法律依据，本院不予支持。

综上，上诉人的上诉请求不能成立，应予驳回；原审判决并无不当，应予维持。依照《中华人民共和国民事诉讼法》第一百七十一条第一款第一项之规定，判决如下：

驳回上诉，维持原判。

【法官后语】

因定作人对承揽人的人身损害一般不承担赔偿责任，雇主对雇员人身损害承担赔偿责任，承揽合同关系和劳务关系之争在法院审理与劳务相关的人身损害赔偿案件中普遍存在，最受当事人关切，成为决定该类案件审理质量的首要因素。准确区分承揽和劳务关系，以司法理性增加司法权威，是法院审理类似案件的关键所在。

承揽合同关系和劳务关系区别标准的确立，颇受关注和热议，学者和法官提出了多种区分标准，但有的标准比较抽象，不便操作。例如，当下比较流行的工作目的标准，雇员工作的目的只是单纯提供劳务，承揽方提供劳务仅仅是完成工作的手段，工作的目的是提供工作成果。因为劳务和承揽关系都有劳务活动，报酬和价款支付者都为了一定的劳动成果，很难区分。本案按照李程对劳务活动的间接控制，确定其与原告之间成立劳务关系。

“工友”致害行为在司法实践中普遍存在，因为存在提供劳务者受害责任纠纷、提供劳务者致害责任纠纷的重合，法律关系比较复杂。受害雇员、致害雇员、雇主都对责任分配进行了充分的辩论，可以一个案件中处理雇主责任及致害雇员责任。

原告按提供劳务者受害责任纠纷案件提起诉讼，所以该案件的责任确定有一定顺序和层次，首先认定案件存在受害雇员和雇主两方当事人，根据受害雇员的过错程度确定其自行承担的责任比例。其次，将剩余责任在雇主和致害雇员间进行分配。侵权责任法规定个人之间形成劳务关系，提供劳务一方因劳务造成他人损害的，由接受劳务一方承担侵权责任；《最高人民法院关于审理人身损害赔偿案件适用法律若干问题的解释》规定雇员在从事雇佣活动中致人损害的，雇主应当承担赔偿责任，雇员因故意或者重大过失致人损害的，应当与雇主承担连带赔偿责任。综合两个法律规定，确定致害雇员贾俊财承担30%的赔偿责任。

编写人：辽宁省沈阳市辽中区人民法院　刘治兵

32

雇员相互搭乘前往工地途中致工友受伤，雇主是否应承担赔偿责任

——邓世亮诉刘青松、余致武提供劳务者致害责任案

【案件基本信息】

1. 裁判书字号

四川省遂宁市中级人民法院（2017）川09民终853号民事判决书

2. 案由：提供劳务者致害责任纠纷

3. 当事人

原告：邓世亮

被告：刘青松、余致武

【基本案情】

2014年12月1日至3日，被告刘青松雇请原告邓世亮、被告余致武等人砍树，双方约定砍树工钱为每人每天100至140元（不同工人，工钱金额有差异），被告刘青松提供午饭及砍树所需工具。2014年12月3日中午，被告刘青松安排工人邓世亮、余致武、余以文、梁光进等人砍树后到其家中吃午饭，在前往吃饭地点途中，余致武骑乘两轮摩托车搭乘余以文、邓世亮，刘青松骑乘两轮摩托车搭乘梁光

进。饭后，刘青松、余以文因有事先行离开，邓世亮和梁光进一起乘坐余致武的两轮摩托车继续去砍树。在前往砍树场地途中，因余致武操作不当致摩托车翻倒，导致原告邓世亮受伤。随后邓世亮被送往射洪县金家镇中心卫生院治疗，因伤情较重，邓世亮于当日下午七时许转入射洪县中医院，后又于当日晚上九时许转入遂宁市中心医院住院治疗，原告于2014年12月22日好转出院，花费住院医疗费46347.40元，出院医嘱中记载："院外卧床两个月，1月后来院复查，如有不适，及时就医，门诊随访"，出院后花费门诊费用240元。2015年11月26日，四川中益司法鉴定中心作出川中司鉴［2015］临鉴字第1292号法医学鉴定意见书，对邓世亮的鉴定意见为：伤残程度Ⅷ（八）级；护理期限60日（陆拾日）一人护理；续医费约需9480元，原告为此支付鉴定费1900元及打印复印费50元。

【案件焦点】

1. 余致武搭乘邓世亮前往砍树场地的行为是否是"从事雇佣活动"，雇主刘青松是否应当承担赔偿责任；2. 对邓世亮受伤事故的发生，余致武是否具有重大过失，应与雇主刘青松承担连带赔偿责任；3. 原告起诉是否已经超过诉讼时效。

【法院裁判要旨】

四川省遂宁市射洪县人民法院经审理认为，公民的健康权受法律保护，侵害他人人身权利，应当依法承担赔偿责任，受害人自身对损害发生有过错的，应减轻侵权人的赔偿责任。本案原告邓世亮及被告余致武受雇于被告刘青松从事砍伐树木工作，2014年12月3日中午，余致武驾驶两轮摩托车搭乘邓世亮前往砍树场地过程中，因操作不当发生事故致邓世亮受伤的事实清楚、证据充分。被告余致武及原告邓世亮等砍树工人从早上到达砍树场地至当日砍树任务完成，砍树场地及就餐时间、地点均由被告刘青松安排确定。被告余致武与原告邓世亮在为被告刘青松提供劳务前互不相识，事发当天的砍树任务未完成，工人在刘青松安排的地点吃饭后，仍需回工作地点继续砍树，砍树场地与就餐地点相距2—3公里，余致武搭乘行为发生在砍树场地与被告安排的就餐地点之间，其搭乘原告是为了尽快到达砍树场地，节约在途时间，提高砍树效率，搭乘行为与履行职务具有内在联系；同时，出庭证人的证言证实，被告刘青松曾在砍树过程中安排被告余致武将未骑车的提供劳务人员搭走。根据法律规定，"从事雇佣活动"，是指从事雇主授权或者指示范围内的生产经营活动或者其他劳务活动。雇员的行为超出授权范围，但其表现形式是履行职务或者与履行职务有内在联系的，应当认定为“从事雇佣活动”。故，本案被告余致武在就餐地点与施工地点之间搭乘原告邓世亮的行为应认定为“从事雇佣活动”，因此造成原告邓世亮受伤，被告刘青松作为雇主，应承担赔偿责任；被告余致武无证驾驶机动车，且搭乘人员超过准载人数，其对本次事故发生具有重大过失，应当与雇主刘青松承担连带赔偿责任；原告邓世亮明知被告余致武所驾驶车辆无牌照，且搭乘人员超载，但其仍然乘坐，其本身行为存在过错，应减轻侵权人的赔偿责任。原告邓世亮于 2016 年 5 月 16 日向本院起诉主张权利，诉讼时效因此中断，故原告本次起诉未超过法律规定的诉讼时效期限。

本案原告邓世亮受伤日期为 2014 年 12 月 3 日，其于 2015 年 11 月 26 日自行委托四川中益司法鉴定中心对其伤残程度等进行了法医学鉴定。本案审理过程中，因被告刘青松对上述鉴定意见有异议，申请对原告伤残程度及后续医疗费进行重新鉴定。由于《道路交通事故受伤人员伤残评定标准》至今尚未失效，对于《人身损伤致残程度分级》目前最高人民法院未正式下发适用标准的通知，根据实体法从旧适用的原则，并参照 2014 年《最高人民法院关于执行〈人体损伤程度鉴定标准〉有关问题的通知》中确定的执行理念，四川求实司法鉴定所适用《道路交通事故受伤人员伤残评定标准》进行重新鉴定并无不当，本院对其鉴定意见予以采信。因重新鉴定意见与原告自行委托鉴定意见一致，故因重新鉴定产生的鉴定费 1560 元、交通费 600 元，由申请鉴定人刘青松自行负担。

原告主张的住院治疗费 46347.40 元、门诊费 240 元有医院收费发票为据，本院予以支持；后续医疗费 11100 元系未来必然产生的费用，为减轻当事人诉累，节约司法资源，本院予以支持；邓世亮系农村居民户口，无固定收入，本院根据实际情况认定其误工费为 90 元/天；护理费 91.15 元/天未超过同行业上一年度平均工资，本院予以支持；住院伙食补助费、营养费按 79 天计算无事实和法律依据，只计算住院期间 19 天；原告主张残疾赔偿金计算标准为 2017 年新公布标准，且其主张的后续医疗费亦为重新鉴定意见所载金额，故其定残日期应为 2017 年 5 月 2 日，残疾赔偿金计算年限为 12 年；交通费本院酌情认定为 400 元；原告邓世亮要求赔偿精神抚慰金 5000 元，本院予以支持；被告刘青松称其在原告治疗过程中垫付了费用2800元，但未提供证据证明，本院不予采信。

原告邓世亮因本次交通事故产生的合理损失为：1. 医疗费57687.40元（住院治疗费46347.40元+门诊费240元+续医费11100元）；2. 营养费380元（20元/天×19天）；3. 护理费5469元（91.15元/天×60天）；4. 残疾赔偿金40330.80元（11203元/年×12年×30%）；5. 精神损害抚慰金5000元；6. 交通费400元；7. 误工费7110元（90元/天×79天）；8. 鉴定费1900元；9. 住院伙食补助费380元（20元/天×19天）；10. 打印、复印费50元，合计118707.20元。被告余致武在从事雇佣活动中致原告邓世亮受伤，雇主被告刘青松应当承担赔偿责任；雇员余致武对本次事故发生具有重大过失，应当与雇主刘青松承担连带赔偿责任；原告邓世亮本身行为存在过错，应减轻侵权人的赔偿责任。故对本次事故造成的损失由原告邓世亮自行负担20%；被告刘青松负担80%，被告余致武与刘青松承担连带赔偿责任。依照《中华人民共和国民法通则》第一百一十九条、第一百三十一条，《中华人民共和国侵权责任法》第三十五条，《最高人民法院关于审理人身损害赔偿案件适用法律若干问题的解释》第九条、第十七条、第十八条、第十九条、第二十条、第二十一条、第二十二条、第二十三条、第二十四条、第二十五条，《最高人民法院关于确定民事侵权精神损害赔偿责任若干问题的解释》第十条的规定，判决如下：

一、由被告刘青松在本判决生效后十日内赔偿原告邓世亮医疗费、残疾赔偿金、营养费、住院伙食补助费、护理费、误工费、交通费、精神抚慰金等各项费用共计94965.76元，被告余致武与刘青松承担连带赔偿责任；

二、驳回原告邓世亮的其他诉讼请求。

如果未按本判决指定的期间履行给付金钱义务，应当依照《中华人民共和国民事诉讼法》第二百五十三条规定，加倍支付迟延履行期间的债务利息。

判决作出后，被告刘青松不服一审判决，上诉于遂宁市中级人民法院，二审维持原判。

二审中，当事人没有提交新证据。四川省遂宁市中级人民法院对一审查明的案件事实予以确认。该院认为，结合本案当事人的诉辩意见，二审的争议焦点为：一、刘青松对邓世亮的受伤应否承担责任；二、一审判决对邓世亮受伤所产生的损失费用的计算是否正确。

关于争议焦点一，经查，被上诉人邓世亮及余致武等人受雇于上诉人刘青松从事砍伐树木工作，刘青松提供午饭及砍树所需工具，余致武与邓世亮在为刘青松提供劳务前互不相识，余致武及邓世亮等砍树工人从早上到达砍树场地至当日砍树任务完成，砍树场地及就餐时间、地点均由刘青松安排确定。因事发当天的砍树任务未完成，余致武及邓世亮等砍树工人在刘青松安排的地点吃饭后，仍需回工作地点继续砍树，故本案余致武在就餐地点与砍树地点之间搭乘邓世亮的行为，与履行职务具有内在联系。根据《最高人民法院关于审理人身损害赔偿案件适用法律若干问题的解释》第九条“雇员在从事雇佣活动中致人损害的，雇主应当承担赔偿责任；雇员因故意或者重大过失致人损害的，应当与雇主承担连带赔偿责任。雇主承担连带赔偿责任的，可以向雇员追偿。前款所称‘从事雇佣活动’，是指从事雇主授权或者指示范围内的生产经营活动或者其他劳务活动。雇员的行为超出授权范围，但其表现形式是履行职务或者与履行职务有内在联系的，应当认定为‘从事雇佣活动’”之规定，余致武在就餐地点与砍树地点之间搭乘邓世亮的行为，应认定为“从事雇佣活动”，该行为造成邓世亮受伤，刘青松作为雇主，应承担赔偿责任。余致武无证驾驶机动车，且搭乘人员超过准载人数，其对本次事故发生具有重大过失，应当与雇主刘青松承担连带赔偿责任。因邓世亮明知余致武所驾驶的车辆搭乘人员超载，但其仍然乘坐，其本身行为存在过错，根据《中华人民共和国侵权责任法》第二十六条“被侵权人对损害的发生也有过错的，可以减轻侵权人的责任”之规定，本案应减轻侵权人的赔偿责任。综上，一审判决综合本案实际情况，确定对本次事故造成的损失由邓世亮自行负担20%，刘青松负担80%，余致武与刘青松承担连带赔偿责任正确，本院予以维持。

关于争议焦点二，一审法院对被上诉人邓世亮受伤所产生的医疗费、营养费、护理费、残疾赔偿金、精神损害抚慰金、交通费、误工费、鉴定费、住院伙食补助费、打印复印费的计算，既有相关发票、鉴定结论等证据证明，亦符合法律规定，本院予以维持。虽然刘青松认为四川求实司法鉴定因适用的《道路交通事故受伤人员伤残评定》鉴定标准已失效，其鉴定结论应无效，但邓世亮受伤时间发生在《道路交通事故受伤人员伤残评定》失效之前，根据法不溯及既往的原则，四川求实司法鉴定所对邓世亮的伤残评定适用《道路交通事故受伤人员伤残评定》进行鉴定并无不当。

综上所述，刘青松的上诉请求不成立，应予驳回；一审判决认定事实清楚，适用法律正确，应予维持。依照《中华人民共和国民事诉讼法》第一百七十条第一款第一项规定，判决如下：

驳回上诉，维持原判。

【法官后语】

本案处理重点主要在于对"从事雇佣活动"的理解，《最高人民法院关于审理人身损害赔偿案件适用法律若干问题的解释》第九条规定"雇员在从事雇佣活动中致人损害的，雇主应当承担赔偿责任"。"'从事雇佣活动'是指从事雇主授权或者指示范围内的生产经营活动或者其他劳务活动。雇员的行为超出授权范围，但其表现形式是履行职务或者与履行职务有内在联系的，应当认定为'从事雇佣活动'"。

具体到本案中，雇主被告刘青松雇请原告邓世亮及被告余致武从事的主要雇佣活动是砍树，被告余致武致原告邓世亮受伤的事故发生于前往工作地点的途中，而不是从事砍树工作的过程中。从表面上看，本案事故既未发生在工作地点，也不是发生在劳动过程中，雇主刘青松不应当对雇员余致武致原告邓世亮损害承担赔偿责任。但是在本案审理中查明，被告余致武与原告邓世亮在为被告刘青松提供劳务前互不相识。事发当天，工人们在刘青松安排的地点吃饭后，仍需回工作地点继续砍树，砍树场地与就餐地点相距2—3公里，余致武搭乘行为发生在砍树场地与被告安排的就餐地点之间，其搭乘原告是为了尽快到达砍树场地，节约在途时间，提高砍树效率，所以，余致武搭乘邓世亮的行为与其履行从事砍树的职务具有内在联系；同时，出庭证人的证言证实，被告刘青松曾在砍树过程中安排被告余致武将未骑车的提供劳务人员搭走。故，虽然本案事故不是发生在砍树地点，也不是在砍树过程中，但被告余致武在就餐地点与施工地点之间搭乘原告邓世亮的行为仍应认定为"从事雇佣活动"，余致武因此造成原告邓世亮受伤，被告刘青松作为雇主，应承担赔偿责任。

编写人：四川省遂宁市射洪县人民法院　徐堂富

33

雇员在农村建房过程中受伤，业主、承建人及雇员之间不同的法律关系及责任承担

——谢朝阳诉陈景周等六人提供劳务者受害责任案

【案件基本信息】

1. 裁判书字号

福建省泉州市中级人民法院（2017）闽05民终4492号民事判决书

2. 案由：提供劳务者受害责任纠纷

3. 当事人：

原告：谢朝阳

被告：陈景周、苏万全、苏金成、苏金龙、苏建国、苏培兰

【基本案情】

2016年6月5日，苏万全、苏金成、苏金龙、苏建国、苏培兰作为甲方与陈景周作为乙方签订了一份合同。合同主要约定：甲方将康美镇梅星村上亭崛仔祖厝（一层）发包给陈景周改建。承包方式为：包工包料，工程总造价为33万元，工期为2016年6月10日起至2016年10月30日止，乙方根据双方商定工程计划书、施工图纸施工。施工需用的架料、机械吊装由乙方自行负责。乙方应依照工程施工安全规则保证安全，责任由乙方全部负责。甲方不承担任何责任。甲方派员现场进行质量监督等。谢朝阳被陈景周雇佣从事建房工作，具体负责做土水，工资每天200元。2016年9月10日，谢朝阳在吊中梁作业过程中，从所建祖厝3米左右高墙上掉落至地面受伤。谢朝阳在受伤后被送往泉州市光前医院住院治疗9天，共花费医疗费5193.82元。后谢朝阳自行委托福建安泰司法鉴定所对其伤情进行鉴定，2016年12月19日经鉴定，谢朝阳的伤残程度为10级，护理期限为80天。谢朝阳为此

花费鉴定费1800元。诉讼过程中，经重新鉴定，谢朝阳的伤残程度为10级，护理期限为60天。另查明，诉争房子未办理土地证及房产证，被告苏万全等五人也未向本院提供申请翻建表。

【案件焦点】

1. 本案当事人之间的法律关系？如何区分雇佣关系和承揽关系；2. 本案责任如何认定；3. 六被告对谢朝阳损失应承担共同赔偿责任还是连带赔偿责任？

【法院裁判要旨】

福建省南安市人民法院经审理认为，公民享有生命健康权和身体权。谢朝阳为陈景周所雇佣，在陈景周承包的建房项目中从事土水工作，每天工资为200元。谢朝阳与陈景周之间形成了事实的雇佣法律关系。谢朝阳在从事雇佣活动中受伤，陈景周作为劳务的承受方和雇主并没有为谢朝阳提供安全工作的条件，并缺乏对安全施工进行有效监督，未尽到必要的监管职责，加之谢朝阳无相应的建房资质，对于谢朝阳在施工过程中受伤所造成的损失，雇主陈景周依法应承担赔偿责任。承揽合同是承揽人按照定作人的要求完成工作，交付工作成果，定作人给付报酬的合同。定作人在承揽合同中的目的不是工作过程，而是工作成果。本案中，陈景周与苏万全等人签订合同，约定由陈景周承建祖厝，并包工包料。双方对工程价款等事项进行了约定。可认定陈景周与苏万全等五人之间事实上形成了承揽法律关系。根据《最高人民法院关于审理人身损害赔偿案件适用法律若干问题的解释》第十条的规定，定作人苏万全等五人本无须对谢朝阳受伤所造成的损失承担赔偿责任，但定作人苏万全等五人将祖厝项目发包给没有建房资质的陈景周，加之定作人未举证其有合法的申请翻建审批手续，在建房的过程中，苏万全等五位定作人确实进行了现场监督，谢朝阳工作和受伤时定作人也在场。定作人在施工过程中发现安全隐患时，本应履行必要的管理及监督义务，但定作人并未履行，在明知谢朝阳站在高墙吊中梁，地面未采取安全防护措施的情况下存在安全隐患而不及时阻止，排除安全隐患，可认定定作人苏万全等五人存在指示和选任过失，应对本案事故所造成谢朝阳的损失承担相应的赔偿责任。谢朝阳没有建房的相应资质，违反安全操作规则，未佩戴安全帽及安全绳等安全生产设备，置身于高度危险状态之下作业。谢朝阳本应当在作业过程中谨慎操作，确保安全施工，然谢朝阳却未尽到必要的安全作业义务，对事故的发生自身存在一定的过错。根据《中华人民共和国侵权责任法》第六条第一款“行为人因过错侵害他人民事权益，应当承担侵权责任”和第三十五条“个人之间形成劳务关系，提供劳务一方因劳务造成他人损害的，由接受劳务一方承担侵权责任。提供劳务一方因劳务自己受到损害的，根据双方各自的过错承担相应的责任”的规定，谢朝阳应对自身的损失承担一定的责任。综上，本院依法根据原、被告各自过错的大小确定各自应承担的责任比例，即确定由定作人苏万全等五人共同承担本案事故15%的赔偿责任，由承揽人陈景周承担本案事故65%的赔偿责任，由谢朝阳自行承担20%的损失。

福建省南安市人民法院依照《中华人民共和国侵权责任法》第六条、第十六条、第二十二条、第二十六条、第三十五条，《最高人民法院关于审理人身损害赔偿案件适用法律若干问题的解释》第十九条、第二十条、第二十一条、第二十二条、第二十三条、第二十四条、第二十五条、第二十八条，《最高人民法院关于适用〈中华人民共和国侵权责任法〉若干问题的通知》第四条，《中华人民共和国民事诉讼法》第六十四条、第一百四十四条和《最高人民法院关于民事诉讼证据的若干规定》第二条，《最高人民法院关于适用〈中华人民共和国民事诉讼法〉的解释》第一百零八条之规定，作出如下判决：

一、陈景周应于本判决生效后十日内，赔偿原告谢朝阳因本案事故造成的医疗费、住院伙食补助费、营养费、误工费、护理费、残疾赔偿金、精神损害抚慰金、交通费、鉴定费等损失合计人民币36695.08元；

二、苏万全、苏金成、苏金龙、苏建国、苏培兰应于本判决生效后十日内，共同赔偿原告谢朝阳因本案事故造成的医疗费、住院伙食补助费、营养费、误工费、护理费、残疾赔偿金、精神损害抚慰金、交通费、鉴定费等损失合计人民币8468.1元；

三、驳回谢朝阳的其他诉讼请求。

陈景周不服原判，提起上诉。福建省泉州市中级人民法院经审理认为，公民享有生命健康权和身体权。侵害他人造成人身损害的，应当赔偿医疗费、护理费、交通费等为治疗和康复支出的合理费用，以及因误工减少的收入。造成残疾的，还应当赔偿残疾生活辅助器具费和残疾赔偿金。造成他人严重精神损害的，被侵权人可以请求精神损害赔偿。而公民个人之间形成劳务关系，提供劳务一方因劳务自己受到损害的，根据各自的过错承担相应的责任。谢朝阳在受雇于陈景周从事劳务活动中受到损害，一审根据本案的基础法律关系，综合各方的举证、质证情况，并鉴于有关各方在事故中均存在过错的相关事实，依照《最高人民法院关于审理人身损害赔偿案件适用法律若干问题的解释》等有关法律规定，认定谢朝阳因本案而遭受的经济损失，判决各方承担相应的责任，进而确定各方应承担的赔偿金额等并无不妥。陈景周上诉称，其在谢朝阳受伤住院前后先后支付了医疗费19000元，一审不予认定有误的理由依据不足，不予采纳。

综上所述，陈景周的上诉请求不能成立，应予驳回。一审判决认定事实清楚，适用法律正确，应予维持。依照《中华人民共和国民事诉讼法》第一百七十条第一款第一项规定，判决如下：

驳回上诉，维持原判。

【法官后语】

农村无建房资质的承建人（雇主）雇佣泥水工（雇工），在从事农村祖厝（无权属证明）筑建过程中受伤案件在责任认定时，应首先区分承建人和业主间的承揽法律关系和承建人与雇工间的雇佣法律关系。并区别认定按份赔偿责任和连带赔偿责任。无意思联络的共同侵权人即承建人和承揽人依法应对雇工损害承担按份责任，而共同侵权的数名承建人则应承担共同赔偿的连带责任。另，农村“祖厝”无权属证明现象较为普遍，且牵涉的利益主体众多，因无法查清全部业主，故在确定“祖厝”方责任时，宜根据“合同相对性原则”，认定直接签订合同的业主代表承担相应责任。

1. 本案存在雇佣关系、承揽关系。

雇佣关系是指雇佣人在一定或不特定的期间内，从事雇主授权或指示范围内的生产经营活动或其他劳务活动，由雇主按约定给付报酬的权利义务关系。谢朝阳为陈景周所雇佣，在陈景周承包的案涉建房项目中从事土水建房工作，每天工资200元，双方虽未签订书面合同，但可以认定事实上形成了雇佣法律关系。

承揽合同是指承揽人按照定作人的要求完成工作，交付工作成果，定作人给付报酬的合同。定作人在承揽合同中的目的不是工作过程，而是工作成果。本案中，陈景周与苏万全等五人签订合同，约定由陈景周承建祖厝，并包工包料，双方对工程价款等事项进行了约定，因此陈景周与苏万全等五人之间事实上形成了承揽法律关系。

区分雇佣关系和承揽关系可以从有无工作成果，是否具有控制、监督关系，是否提供劳动工具、工作场所等多方面进行综合分析认定。雇佣关系注重提供劳务的过程和所提供的劳务，雇员应受雇主的指示、监督和管理，二者地位相对不平等，一般情况下是由雇主为雇员提供劳动工具、工作场所等工作条件。承揽关系侧重于劳动成果的交付，定作人可对承揽人进行监督检查，但不具有控制关系，二者地位是平等的，一般情况下定作人不提供劳动工具和工作场所。

2. 本案存在连带责任与按份责任的共同赔偿责任。

本案中六被告对原告承担的系共同赔偿责任，也即民法上广义的共同赔偿责任，包括连带责任和按份责任。而通常在判决书中体现的"共同赔偿"是指狭义的共同赔偿责任，意味着应承担连带责任。

连带责任，是指在法律规定或当事人约定范围内，应由两个以上的当事人中的一人或数人对其他人的民事责任承担、分担或顺序承担。连带责任人承担的可能是全部责任，也可能是其他当事人承担不下的剩余部分责任。连带责任中的共同侵权人中的任何一人都有义务向受害人赔偿其所受到的全部损失，受害人也可以要求共同侵权人中的任何一人向其赔偿全部损失。连带责任具有责任主体多元性、牵连性、共同目的性、内容责任可分性、法定性的特征。《中华人民共和国民法通则》第一百三十条规定："二人以上共同侵权造成他人损害的，应当承担连带责任"。根据《中华人民共和国侵权责任法》第八条"二人以上共同实施侵权行为，造成他人损害的，应当承担连带责任"和第十三条"法律规定承担连带责任的，被侵权人有权请求部分或者全部连带责任人承担责任"之规定，承担连带责任的前提是有共同的过失或有法律的明确规定。连带责任的设定（或法定，或约定）为债权人、受害人充分受偿提供了法律保证。

按份责任是责任人按照一定比例承担各自责任，责任相对较为独立，赔偿权利人无权要求任何一方承担超出其比例的责任。

以按份责任的方式处理无意思联络分别侵权在实体法上有着重要的意义，可以防止出于过失、份额较小的侵权人承担过重的损失。《中华人民共和国侵权责任法》第十二条规定："二人以上分别实施侵权行为造成同一损害，能够确定责任大小的，各自承担相应的责任；难以确定责任大小的，平均承担赔偿责任"。该条针对无意思联络分别侵权设定了按份责任的责任形态，与《中华人民共和国侵权责任法》第八条规定的共同侵权连带责任形成了处理共同侵权的体系。

连带责任是与按份责任相对应的，均属于共同责任。针对现行立法较多规定“共同赔偿”，故区分连带责任与按份责任显得尤为重要。

本案中，承建方陈景周与业主代表人苏万全等五人并不存在共同的过失，也未有法律规定承担连带责任的情形。双方承担的责任可以区分。本院综合根据各自过错的大小及原因力等因素，确定被告陈景周与被告苏万全等五人及原告之间是按份责任。

而苏万全等五人作为甲方业主代表共同直接与陈景周签订合同。故苏万全等五人系一个整体，密不可分，利益是共同一致的，应认定五人间共同实施侵权行为，造成他人损害，应对原告的损失承担共同赔偿责任，根据《中华人民共和国侵权责任法》第八条“二人以上共同实施侵权行为，造成他人损害的，应当承担连带责任”的规定，据此，法院判决该五人“共同赔偿”原告损失，即通常狭义意义上的共同赔偿责任，也即五人之间应承担连带责任，原告有权就苏万全等五人承担的份额要求苏万全等五人中的任何一人全部赔偿。

3. 本案各方当事人的责任大小认定。

陈景周作为劳务的承受方和雇主，并没有为谢朝阳提供安全工作的条件，并缺乏对安全施工的有效监督，未尽到必要的监管职责，故对于谢朝阳在施工过程中受伤所造成的损失，陈景周依法应承担赔偿责任；根据《最高人民法院关于审理人身损害赔偿案件适用法律若干问题的解释》第十条的规定，定作人苏万全等五人本无须对谢朝阳受伤所造成的损失承担赔偿责任，但定作人苏万全等五人将祖厝项目发包给没有建房资质的被告陈景周，加之定作人未举证其有合法的申请翻建审批手续，谢朝阳工作和受伤时定作人也在场，定作人在施工过程中发现安全隐患时，本应履行必要的管理及监督义务，但定作人并未履行，在明知谢朝阳站在高墙吊中梁，地面未采取安全防护措施的情况下存在安全隐患不及时阻止，排除安全隐患，据此可认定定作人苏万全等五人存在指示和选任过失，应对本案事故所造成原告的损失承担相应的赔偿责任；谢朝阳没有建房的相应资质，违反安全操作规则，未佩戴安全帽及安全绳等安全生产设备，置身于高度危险状态之下作业，未尽到必要的安全作业义务，对事故的发生自身存在一定的过错，应承担一定的责任。综上，法院根据如上五名业主、承揽人及雇员自身的责任大小，判决认定分别承担15%、65%、20%的赔偿责任。

编写人：福建省南安市人民法院　余善根

34

雇主承担赔偿责任后能否向实际侵权人追偿

——白某某诉贺某、崔某某追偿权案

【案件基本信息】

1. 裁判书字号

陕西省志丹县人民法院（2017）陕0625民初1696号民事判决书

2. 案由：追偿权纠纷

3. 当事人：

原告：白某某

被告：贺某、崔某某

【基本案情】

2014年4月11日，原告雇佣的司机李某某驾驶甘M25×××号车到志丹县织坊社区郭建子村运输油罐等井队设备，在装车过程中，因被告贺某雇佣的吊车操作人员崔某某操作不当，导致油罐将原告司机李某某的手指砸伤。事故发生后，李某某治疗结束后经陕西公正司法鉴定中心鉴定为十级伤残，后续治疗费约需3000元。2017年2月15日，李某某起诉原告，法院判决原告赔偿李某某68241.80元，原告不服上诉后，2017年8月1日，延安市中级人民法院调解达成协议：对于李某某主张的各项损失最终按68100元支付，扣除已经给付的4100元，余下64000元，分别于2017年8月1日付14000元、10月30日付25000元、12月30日付25000元。2017年8月7日原告提出诉讼请求，请求判令二被告支付原告代替赔偿李某某的各项费用68100元。

【案件焦点】

1. 雇员在雇佣活动中遭受人身损害的可否就雇主和实际侵权人择一进行起诉维权；2. 雇主承担责任后是选择侵权人起诉还是选择侵权人的雇主。

【法院裁判要旨】

陕西省志丹县人民法院经审理后认为：雇员在雇佣活动中遭受人身损害的，雇主应当承担赔偿责任，第三人造成雇员人身损害的，赔偿权利人可以请求第三人承担赔偿责任，也可以请求雇主承担赔偿责任。雇主承担赔偿责任后，可以向第三人追偿。雇员在雇佣活动中致人损害的，雇主应当承担赔偿责任。本案中，原告作为雇主，雇员李某某在雇佣活动中遭受人身损害，李某某选择雇主白某某承担赔偿责任，作为李某某雇主的白某某应当赔偿，在承担赔偿责任后可以向直接侵权人崔某某追偿，被告崔某某系被告贺某的雇员，故被告崔某某造成他人人身损害的，被告贺某作为雇主应当承担赔偿责任。且李某某的各项费用经一审、二审审查，均系合理费用，原告白某某要求被告支付的数额符合法律规定。

依照《中华人民共和国侵权责任法》第三十五条，《最高人民法院关于审理人身损害赔偿案件适用法律若干问题的解释》第九条、第十一条第一款之规定，作出如下判决：

一、由被告贺某于本判决生效后10日内支付原告白某某68100元。

二、驳回原告白某某其他诉讼请求。

判决后，双方当事人均未上诉。

【法官后语】

《最高人民法院关于审理人身损害赔偿案件适用法律若干问题的解释》第九条规定，雇员在从事雇佣活动中致人损害的，雇主应当承担赔偿责任；雇员因故意或者重大过失致人损害的，应当与雇主承担连带赔偿责任。雇主承担连带赔偿责任的，可以向雇员追偿。第十一条第一款规定，雇员在从事雇佣活动中遭受人身损害，雇主应当承担赔偿责任。雇佣关系以外的第三人造成雇员人身损害的，赔偿权利人可以请求第三人承担赔偿责任，也可以请求雇主承担赔偿责任。雇主承担赔偿责任后，可以向第三人追偿。《中华人民共和国侵权责任法》第三十五条规定，个人之间形成劳务关系，提供劳务一方因劳务造成他人损害的，由接受劳务一方承担侵权责任。提供劳务一方因劳务自己受到损害的，根据双方各自的过错承担相应的责任。三条规定共同明确了雇主人身损害赔偿责任。雇主赔偿责任是指雇员在从事雇佣活动中遭受人身损害时雇主的人身损害赔偿责任。此种雇主人身损害赔偿责任也具有双重性，其一，具有不真正连带责任的性质，如该条规定的，“雇佣关系以外的第三人造成雇员人身损害的，赔偿权利人可以请求第三人承担赔偿责任，也可以请求雇主承担赔偿责任。雇主承担赔偿责任后，可以向第三人追偿”。这也是我国司法解释首次规定不真正连带责任。其二，为雇主直接责任，如该条规定的“雇员在从事雇佣活动中遭受人身损害，雇主应当承担赔偿责任”。在责任形态上属于直接责任、单方责任，是一种普通的人身损害赔偿责任。

1. 雇员受害的普通赔偿责任的确定和承担。

《最高人民法院关于审理人身损害赔偿案件适用法律若干问题的解释》第十一条第一款规定了“雇员在从事雇佣活动中遭受人身损害的，雇主应当承担赔偿责任”。这是对雇员受害的普通赔偿责任的规定，即雇主对雇员在从事雇佣活动中遭受的人身伤害承担人身损害赔偿责任。

雇员受害的普通赔偿责任的确定，应当符合以下要件：首先，雇员必须是在从事雇佣活动中遭受人身损害。对于“从事雇佣活动”的认定应当以《最高人民法院关于审理人身损害赔偿案件适用法律若干问题的解释》第九条第二款的规定为标准，采取客观的标准。其次，雇员在从事雇佣活动过程中必须遭受人身损害的后果，只有发生损害后才会有救济。再次，雇员遭受人身损害不是由于第三人的原因，如果存在第三人的责任，那么就会产生雇员受害的不真正连带责任，而不是雇员受害的普通赔偿责任。在责任承担上，需要注意的是，如果雇员存在重大过失的，可以减轻雇主的赔偿责任。

2. 雇员受害的不真正连带责任的确定和承担。

第三人造成雇员人身损害的，为不真正连带责任，这就是说，赔偿权利人可以请求第三人承担赔偿责任，也可以请求雇主承担赔偿责任，无论哪一方承担了对受害雇员的人身损害赔偿责任，另一方对受害雇员的赔偿责任都消灭。但雇主承担赔偿责任后，可以向第三人追偿。

雇员受害的不真正连带责任应当具备一定的要件：其一是雇员在从事雇佣活动过程中受到生命权、健康权、身体权的人身损害；其二是该人身损害的致害原因是第三人，而不是雇主。在责任的承担上，第三人与雇主都是人身损害赔偿责任的赔偿义务人，受害雇员是赔偿权利人。

第三人造成雇员损害的不真正连带责任与补充责任是有区别的。补充责任存在一个先向直接责任人求偿的顺序问题，只有直接责任人不能或不能完全承担赔偿责任时，受害人才能向补充责任人请求赔偿；而在不真正连带责任中，受害人可以向任何一方请求赔偿责任，不受顺序的限制。可见，雇员在从事雇佣活动中因第三人原因遭受人身损害赔偿的，可以向应当承担责任的第三人或雇主任何一方请求赔偿责任，被请求方都有义务进行赔偿。

3. 同时需要注意，《中华人民共和国侵权责任法》规定，雇员即提供劳务一方因劳务自己受到损害的，根据双方各自的过错承担相应的责任。因此雇员如果从事雇佣活动导致自己人身受到损害的，应当根据雇员和雇主之间的过错进行分担。结合这条规定和《最高人民法院关于审理人身损害赔偿案件适用法律若干问题的解释》第十一条的规定，在审理案件时应对雇员自身的安全操作义务、谨慎注意义务进行审理。对雇主的安全保障义务和不当指示命令等方面亦应进行综合考虑，进而分清楚各自承担的责任，而不能简单适用《最高人民法院关于审理人身损害赔偿案件适用法律若干问题的解释》第十一条直接认定雇主的全部责任。

编写人：陕西省志丹县人民法院　赵秀东

35

接受发包的雇主无施工资质，发包人、分包人应与其承担连带赔偿责任

——李光文诉马光得等提供劳务者受害责任案

【案件基本信息】

1. 裁判书字号

新疆维吾尔自治区昌吉市人民法院（2017）新2301民初4439号民事判决书

2. 案由：提供劳务者受害责任纠纷

3. 当事人：

原告：李光文

被告：马光得、张文林、重庆精物实业（集团）有限公司（以下简称重庆精物公司）

【基本案情】

2016年6月10日，重庆精物公司的项目经理冯昌浩代表重庆精物公司与张文林签订《建筑工程分项承包施工合同》，重庆精物公司将其承建的位于昌吉市青年南路玉石文化产业园钢结构工程以包工包料的方式转包给张文林。后张文林又将该工程转包给了马光得。马光得又雇佣原告焊接人行天桥上的连接点。事发时，原告李光文站在离地面1.7米高的脚手架上，因地势不平，脚手架下面垫了一块砖，在焊接工作快要完成时，脚手架倒了，原告从脚手架上摔下。脚手架是与原告一起干活的人搭建的，垫脚手架的砖是与原告一起干活的工友垫的。原告受伤时，仅戴有安全帽，未采用安全带等其他安全防护措施。马光得、张文林无施工资质。李光文诉至法院，要求：一、马光得、张文林赔偿残疾赔偿金56926.86元、住院伙食补助费1800元、营养费1000元、误工费29400元、鉴定费700元、精神损害抚慰金3000元、交通费500元；二、重庆精物公司承担连带赔偿责任；三、本案诉讼费由被告承担。

【案件焦点】

1. 原告与谁是雇佣关系；2. 接受发包的雇主无施工资质，发包人、分包人是否应承担责任。

【法院裁判要旨】

新疆维吾尔自治区昌吉市人民法院经审理认为：公民的健康权受法律保护。重庆精物公司将其承建的玉石文化产业园钢结构工程以包工包料的方式转包给张文林。后张文林又将该工程转包给马光得。马光得又雇佣原告，故李光文与马光得之间系雇佣关系。根据《中华人民共和国侵权责任法》第三十五条之规定，提供劳务一方因劳务自己受到损害的，根据双方各自过错承担相应的责任。马光得作为李光文的雇主，未提供证据证实其对李光文进行过安全防护教育，也未提供证据证实其向李光文发放过安全带等其他防护用品，未尽安全保障义务，其存在过错。李光文未对自己采取必要的安全防护措施，且对工作环境未尽安全注意义务，致使摔伤，其本身存在一定的过错。根据双方的过错程度，李光文应自行承担30%的责任，马光得应承担70%的责任。根据《中华人民共和国建筑法》的规定，承建方须具备相应建筑从业资质。本案中，重庆精物公司将其承建的钢结构工程转包给没有资质的张文林，后张文林又将该工程转包给没有资质的马光得。根据《最高人民法院关于审理人身损害赔偿案件适用法律若干问题的解释》第十一条之规定，发包人、分包人知道或者应当知道接受发包或者分包业务的雇主没有相应资质或者安全生产条件的，应当与雇主承担连带赔偿责任。故就原告的损失，张文林和重庆精物公司应与马光得承担连带赔偿责任。

新疆维吾尔自治区昌吉市人民法院依据《中华人民共和国侵权责任法》第十六条、第二十二条、第二十六条、第三十五条，《最高人民法院关于审理人身损害赔偿案件适用法律若干问题的解释》第十一条、第十七条、第十九条、第二十条、第二十二条、第二十三条、第二十四条、第二十五条之规定，作出如下判决：

一、马光得赔偿李光文住院伙食补助费262.5元、营养费700元、误工费为14874元、残疾赔偿金39849元、鉴定费490元、交通费210元、精神损害抚慰金700元，合计57085.5元，于本判决生效后十日内给付；

二、张文林、重庆精物实业（集团）有限公司与马光得承担连带赔偿责任；

三、驳回李光文的其他诉讼请求。

【法官后语】

随着社会经济的发展，在建工程逐年增加，农民工成为城市在建工程中不可缺少的中坚力量。也因其自身的局限，多数农民工只能通过熟人介绍或直接去劳务市场，被安排到工地上提供劳务，从事一些体力活。在干活过程中受伤，有些竟不知自己的雇主是谁，维权意识较差。再加上实践中，许多施工单位将建筑工程层层分包给没有资质的个人，个人作为雇主，安全防范意识较差，赔偿能力有限，雇员受害后，就将与工程相关的个人、公司一并起诉，而发包人、分包人又以根本不认识该雇员，与雇员不存在任何关系为由拒绝赔偿。有些发包人、分包人、雇主即使认可伤者提供了劳务，但又以系伤者自己干活不小心，责任应由伤者个人承担为由进行抗辩。损失应由谁承担，如何承担，往往成为案件的争议焦点。本案就是这样一起典型的案件。马光得作为李光文的雇主，未对李光文进行过安全防护教育，也未发放过安全带等其他防护用品，未尽安全保障义务，其存在过错。李光文未对自己采取必要的安全防护措施，且对工作环境未尽安全注意义务，致使摔伤，其本身存在一定的过错。本案系按双方的过错划分责任，认定雇主马光得应承担70%的责任，李光文承担30%的责任。重庆精物公司作为发包方，将其承建的工程转包给没有资质的分包人张文林，后张文林又将该工程转包给没有资质的马光得，张文林和重庆精物公司应与马光得承担连带赔偿责任。

根据《中华人民共和国建筑法》的规定，承建方须具备相应建筑从业资质。将建筑工程发包给没有资质的单位或个人，都是违法行为。雇员如果受伤，违法发包人、分包人应与雇主承担连带赔偿责任。

编写人：新疆维吾尔自治区昌吉市人民法院　高源

36

受害人对提供劳务者受害责任和第三人侵权责任享有选择权

——覃金明诉南宁市永华保洁服务有限责任公司等提供劳务者受害责任案

【案件基本信息】

1. 裁判书字号

广西壮族自治区贵港市中级人民法院（2017）桂08民终1250号民事判决书

2. 案由：提供劳务者受害责任纠纷

3. 当事人

原告（被上诉人）：覃金明

被告（上诉人）：南宁市永华保洁服务有限责任公司（以下简称“永华保洁”）

被告：广西平南县通泰百货商贸有限公司（以下简称“通泰百货”）、通力电梯有限公司南宁分公司（以下简称“通力电梯”）

【基本案情】

2015年11月17日，通泰百货（甲方）与永华保洁（乙方）签订保洁计划书、清洁服务合同，将位于平南县通泰中央商务区一至三楼的清洁服务承包给永华保洁。2015年12月1日，原告覃金明到被告永华保洁应聘工作，职务为保洁主管。原告获聘用后，于当日开始在双方约定的工作地点通泰百货上班。2016年12月6日早上8时许，原告在上班过程中，准备从正在安装尚未投入使用的电梯走下一楼，当走到二楼电梯口拐角处时，未及时发现电梯口拐角处的空隙，踩空从二楼跌到一楼楼面，造成受伤。原告受伤后，即被送到平南县人民医院住院治疗，至2016年2月1日出院，共住院47天，用去医疗费61579.38元。2016年2月1日，原告到平南县同安骨伤医院住院治疗，至2016年5月16日出院，共住院105天，用去医疗费17640.08元。2016年7月11日，原告自行到桂林市正诚司法鉴定中心进行伤残鉴定，鉴定意见：覃金明因人身损害受伤致胸12及腰1椎体粉碎性骨折属八级伤残。2017年4月23日、24日、25日，2017年5月2日、4日原告自行到广西壮族自治区人民医院门诊治疗。

另查明，事故发生时，通泰百货正在装修，尚未正式开始营业。通泰百货的电梯安装业务由被告通力电梯负责，发生事故时，电梯安装尚未完工，未正式投入使用。事故发生后，被告永华保洁共支付给原告72247.21元。

再查明，原告覃金明为平南县机关事业单位工作人员，2013年10月15日经批准退休，退休后在平南镇居住，每月领取退休费2273.4元。

本案在审理过程中，根据被告永华保洁的申请，追加通力电梯作为被告参加诉讼。本院另根据永华保洁的申请，依法委托广西公明司法鉴定中心对原告覃金明的伤残程度进行重新鉴定，鉴定意见：覃金明本次损伤致三个椎体骨折，经手术治疗后评定为八级伤残。

【案件焦点】

1. 本案案由应以提供劳务者损害纠纷还是人身身体权纠纷审理；2. 原告合理合法的经济损失是多少；3. 对于原告合理合法的经济损失，三被告应否承担赔偿责任。

【法院裁判要旨】

广西壮族自治区贵港市平南县人民法院经审理认为：在提供劳务者受害责任与第三人侵权责任竞合的情况下，选择何种案由起诉直接关系到案件适用何种法律关系及责任承担主体等问题。本案原告经法院释明后最终选择了提供劳务者受害责任纠纷，所涉及的法律关系包括雇佣关系和侵权关系。从雇佣关系的责任主体来看，雇员在从事雇佣活动中遭受人身损害，雇主应承担赔偿责任，如果雇员的损害是由雇佣关系以外的第三人的行为造成，第三人应当按照侵权责任法的规定承担相应的赔偿责任。在第三人侵权造成雇员受伤的情况下，作为受害人，既可以以侵权为由请求第三人承担赔偿责任，也可以以提供劳务者受害为由请求雇主承担赔偿责任。但是当事人在向法院起诉时只能选择一种案由进行诉讼，因此本案原告选择了提供劳务者受害责任纠纷起诉，本院只能适用提供劳务关系的相关法律确定承担责任主体。根据《中华人民共和国侵权责任法》第三十五条规定，个人之间形成劳务关系，提供劳务一方因劳务造成他人损害的，由接受劳务一方承担侵权责任。提供劳务一方因劳务自己受到损害的，根据双方各自的过错承担相应的责任。本案原告经应聘到被告永华保洁工作，双方形成提供劳务关系，覃金明在工作中受伤，其有权向永华保洁主张赔偿权利，永华保洁作为提供劳务一方应对覃金明在提供劳务过程中的损害承担相应的赔偿责任。因覃金明作为成年人，其在工作中没有注意当时的工作环境，在明知商场电梯正在安装尚未投入使用的情况下，仍从二楼电梯口走向电梯，致使其从电梯口空隙处踩空跌下一楼受伤，故覃金明对其受伤亦应承担相应的过错责任。根据双方的过错程度，本院确认永华保洁承担70%的民事赔偿责任，覃金明自行承担30%民事责任。被告通泰百货、通力电梯不是覃金明的雇主，双方不存在劳务关系，故被告通泰百货、通力电梯在本案中不承担责任。

永华保洁不服一审判决，提出上诉。广西壮族自治区贵港市中级人民法院经审理认为，被上诉人覃金明因他人侵权行为造成经济损失，有权依据《中华人民共和国侵权责任法》和《最高人民法院关于审理人身损害赔偿案件适用法律若干问题的解释》的相关规定向侵权人主张权利。上诉人提出被上诉人已向社会保险事业局报销医疗费、无权主张该权利的主张，无法律依据支持，本院不予采纳。上诉人提出被上诉人虽因伤致残但退休金收入不减少、实际收入不减少可以依法调整残疾赔偿金的主张，因无充分事实依据证明被上诉人的实际收入即为退休收入，故对该上诉主张不采纳。对上诉人提出被上诉人无证据证明其在平南同安骨科医院住院期间有陪护人员、不应支持护理费的主张，因被上诉人在二审期间提供的证据证明其在平南同安骨科医院住院期间有陪护人员1人，故对该上诉主张也不予支持。一审法院认定事实清楚，处理正确，本院予以维持。依照《中华人民共和国民事诉讼法》第一百七十条第一款第（一）项的规定，判决如下：

驳回上诉，维持原判。

【法官后语】

1. 本案涉及提供劳务者受害责任与第三人侵权责任两个法律关系，原告既可以“提供劳务者受害责任”为案由起诉，也可以“侵权责任”为案由向法院起诉，以何种案由起诉原告享有选择权，法官应当向原告行使释明权，要求原告明确选择何种案由起诉，即明确原告所主张的法律关系。根据《最高人民法院关于审理人身损害赔偿案件适用法律若干问题的解释》（以下简称《解释》）第十一条第一款的规定：雇员在从事雇佣活动中遭受人身损害，雇主应当承担赔偿责任。雇佣关系以外的第三人造成雇员人身损害的，赔偿权利人可以请求第三人承担赔偿责任，也可以请求雇主承担赔偿责任。雇主承担赔偿责任后，可以向第三人追偿。雇员在从事雇佣活动中遭受人身损害时可以要求雇主承担责任也可以要求侵权第三人承担侵权责任，但不能同时要求两者承担连带或共同赔偿责任，因为一个案件中只能适用一个法律关系。但在司法实践中，受害人往往因为缺乏相关的法律知识，以为将所有涉案单位或人员列为被告起诉就能更好地维护自身合法权益，就将雇主、发包方、承包方、侵权人等都列为被告，此时法官应当向当事人释明，要求原告明确选择所主张的法律关系。

2. 明确原告主张的法律关系，法官就可明确案由，并围绕案由确定承担责任的主体及适用的法律，最终依法作出裁决。在审理此类案件时，如果原告主张第三人侵权责任的法律关系起诉，明确责任承担主体是侵权第三人，侵权第三人往往会有多个，责任分配更为复杂，则要根据案件的具体情况和各方的过错进行赔偿责任分配。如果原告主张提供劳务者受害责任的法律关系起诉，明确责任承担主体是雇主，雇主承担责任主要有两个法律依据：第一个法律依据是《解释》的第十一条第一款之规定，第二个依据是《中华人民共和国侵权责任法》第三十五条之规定。

《解释》规定的是雇主承担无过错责任，《中华人民共和国侵权责任法》则是根据双方各自的过错承担相应的责任。在审理时，法官更倾向于适用《中华人民共和国侵权责任法》规定的过错原则判决雇主承担责任，主要考虑到如果完全由劳务接受者承担全部赔偿责任，必然使其承担责任过重，既对劳务接受者不公平，也不利于劳务关系的发展。补充一点，关于《中华人民共和国侵权责任法》第三十五条的规定，从表面上看劳务关系只存在于自然人之间，但是根据司法实践以及法律的系统理解，可以认为单位或者组织也可以成为劳务接受者。

编写人：广西壮族自治区平南县人民法院　梁云飞

37

发包人连带责任判定

——尚关秀诉朱艳强等提供劳务者受害责任案

【案件基本信息】

1. 裁判书字号

云南省曲靖市中级人民法院（2017）云03民终字第1516号民事判决书

2. 案由：提供劳务者受害责任纠纷

3. 当事人

原告（上诉人）：尚关秀

被告（被诉人）：朱艳强、黄洪贵、陈彦良、邵富成

【基本案情】

2016年，被告朱艳强（甲方）与被告黄洪贵（乙方）签订《合同书》，约定：朱艳强将位于文笔社区文华村安置路新建房屋一栋（三楼一顶）发包给被告黄洪贵承建；乙方在施工中的一切安全按地方安全部门管理实施，施工途中出现任何安全问题都由乙方全权负责，与甲方无关；本工程实行包工不包料。后，黄洪贵又将该工程的泥工部分转包给被告陈彦良具体负责施工。尔后，陈彦良找到原告、被告

邵富成等人为上述建房工程提供劳务，陈彦良支付每人每日工资100元。被告黄洪贵、陈彦良、邵富成、原告均无相应建筑资质。

2016年8月20日14时30分许，邵富成从三楼往下放吊车过程中，吊车突然失控坠落，砸伤正在一楼作业的原告的头部。当日，原告被送到师宗现代医院进行救治，经诊断为：重型颅脑损伤、左侧顶部凹陷性粉碎性骨折、左侧顶叶脑挫伤出血、左侧顶部头皮血肿、顶部头皮撕脱伤、其他损伤待观。因伤势过重，当日转院至昆明市延安医院住院治疗，经诊断为：开放性颅骨损伤（左顶骨骨折、左顶部硬膜外血肿、颅内积气）、左锁骨骨折、颈椎骨折（寰椎、枢椎左份及枢椎左侧横突骨折，颈5、6、7椎体左侧横突骨折）、顶部头皮撕脱伤、电解质紊乱，住院16天又转回师宗现代医院继续住院治疗21天后出院。

原告在师宗现代医院用去医疗费5941.45元，在昆明市延安医院共用去医疗费58493.47元（58388.47元+105元）；用去救护车费2146元、陪护费330元；用去残疾生活辅助器具（颈托）费2272.30元；在陆良戴家尧诊所用去医疗费1000元；在曲靖市第一人民医院师宗医院检查用去584.50元，合计70767.72元［其中原告支付5689.50元（5105元+584.50元），其余65078.22元陈彦良已支付］。

2017年1月4日，云南省鼎丰司法鉴定中心以云鼎［2016］鉴字第2099号《司法鉴定意见书》认定：原告的损伤为八级伤残、还需后期治疗费35000元，用去鉴定费1267元。

另查明：陈彦良已支付原告现金800元；原告到昆明市延安医院住院所用去的交通费、住院伙食费、残疾生活辅助器具（颈托）费280元，陈彦良已支付（没有单据，原告认可）；原告在昆明市延安医院住院期间，原告的亲属、陈彦良及其亲属均不同程度地参与护理。

【案件焦点】

1. 原告主张的误工费、护理费是否合理；2. 被告朱艳强、黄洪贵、陈彦良、邵富成是否应承担连带责任。

【法院裁判要旨】

云南省师宗县人民法院经审理认为：本案发包人朱艳强将自建房屋（三层）发包给被告黄洪贵，黄洪贵将其中的泥工部分转包给被告陈彦良，原告、被告邵富成到建房工地上提供劳务，陈彦良支付每人每日工资100元，提供劳务过程中，因邵富成操控的吊车突然失控坠落砸伤正在一楼作业的原告的头部。黄洪贵、陈彦良、邵富成、原告均没有相应建筑资质，对此朱艳强是知道或者应当知道的。原告、被告邵富成与被告陈彦良之间形成提供劳务者与接受劳务者之间的法律关系。被告陈彦良方答辩“事发当天陈彦良没有安排原告到一楼，一楼没有砖，只是告诉原告和另外一个女工收二楼的砖”，没有合法有效证据予以证明，且原告确系在劳动场所、劳动时间内为陈彦良提供劳务过程中受伤，被告陈彦良方的此答辩理由于法无据，不予支持。陈彦良作为接受劳务者，依法应当对本案承担80%的赔偿责任；邵富成作为劳务提供者、侵权责任人，因其疏忽大意或过于自信的过失导致本案的发生，依法应当与陈彦良对原告承担连带赔偿责任。被告黄洪贵作为承包人、分包人，依法应当与陈彦良、邵富成对原告承担连带赔偿责任；被告朱艳强作为房主、发包人，依法应当与陈彦良、邵富成、黄洪贵对原告承担连带赔偿责任（四被告在对原告承担连带赔偿责任后，内部之间，朱艳强不应当直接承担责任，黄洪贵应当承担30%的赔偿责任，陈彦良应当承担30%的赔偿责任，邵富成应当承担40%的赔偿责任）。同时，原告作为完全民事行为能力人、施工人员，未佩戴安全头盔即进入正在施工的建筑工地（存在明显的危险性），且对自身安全存在疏忽大意或过于自信的过失，导致本案的发生，依法应当自行承担20%的责任。

原告方主张的误工费、护理费过高，且所提供的证据材料不足以证明原告及护理人员有固定的经济收入，依法应当按照云南省2015年农、林、牧、渔业在岗职工平均工资34229元/年计算；交通费，因没有合法有效证据予以证明，只酌情认定为900元（其中到昆明市延安医院就医600元、师宗现代医院就医60元、进行司法鉴定240元）；营养费，因没有合法有效证据予以证明，不予支持；根据本案证据材料，足以认定原告属于进城务工人员，残疾赔偿金应当按照云南省2015年城镇居民家庭人均全年可支配收入26373元/年计算。原告因本案所造成的法定损失为：医疗费66019.42元（5941.45元+58493.47元+1000元+584.50元）、救护车费2146元、陪护费330元、残疾生活辅助器具（颈托）费2552.30元（2272.30元+280元）、误工费34229元/年÷365天/年×134天=12566元、护理费34229元/年÷365天/年×37天=3470元、住院伙食补助费100元/天×37天=3700元、残疾赔偿金26373元/年×20年×30%=158238元、后续治疗费35000元、鉴定费1267

元、交通费900元，合计286188.72元，其他损失于法无据，不予确认。

因陈彦良支付原告现金800元；原告到昆明市延安医院住院所用去的交通费、住院伙食费、残疾生活辅助器具（颈托）费280元，陈彦良已支付（没有单据，原告认可）；原告在昆明市延安医院住院期间，原告的丈夫、陈彦良及其妻子均不同程度地参与护理，故所支付的现金800元、交通费600元及住院伙食补助费1600元（100元/天×16天）、残疾生活辅助器具（颈托）费280元、护理费750元（34229元/年÷365天/年×16天÷2），合计4030元，应当认定为陈彦良已支付的费用，即被告陈彦良已支付的费用总共69108元（65078.22元+4030元）。

云南省师宗县人民法院依照《中华人民共和国侵权责任法》第十五条、第十六条、第二十六条、第三十五条，《最高人民法院关于审理人身损害赔偿案件适用法律若干问题的解释》第九条、第十一条、第十七条第一、二款、第十九条、第二十条、第二十一条、第二十三条、第二十五条、第二十六条之规定，判决如下：

一、由被告朱艳强、黄洪贵、陈彦良、邵富成连带赔偿原告尚关秀损失228951元（286188.72元×80%）（四被告在对原告承担连带赔偿责任后，内部之间，黄洪贵支付68685元，陈彦良支付68685元，邵富成支付91581元），除已支付的69108元外，还应支付159843元，限本法律文书生效后二十日内一次性付清；

二、驳回原告尚关秀的其他诉讼请求。

原告不服，提起上诉。云南省曲靖市中级人民法院经审理认为，朱艳强将自建房屋（三层）发包给没有建筑资质的黄洪贵，黄洪贵将其中的泥工部分转包给没有相应资质的陈彦良的事实由朱艳强、黄洪贵、陈彦良在一审庭审中的陈述相互予以证实，故黄洪贵与陈彦良是分包关系。黄洪贵将其中的泥工部分转包给陈彦良后，陈彦良找邵富成、尚关秀为其提供劳务，尚关秀在提供劳务过程中，邵富成操控的吊车突然失控坠落砸伤尚关秀，因邵富成的疏忽大意导致尚关秀受伤，其有重大过失。根据《最高人民法院关于审理人身损害赔偿案件适用法律若干问题的解释》第九条“雇员在从事雇佣活动中致人损害的，雇主应当承担赔偿责任；雇员因故意或者重大过失致人损害的，应当与雇主承担连带赔偿责任。雇主承担连带赔偿责任的，可以向雇员追偿”和第十一条“雇员在从事雇佣活动中遭受人身损害，雇主应当承担赔偿责任……雇员在从事雇佣活动中因安全生产事故遭受人身损害，发包人、分包人知道或者应当知道接受发包或者分包业务的雇主没有相应资质或者安全生产条件的，应当与雇主承担连带赔偿责任”之规定，作为发包人的黄洪贵与雇主陈彦良、雇员邵富成应当对尚关秀遭受人身损害承担连带赔偿责任。尚关秀进入施工工地未戴安全帽，未尽到安全注意义务，其也有过错。根据《中华人民共和国侵权责任法》第三十五条“个人之间形成劳务关系，提供劳务一方因劳务造成他人损害的，由接受劳务一方承担侵权责任。提供劳务一方因劳务自己受到损害的，根据双方各自的过错承担相应责任”之规定，应减轻赔偿义务人的赔偿责任。综合全案，赔偿义务人及受害人的责任划分并无不当。

综上所述，尚关秀的上诉请求不能成立，应予驳回；一审认定事实清楚，适用法律正确，应予维持。依照《中华人民共和国民事诉讼法》第一百七十条第一款第（一）项之规定，判决如下：

驳回上诉，维持原判。

【法官后语】

随着社会经济的发展，人民生活水平的提高，在农村私自建房的人越来越多，靠给人建盖房屋的工匠和个体建筑老板也有了商机，他们大多没有相应建筑资质，在建盖房屋过程中，每年都会产生一定数量的人身伤亡事故。

《最高人民法院关于审理人身损害赔偿案件适用法律若干问题的解释》第九条规定：“雇员在从事雇佣活动中致人损害的，雇主应当承担赔偿责任；雇员因故意或者重大过失致人损害的，应当与雇主承担连带赔偿责任。雇主承担连带赔偿责任的，可以向雇员追偿。前款所称‘从事雇佣活动’，是指从事雇主授权或者指示范围内的生产经营活动或者其他劳务活动。雇员的行为超出授权范围，但其表现形式是履行职务或者与履行职务有内在联系的，应当认定为‘从事雇佣活动’”，第十一条规定，雇员在从事雇佣活动中遭受人身损害，雇主应当承担赔偿责任。雇员在从事雇佣活动中因安全生产事故遭受人身损害，发包人、分包人知道或者应当知道接受发包或者分包业务的雇主没有相应资质或者安全生产条件的，应当与雇主承担连带赔偿责任。《中华人民共和国侵权责任法》第二十六条规定：“被侵权人对损害的发生也有过错的，可以减轻侵权人的责任。”第三十五条规定：“个人之间形成劳务关系，提供劳务一方因劳务造成他人损害的，由接受劳务一方承担侵权责任。提供劳务一方因劳务自己受到损害的，根据双方各自的过错承担相应的责任。”

通过本案的审理起到了一定的告诫作用，自建房超过三层（含三层）受建筑法的调整，一定要找有相应资质的人员来承包建盖，否则发生伤亡事故房主也难逃责任；国家法律是规定根据双方各自的过错承担相应的责任，建筑包工头和广大农村工匠一定要明白安全第一的重要意义。愿本案件对加强安全管理，避免安全事故发生能起到一定的作用，对同类案件具有一定的借鉴意义。

编写人：云南省曲靖市师宗县人民法院　钱世平

38

跌落电梯受损，发包方和承包方是否承担责任

——周仕雄诉阿克苏三泰房地产开发有限公司、新疆生产建设兵团建设工程（集团）有限责任公司地下设施损害责任案

【案件基本信息】

1. 裁判书字号

新疆维吾尔自治区阿克苏市人民法院（2018）新2901民初2586号民事判决书

2. 案由：地下设施损害责任纠纷

3. 当事人：

原告：周仕雄

被告：阿克苏三泰房地产开发有限公司、新疆生产建设兵团建设工程（集团）有限责任公司

【基本案情】

2015年6月29日，原告经工友王祖涛介绍到阿克苏三泰房地产开发有限公司左岸明珠8号楼地下室负一层工地做装修土建活，2015年7月3日下午5点左右，搅拌机水龙头和水管脱落停水，原告找捆绑的铁丝时从被告地下室负一层的电梯井坠入负三楼（被告负一层地下室无照明、电梯井无护栏无警示标志），经众工友救助至阿克苏地区第二人民医院住院治疗。后经新疆鑫源司法鉴定所作出新鑫源临鉴

(2015) 第0494号意见书，鉴定为7级伤残。原告认为，被告阿克苏三泰房地产开发有限公司（发包方）将未竣工验收的8号楼地下室工程项目违法出租，且在未获得住建局施工许可证时就违法擅自开工装修；新疆生产建设兵团建设工程（集团）有限责任公司（承包方）对未安装电梯的8号楼地下室工程项目未封堵、未安装照明设施、未加设护栏及警示标志，两被告之过错造成原告人身损害，为维护原告合法利益，诉之法院，请求依法支持原告的诉讼请求。

【案件焦点】

原告赔偿主体及赔偿份额。

【法院裁判要旨】

新疆维吾尔自治区阿克苏市人民法院经审理认为：提供劳务者受害责任是指在个人之间存在劳务关系的前提下，提供劳务的一方因劳务活动自身受到伤害的，在提供劳务一方向接受劳务一方主张损害赔偿时，由双方根据各自的过错程度承担相应的民事责任。经庭审查明，本案原告周仕雄受伤地点是在被告阿克苏三泰房地产开发有限公司发包，被告新疆生产建设兵团建设工程（集团）有限责任公司承建的左岸明珠8号楼地下室。《中华人民共和国侵权责任法》第九十一条规定：在公共场所或者道路上挖坑、修缮安装地下设施等，没有设置明显标志和采取安全措施造成他人损害的，施工人应当承担侵权责任。窨井等地下设施造成他人损害，管理人不能证明尽到管理职责的，应当承担侵权责任。被告阿克苏三泰房地产开发有限公司、新疆生产建设兵团建设工程（集团）有限责任公司未雇佣原告为其提供劳务，所以本院根据原告的诉讼请求及所诉被告主体，确定本案案由为地下设施损害责任纠纷。地下设施损害责任纠纷是指在公共场所，或者道路上施工、安装地下设施等未设置明显标志和采取安全措施造成他人损害的，或者窨井等地下设施造成他人损害的，施工人和管理人所应承担的侵权责任。本案的争议焦点为原告周仕雄在干活过程中跌落电梯井受重伤，赔偿主体及赔偿份额的确定。本院认为，阿克苏三泰房地产开发有限公司作为涉事商品房的开发商，被告新疆生产建设兵团建设工程（集团）有限责任公司作为左岸明珠小区四期5号楼至8号楼及地下室建设项目的承建方，在电梯安装施工过程中，未采取必要的安全防范措施，安装好防护栏、张贴警示标记，以明示他人，导致原告周仕雄跌落电梯井受伤。两被告的过错与涉案事故的发生有直接因果关系，理应承担赔偿责任。从保护受害人、平衡各方利益的角度考量，本院认定两被告承担主要责任即70%的责任，原告周仕雄作为一名成年人，系完全民事行为能力人，本身负有辨别危险、自我保护的注意义务，由于其本人疏忽大意，对事故的发生也存在一定过错，应当承担相应责任，故本院确定原告承担次要责任即30%的责任。故原告现要求两被告阿克苏三泰房地产开发有限公司与新疆生产建设兵团建设工程（集团）有限责任公司承担赔偿责任，赔偿其医疗费、住院伙食补助费、误工费、护理费、营养费、残疾赔偿金及精神损失费的主张，本院应按法律规定核算后予以支持。原告要求被告赔偿交通费和轮椅费，但未提交相关证据予以证实，故本院不予支持。

新疆阿克苏市人民法院审理后判决：

一、被告阿克苏三泰房地产开发有限公司、新疆生产建设兵团建设工程（集团）有限责任公司向原告周仕雄赔偿医疗费、住院伙食补助费、误工费、护理费、营养费、残疾赔偿金及精神损失费等各项损失共计200304.82元（286149.74×70%），该款于本判决生效后十日内给付；

二、驳回原告周仕雄的其他诉讼请求。

被告阿克苏三泰房地产开发有限公司、新疆生产建设兵团建设工程（集团）有限责任公司均不服该判决，上诉至阿克苏地区中级人民法院，阿克苏地区中级人民法院于2017年10月29日作出（2017）新29民终1097号民事判决书，判决：

驳回上诉，维持原判。

【法官后语】

地面施工、地下设施损害责任，是指在公共场所或者道路等地表以下挖坑、修缮、安装地下设施等形成的地下工作物，以及窨井等地下工作物，由于其施工人或者管理人没有设置明显标志和安全措施或者没有尽到管理职责，造成他人人身或者财产损害，施工人或者管理人是否承担赔偿损失责任的物件损害责任。所谓物件损害责任，是指为自己管领下的物件造成他人损害，应当由物件的所有人或者管理人承担侵权责任的特殊侵权责任。这种为自己管领下的物件损害承担的侵权责任，也称为对物的替代责任。物件造成他人损害，不是指责任人使用物件或者以自己的意志支配物件致害他人，而是物件本身对受害人的权利的侵害，责任人只是对物件的管理、管束等具有过失，因此才承担赔偿责任。例如，阳台上花盆坠落伤害他人，如果是因为花盆的所有人或者占有人管理不善所致，是物件损害责任。如果是所有人或占有人故意从阳台上扔花盆造成他人损害，那就不是物件造成他人损害，而是“人伤人”，是一般侵权行为。其中判断的标准，就是物件致害时，是否有人的意志支配。

本案争议的焦点为被告是否承担赔偿责任，该案中原告跌落电梯井的原因，应为设置缺陷或者管理缺陷。缺陷，通常是指一种不完全、不完备的状态。设置和管理的缺陷，是指建筑物、构筑物或者其他设施缺少通常应具备的安全性。设置缺陷，是指建筑物、构筑物或者其他设施在设置时，即已存在设计不良、位置不当、基础不牢、施工质量低劣等不完备的问题，致使建筑物、构筑物或者其他设施的设置存在缺陷。管理缺陷，是指建筑物、构筑物或者其他设施在设置后，存在维护不周、保护不当、疏于修缮检修等不完善的问题，使建筑物、构筑物或者其他设施不具备通常应当具备的安全性。确定设置和管理缺陷，通常采用客观标准。检验建筑物、构筑物或者其他设施是否具有缺陷，强调其是否具备通常应有的安全性，凡不具备通常应有的安全性，即可认定存在设置和管理的缺陷。至于这种缺陷产生的原因则在所不问。故本院认定原告周仕雄跌落电梯井受伤，两被告的过错与涉案事故的发生有直接因果关系，理应承担赔偿责任。

编写人：新疆维吾尔自治区阿克苏市人民法院　李猛

五、赔偿协议与标准

39

雇佣双方达成的赔偿协议应符合公平原则

——栾永合诉承德兴泰劳务有限公司提供劳务者受害责任案

【案件基本信息】

1. 裁判书字号

北京市第三中级人民法院（2017）京03民终8329号民事判决书

2. 案由：提供劳务者受害责任纠纷

3. 当事人

原告（被上诉人）：栾永合

被告（上诉人）：承德兴泰劳务有限公司（以下简称承德兴泰公司）

【基本案情】

栾永合受承德兴泰公司雇佣在其承包的欣港城创意科技中心工地担任杂工。2016年2月28日，栾永合在驾驶三轮车运送东西的过程中摔倒受伤，被送至北京市顺义区空港医院住院治疗，于2016年4月17日出院，实际住院49天。栾永合出院诊断载明左侧胫骨近端粉碎性骨折、左膝关节软组织损伤、左侧桡骨远端骨折。经北京华夏物证鉴定中心针对栾永合伤残等级、误工期、护理期、营养期进行鉴定，鉴定意见为：被鉴定人栾永合左膝关节损伤构成九级伤残，误工期为150日、护理期为90日、营养期为60日。栾永合主张因其与承德兴泰公司存在劳务关系，其在提供劳务活动过程中受伤，承德兴泰公司应赔偿其医疗费、住院伙食补助费、营养费、护理费、误工费、残疾赔偿金，被扶养人生活费、精神损害抚慰金、鉴定费。承德兴泰公司辩称双方于2016年4月25日达成了赔偿协议，由承德兴泰公司一次性赔偿栾永合包括护理费、营养费、伙食补助费、伤残赔偿金、精神抚慰金在内的各项损失共计30000元，且栾永合于2016年4月26日收取了全部赔偿款30000元。承德兴泰公司主张双方签订的赔偿协议是双方真实意思表示，且已经履行完毕，应属合法有效，应对双方产生法律约束力，因此栾永合已经获得赔偿后就相同受伤事实再次提起民事诉讼违反了"一事不再理"的民法原则，违反了双方已经达成的赔偿协议约定，也违背了诚信原则。

【案件焦点】

栾永合与承德兴泰公司就栾永合受伤一事签订的《赔偿协议》是否合法有效。

【法院裁判要旨】

北京市顺义区人民法院经审理认为：对于因工作原因导致的受伤，雇主与雇员在平等协商且实体上不失正当的基础上达成的赔偿协议，法院在审理过程中通常应尊重当事人的意思自治，确认其效力。但本案并非上述情形，双方签订的赔偿协议书不宜认定为合法有效，理由如下：一、《赔偿协议》缔约双方的缔约能力并不对等。一方为专业从事劳务分包的大型企业，另一方为外省来京务工人员。二、《赔偿协议》具有格式条款的性质且减轻自身责任、限制他方权利。承德兴泰公司签署《赔偿协议》的目的在于以很低的代价来换取其重大责任的免除。三、《赔偿协议》违背社会主义基本道德规范及社会公序良俗。承德兴泰公司仅以三万元包含全部赔偿数额的做法是置雇员合法权益于不顾，显属违背社会主义基本道德规范及社会公序良俗。基于上述三点理由，双方签订的《赔偿协议》应属无效。

北京市顺义区人民法院依照《最高人民法院关于审理人身损害赔偿案件适用法律若干问题的解释》第十一条第一款、第十七条第一款、第十七条第二款、第十八条、第十九条、第二十条、第二十一条、第二十三条、第二十四条、第二十五条、第二十八条、第三十五条之规定，作出如下判决：

一、被告承德兴泰劳务有限责任公司于本判决生效之日起七日内赔偿原告栾永合鉴定检查费、残疾赔偿金、营养费、误工费、鉴定费、被扶养人生活费、护理费、住院伙食补助费、精神损害抚慰金共计十一万三千九百六十九元四角；

二、驳回原告栾永合的其他诉讼请求。

承德兴泰公司不服原审判决，提起上诉。北京市第三中级人民法院经审理认为：公民的健康权受法律保护。雇员在从事雇佣活动中遭受人身损害，雇主应当承担赔偿责任。栾永合受承德兴泰公司雇佣担任杂工，栾永合在工地驾驶三轮车运送东西的过程中摔倒受伤，系从事雇佣活动过程中受伤，故承德兴泰公司作为雇主应当对栾永合主张的合理损失承担赔偿责任。

承德兴泰公司主张双方签订的《赔偿协议》合法有效，应依据《赔偿协议》确定承德兴泰公司的赔偿责任。关于《赔偿协议》是否合法有效，本院认为，《赔偿协议》缔约双方的缔约能力并不对等。承德兴泰公司作为专业从事劳务分包的大型企业，具备充足的处理雇员受伤事宜的专业经验，而栾永合为外省来京务工人员，文化水平相对较低，明显缺乏处理受伤后的法律知识。《赔偿协议》具有格式条款的性质且承德兴泰公司在明知其依照法律规定可能赔偿栾永合后续治疗费、伤残赔偿金的情况下，由承德兴泰公司拟定的《赔偿协议》条款明显减轻了自身责任，其签署《赔偿协议》的目的在于阻断栾永合向其继续主张权利的渠道，限制了栾永合的合法权利。《赔偿协议》违背社会主义基本道德规范及社会公序良俗。根据本案的审理情况，栾永合伤残等级为九级，其应当得到的实际赔偿数额远大于《赔偿协议》约定的三万元。承德兴泰公司仅以三万元包含全部赔偿数额的做法是置雇员合法权益于不顾，显属违背社会主义基本道德规范及社会公序良俗，应归于无效。

综合考虑双方缔约能力、承德兴泰公司责任承担的合理性及社会公序良俗等因素，一审法院认定双方签订的《赔偿协议》无效，并无不当。一审法院经审核确认的鉴定检查费、残疾赔偿金、鉴定费、营养费、误工费、被扶养人生活费、护理费、住院伙食补助费、精神损害抚慰金具体数额，在扣除承德兴泰公司已经支付栾永合的三万元后，于法有据，本院予以确认。

综上所述，承德兴泰公司的上诉请求不能成立，应予驳回；一审判决认定事实清楚，适用法律正确，应予维持。依照《中华人民共和国民事诉讼法》第一百七十条第一款第一项之规定，判决如下：

驳回上诉，维持原判。

【法官后语】

随着我国城镇化进程的不断推进，出现了大量农村剩余劳动力向非农产业和城镇转移，进而产生了农民工这一社会团体。农民工一般文化程度低，从事的工作往往具有劳动强度大、工作环境差、生活条件差、社会保障低等特征，是典型的弱势群体。农民的身份阻碍着他们真正融入城镇社会和工业劳动者群体，并被面向城镇居民的相关制度所排斥，同时，弱势性的社会地位使他们的各项权益常常受到侵犯或者得不到有效保护。农民工的劳动权益保障问题正在成为一个社会热点问题，除了农民工的劳务报酬问题之外，农民工在提供劳务过程中受伤后的救济问题也日益凸显。具体实践中，在农民工受伤后，雇主为减轻自身责任及阻断农民工继续主张权利渠道而签订赔偿协议普遍存在，本案则针对这种情况提供了一个重要的分析样本。

《最高人民法院公报》刊载的张连起、张国莉诉张学珍损害赔偿纠纷案将雇主对雇员的"工伤概不负责"的合同免责条款认定为既违法又严重违反社会主义公德的无效条款。该案例开创了雇主对雇员的工伤必须承担赔偿责任的先河，同时亦确定了雇主与雇员约定"工伤概不负责"的合同免责条款无效的司法原则。具体到本案情况，本案并非是"工伤概不负责"免责条款的简单重复，而是"工伤概不负责"免责条款的进一步演化，貌似一次性解决纠纷的《赔偿协议》，经过本案审理栾永合与承德兴泰公司达成的《赔偿协议》的内容应界定为显失公平。首先，栾永合作为外省进京务工人员与承德兴泰公司相比在经济地位、谈判能力、法律素养等方面实质力量不对等，存在民事诉讼法"武器严重不对等"的情形。其次，栾永合与承德兴泰公司签订的《赔偿协议》的内容并非是双方协商一致的结果。整个协议内容是由承德兴泰公司拟定并打印后栾永合签字，从协议的内容可以看出对栾永合主张权利的严重限制，但这些限制及风险并没有证据证明承德兴泰公司对于栾永合有过特别提示，如果栾永合完全知晓协议内容的全部含义，栾永合是否会签字还未可知。最后，栾永合与承德兴泰公司签订的《赔偿协议》的内容显失公平。栾永合的伤情为左侧胫骨近端粉碎性骨折、左膝关节软组织损伤、左侧桡骨远端骨折，经鉴定机关鉴定其伤残等级为九级，这就意味着仅伤残赔偿金一项已经远超三万元，而双方签订的《赔偿协议书》仅以三万元了结。从法律层面上讲可以说是显失公平。更进一步讲，承德兴泰公司此种做法类似于"工伤概不负责"免责条款，均是置工人生命安全于不顾，显系违背社会主义基本道德规范和社会公序良俗。

编写人：北京市顺义区人民法院　幸江

40

特种机动车辆在施工作业期间所发生的事故是否属于机动车交通事故责任强制保险的赔付范围

——彭军生诉中国人民财产保险股份有限公司茂名市分公司等提供劳务者致害责任案

【案件基本信息】

1. 裁判书字号

广东省茂名市中级人民法院（2017）粤09民终773号民事判决书

2. 案由：提供劳务者致害责任纠纷

3. 当事人

原告（被上诉人）：彭军生

被告人（上诉人）：中国人民财产保险股份有限公司茂名市分公司（以下简称茂名分公司）

被告（被上诉人）：吴观富、李伟杰、中国人民财产保险股份有限公司长沙市分公司（以下简称长沙分公司）

【基本案情】

2015年11月22日18时，吴观富操作车牌号为粤BY08××的混凝土泵车，在化州市笪桥镇仓背村委会深冲村施工作业，由于吴观富操作失误，管道碰撞发生意外，致现场施工人员彭军生左腿部骨折，于当日送往化州市中医院住院治疗1天，于第二天转院到广西玉林市中西医结合骨科医院住院治疗87天，经确诊：彭军生左胫腓骨多段骨折。彭军生伤后入院经系统治疗，现已出院，但仍遗留有左胫、腓骨粉碎性骨折，并行钢板内固定术，仍须进行后续治疗。于2016年4月26日，经广东国泰法医临床司法鉴定所鉴定：彭军生之伤系因车祸所致，构成“国标”IX

（九）级伤残。

李伟杰系肇事车辆粤 BY08 × ×的车主，并在茂名分公司购买了机动车交通责任强制保险，保险期间自 2015 年 11 月 16 日 0 时起至 2016 年 11 月 15 日 24 时止。在长沙分公司购买了 100 万元机动车第三者责任险，保险期间自 2015 年 5 月 12 日 0 时起至 2016 年 5 月 11 日 24 时止。根据有关法律规定和《广东省 2016 年度人身损害赔偿计算标准》计算，彭军生因伤造成经济损失数额为：医疗费：2111.50 元；鉴定费：1900 元；误工费：8130.82 元（78.94 元/天 ×103 天）；护理费：10560 元（120 元/天 ×88 天）；交通费：82 元；营养费：2640 元（30 元/天 ×88 天）；住院伙食补助费：8800 元（100 元/天 ×88 日）；残疾赔偿金：53441.6 元（13360.4 元 ×20 年 ×20%）；精神抚慰金：6000 元。以上损失合计 93665.92 元。彭军生现经多次追讨被告赔偿经济损失，被告拒绝赔偿，因此引起纠纷。

【案件焦点】

特种机动车辆在施工作业期间所发生的事故是否属于机动车交通事故责任强制保险的赔付范围。

【法院裁判要旨】

广东省化州市人民法院经审理认为：李伟杰所有的粤 BY08 × ×号混凝土泵车，该车属特种车辆，李伟杰为该车购买了交通强制险及第三者责任险，该车在施工时造成原告彭军生人身伤害所造成的经济损失，理应先由保险公司在保险限额进行理赔，理赔不足部分再由其他责任人按责任承担。彭军生起诉请求赔偿医疗费 2111.5 元、住院伙食费补助 8500 元、营养费 1800 元，合计 12411.5 元，符合有关法律，予以支持，该损失应由茂名分公司在医疗费用限额内负责赔偿 10000 元，余下的 2411.5 元由长沙分公司在第三者责任险范围内赔偿。彭军生起诉请求赔偿护理费 8500 元，残疾赔偿金 53440 元，伤残鉴定费 1900 元，交通费 82 元，符合有关法律，予以支持；彭军生起诉请求赔偿误工费 20140 元，不符合有关法律规定，误工费应按 8130.82 元计算为妥；彭军生起诉请求赔偿精神损害抚慰金 8000 元过高，应按 6000 元计算为宜。上述各项合计为 78052.82 元，依法应由茂名分公司在死亡伤残限额内负责赔偿给彭军生。

广东省化州市人民法院依照《中华人民共和国侵权责任法》第十六条、第二十六条、第四十八条，《中华人民共和国道路交通安全法》第七十六条，《最高人民法院关于审理人身损害赔偿案件适用法律若干问题的解释》第十七条、第十九条、第二十条、第二十一条、第二十二条、第二十三条、第二十四条、第二十五条，《中华人民共和国民事诉讼法》第一百四十四条之规定，作出如下判决：

一、中国人民财产保险股份有限公司茂名市分公司在本判决发生法律效力之日起十日内在交强险责任赔偿限额范围内赔偿88052.82元给彭军生。

二、中国人民财产保险股份有限公司长沙市分公司在本判决发生法律效力之日起十日内在商业第三者责任险的赔偿限额范围内赔偿2411.5元给彭军生。

三、驳回彭军生的其他诉讼请求。

茂名分公司不服一审判决，提起上诉。广东省茂名市中级人民法院经审理认为：根据二审各方当事人的诉辩意见，本案主要争议有以下两个问题：1. 一审法院将本案案由定性为提供劳务者致害责任纠纷是否准确。与该案由相应对的法律条文是《中华人民共和国侵权责任法》第三十五条“个人之间形成劳务关系，提供劳务一方因劳务造成他人损害的，由接受劳务一方承担侵权责任。提供劳务一方因劳务自己受到损害的，根据双方各自的过错承担相应的责任”的规定。在本案中，吴观富为李伟杰提供劳务，在操作粤BY08××号混凝土泵车过程中造成彭军生左腿部骨折，依法应由李伟杰对彭军生的损伤承担侵权责任。因此，一审法院确定的案由是正确的，但一审判决没有引用该法律条文，遗漏了法律依据。2. 彭军生因本案事故造成的损失应否在李伟杰为涉案粤BY08××号混凝土泵车投保的交强险赔偿限额范围内由茂名分公司予以赔偿。根据《中华人民共和国道路交通安全法》第一百一十九条第（三）项规定，机动车定义为“以动力装置驱动或者牵引，上道路行驶的供人员乘用或者用于运送物品以及进行工程专项作业的轮式车辆”，因此，吊车、混凝土泵车、压路车、渣土车等作业车辆虽具有特种车辆的性质，但仍属于机动车，必须投保交强险。从机动车交通事故强制责任险的立法本意来说，交强险通过法律规定强制机动车的所有人或管理人依法投保，让保险人来承担、分摊社会风险，并以该强制性的责任保险保障机动车肇事责任事故的受害人能够及时从保险公司得到经济赔偿，以分散投保人承担责任的风险。而包括混凝土泵车在内的特种车辆，其在道路上的行驶时间显然少于作业时间，若将该特种车辆在作业时造成的人身伤亡或财产损失排除在交强险的赔偿范围之外，则该特种车辆受害人获得交强险救济的概率将大大降低，投保人投保交强险的目的也难以实现，该结果显然不符合交强险的立法目的。况且，中国保险监督管理委员会于2008年12月5日对江苏省徐州市九里区人民法院《关于交强险条例适用问题的复函》（保监厅函［2008］345号）中明确回复："根据《机动车交通事故责任强制保险条例》第四十三条的立法精神，用于起重的特种机动车辆在进行作业时发生的责任事故，可以比照适用该条例。"该条例第四十四条规定："机动车在道路以外的地方通行时发生事故，造成人身伤亡、财产损失的赔偿，比照适用本条例。"（国务院于2012年两次对《机动车交通事故责任强制保险条例》进行修改，保监会上述复函所称的第四十三条现已修改为第四十四条）据此，涉案粤BY08××号混凝土泵车与上述复函中用于起重的特种机动车属于同一性质的车辆，亦可以比照适用《机动车交通事故责任强制保险条例》。涉案车辆投保人李伟杰应对受害人彭军生承担的赔偿责任，由承保涉案车辆的茂名分公司在交强险赔偿限额范围予以赔偿，符合交强险的立法目的和上述复函精神。

广东省茂名市中级人民法院依照《中华人民共和国民事诉讼法》第一百七十条第一款第（一）项之规定，作出如下判决：

驳回上诉，维持原判。

【法官后语】

对于特种车辆在施工作业期间所发生的事故，保险公司应按照交强险进行理赔，理由是：

第一，特种车辆的特殊性。特种车辆与普通车辆的最大区别，就是特种车辆的作业状态为其常态，而行驶状态为其非常态，更多的事故往往发生在施工作业过程中。特种车辆在道路上行驶的时间短、速度慢，发生交通事故的概率较普通车辆低。而特种车辆投保交强险的目的，是驾驶特种车辆在往返作业地点的途中所发生的道路交通事故及从事施工作业过程中发生的事故，对不特定第三者造成人身伤亡或财产损失时分散风险。

第二，交强险的立法目的。交强险作为一种强制性保险，其目的是保障受害人能及时从保险公司得到经济赔偿。既然特种车辆也必须购买交强险，鉴于特种车辆的特殊性，将特种车辆的被保险范围限定在公共道路上行驶，既不利于保护受害人的合法权益，也违背了交强险的设立宗旨。

第三，《机动车交通事故责任强制保险条例》并未排除特种车辆施工作业期间所发生的事故情形，交强险条款及保险合同均没有将特种车辆施工作业期间所发生的事故列为责任免除。而且，中国保险监督管理委员会于2008年12月5日对江苏省徐州市九里区人民法院《关于交强险条例适用问题的复函》（保监厅函［2008］345号）中也明确回复："根据《机动车交通事故责任强制保险条例》第四十三条的立法精神，用于起重的特种机动车辆在进行作业时发生的责任事故，可以比照适用该条例。"

综上，保险公司应对特种车辆在施工作业期间所发生的事故在机动车交通事故责任强制保险的赔付范围内予以赔偿。

编写人：广东省茂名市中级人民法院　陈海清

41

适用过失相抵原则确定特殊侵权责任领域雇主的赔偿责任

——孟金配诉昆明益邦投资有限公司提供劳务者受害责任案

【案件基本信息】

1. 裁判书字号

云南省昆明市五华区人民法院（2017）云0102民初4588号民事判决书

2. 案由：提供劳务者受害责任纠纷

3. 当事人

原告：孟金配

被告：昆明益邦投资有限公司

【基本案情】

沃尔特商业城物业管理处系被告昆明益邦投资有限公司的下属单位。2014年12月29日凌晨，原告孟金配在上班时被发现呼之不应、流涎、不能言语，后被送往昆明市第一人民医院救治，经医院初步诊断，原告颅部左侧基底节、颞、顶叶脑出血，出血后破入脑室及蛛网膜下腔，形成脑疝部感染，住院 15 天后于 2015 年 1 月 13 日出院，原告为此支付医疗费 38562.39 元。2015 年 1 月 21 日至同年 2 月 2 日，原告在昆明医科大学第二附属医院住院治疗，住院 12 天后出院。2016 年 12 月 6 日，原告在昆明市第一人民医院住院治疗 6 天后出院，原告为此支付医疗费 4953.39 元。2015 年 12 月 29 日，原告向昆明市人力资源和社会保障局提出工伤认定申请，2016 年 5 月 11 日，昆明市人力资源和社会保障局作出工伤认定中止通知书。原告向五华区劳动人事争议仲裁院请求确认原告与被告之间存在事实劳动关系的认定，2017 年 1 月 16 日，五华区劳动人事争议仲裁院作出不予受理案件通知书。2017 年 3 月 10 日，原告女儿委托昆明法医院司法鉴定中心对原告的伤残等级及护理依赖程度、营养期、后期治疗费进行司法鉴定，经鉴定，原告需完全护理依赖，营养期为 730 日，伤残等级为二级，后期治疗费每月为 800 元。

【案件焦点】

被告昆明益邦投资有限公司应否为其雇员（原告孟金配）在从事雇佣活动中遭受的人身损害承担赔偿责任。

【法院裁判要旨】

云南省昆明市五华区人民法院经审理认为：年满六十周岁的雇员与雇主之间不构成《中华人民共和国劳动法》中所规定的劳动关系，当事人之间形成劳务关系（即劳动关系之外的雇佣关系）。雇员在从事雇佣活动中遭受人身损害，雇主应当承担赔偿责任。在以无过错责任为归责原则的特殊侵权行为领域，认定损害赔偿责任时同样可以适用过失相抵原则，结合被侵权人的过错程度，相应地减轻侵权人的责任。

云南省昆明市五华区人民法院依照《中华人民共和国劳动法》第十八条第一款，《中华人民共和国侵权责任法》第六条第一款、第十六条、第二十五条、第二十六条、第三十五条，《最高人民法院关于审理人身损害赔偿案件适用法律若干问题的解释》第十七条、第十九条、第二十条、第二十一条、第二十三条、第二十四条、第二十五条和《中华人民共和国民事诉讼法》第六十四条第一款、第一百一十八条之规定，判决如下：

一、由被告昆明益邦投资有限公司于本判决生效之日起三日内赔偿原告孟金配因伤产生的经济损失共计 296284.22 元；

二、驳回原告孟金配的其他诉讼请求。

【法官后语】

本案案由为提供劳务者受害责任纠纷。因原告在被告处工作时已年满六十周岁，原、被告之间形成劳务关系（即劳动关系之外的雇佣关系），不属于《工伤保险条例》的调整范围，应在侵权法律关系项下确定当事人的侵权责任。根据《最高人民法院关于审理人身损害赔偿案件适用法律若干问题的解释》第十一条第一款“雇员在从事雇佣活动中遭受人身损害，雇主应当承担赔偿责任”的规定，认定雇员受害案件中雇主的责任时应当适用无过错责任原则。在以无过错责任为归责原则的特殊侵权行为领域，认定损害赔偿责任时同样可以适用过失相抵原则，结合被侵权人的过错程度，相应地减轻侵权人的责任。

结合本案而言，被告下属单位在雇佣原告时未履行相关劳动法律规定的用人单位义务，未能认真、主动、仔细地审查劳动者的身份、身体健康状况等，亦未对劳动者能否提供用人单位需要的劳务内容作出合理判断，从而导致原告在从事雇佣活动过程中发生损害事实，故被告的以上行为属于法律规定的过失；原告作为完全民事行为能力人，其在明知自己的身体状况不能胜任高强度（持续工作时间超过 8 小时，并经常值夜班）安保工作的情况下，仍然坚持提供劳务，从而引发损害，属于法律规定的过错。综上理由，本案损害事实的发生系原告与沃尔特商业城物业管理处的过错结合所致，故应按照《中华人民共和国侵权责任法》第二十六条“被侵权人对损害的发生也有过错的，可以减轻侵权人的责任”对过失相抵原则的规定确定当事人的侵权责任。综合考量致损原因力、损害后果、致损原因力与损害后果之间的因果关系等因素后，确定由沃尔特商业城物业管理处对原告的损害后果承担 30% 的赔偿责任。

本案的意义在于，在认定雇员受害案件中雇主的责任时应当适用无过错责任原则，在确定雇主应当承担责任后，同样可以适用过失相抵原则，结合被侵权人的过错程度，相应地减轻侵权人的责任。过失相抵原则不仅适用于一般侵权责任领域，在特殊侵权责任领域，如本案中适用无过错归责原则的雇员受害责任领域，合理适用也可以起到良好的法律效果。本案在当事人均存在过错的情况下，通过综合考虑双方当事人负担的注意义务、过错程度等因素，对在特殊侵权责任中如何正确适用过失相抵原则具有一定的指导意义。

编写人：云南省昆明市五华区人民法院　桂欣　侯渴

42

残疾赔偿金应根据受害人从事的工作及收入等因素综合确定适用标准

——潘革诉吴振辉提供劳务者受害责任案

【案件基本信息】

1. 裁判书字号

山东省淄博市中级人民法院（2017）鲁03民终1029号民事判决书

2. 案由：提供劳务者受害责任纠纷

3. 当事人

原告（被上诉人）：潘革

被告（上诉人）：吴振辉

【基本案情】

吴振辉对外承揽钢结构工程安装，并雇佣潘革作为带队管理人员带领其他雇佣工人具体从事钢结构工程安装工作。2015年12月2日，潘革在吴振辉承揽的位于济南市历城区祝舜路869号北临工业园东区厂房的钢结构工程安装厂房的雨棚施工过程中，在为雨棚打密封胶时不慎从施工高处坠落，造成身体多处受伤。当时潘革未系安全带、未戴安全帽。事发后，潘革于当日被送至山东大学第二医院接受治疗，住院19天；行开腹探查+肝部分切除术。2016年1月26日潘革又入住淄博市中心医院，住院10天，于2016年2月5日出院。潘革在山东大学第二医院所花医疗费73154.3元及在淄博市中心医院所花医疗费6585.03元共计79739.33元，由吴振辉支付。经法院委托，淄博周村区人民医院法医司法鉴定所于2016年8月25日出具淄周司鉴所［2016］临鉴字第224号司法鉴定意见书，鉴定意见为“被鉴定人潘革肝部分切除后，构成九级伤残”。潘革支付鉴定费1000元。另经法院委托，山东信源司法鉴定所淄川分所于2016年10月26日出具川司鉴所［2016］临鉴字第287号司法鉴定意见书，鉴定意见为“潘革视力及听力均未构成伤残等级。嗅觉障碍无法予以评定”。潘革为此支付鉴定费1000元及材料费、复印费110元，共计1110元。潘革起诉要求吴振辉赔偿各项损失共计210803.4元。关于残疾赔偿金，潘革主张按城镇标准计算，吴振辉则主张应按农村标准计算。

【案件焦点】

潘革主张的残疾赔偿金应按城镇标准计算还是应按农村标准计算。

【法院裁判要旨】

山东省淄博市周村区人民法院经审理认为：吴振辉雇佣潘革为其承包的钢结构工程施工安装工作，并给付劳动报酬，双方之间形成劳务法律关系。本案事故因吴振辉提供的劳动保护措施不足及疏于对潘革安全教育和监督管理所造成，是损害事实发生的主要原因，应承担事故的主要责任；潘革作为完全民事行为能力人，缺乏必要的安全防范意识，疏于自身安全注意义务，在空中作业时未佩戴安全防护用具，对损害事实的发生也存有一定的过错，应对其自身伤害承担次要的责任。结合本案案情及根据潘革与吴振辉在该事故中的过错程度，确定吴振辉对潘革的损失承担70%赔偿责任，剩余30%的损失由潘革自负。关于残疾赔偿金，潘革提交的章丘市普集镇大佛塔头村村民委员会的证明一份无单位负责人及制作证明材料的人员签名或者盖章、租赁合同一份无出租人的身份证明及租赁房屋的权属证明、电费收取短信亦无相关交费凭证予以佐证，其仅依以上证据不能证实潘革长期在淄博市周村区航东生活区居住的事实；但根据潘革、吴振辉当庭陈述及吴振辉申请的证人王小凯、李家良的当庭证言，潘革系在涉诉工地工作时受伤，事故发生前潘革受雇于吴振辉一年以上，并承担一定管理职责。故应按山东省2015年度城镇居民人均可支配收入31545元计算残疾赔偿金。潘革的各项损失经确认为：医疗费79739.33元（吴振辉垫付）、残疾赔偿金126180元、护理费7120元、住院伙食补助费870

元、误工费 39839. 24 元、被抚养人生活费 15260. 40 元、交通费 300 元、精神损害抚慰金 2000 元、鉴定费 1000 元，共计 272308. 97 元。上述损失由吴振辉赔偿潘革 190616. 28 元，剩余部分由潘革自负。吴振辉在事故发生后通过银行转账方式支付潘革的 6000 元，潘革称为吴振辉应发的工资，但未提交相关证据，不予采纳；上述 6000 元及垫付的医疗费 79739. 33 元从赔偿款中予以扣除后，吴振辉还应赔偿潘革 104876. 95 元。据此，一审判决：

一、吴振辉于本判决生效之日起十日内赔偿潘革残疾赔偿金、护理费、住院伙食补助费、误工费、被抚养人生活费、精神损害抚慰金、交通费、鉴定费共计 104876. 95 元；

二、驳回潘革的其他诉讼请求。

吴振辉持原审答辩意见提起上诉。山东省淄博市中级人民法院经审理认为：从《最高人民法院关于审理人身损害赔偿案件适用法律若干问题的解释》第二十五条规定所确定的残疾赔偿金的内涵和属性来看，其是对受害人因人身遭受损害致残而丧失全部或者部分劳动能力所导致的预期收入损失的财产性赔偿，亦即其在本质上属于预期收入损失。因此残疾赔偿金在计算标准上应根据受害人从事的工作及收入等因素综合确定适用城镇标准还是适用农村标准。本案中潘革在事故发生前已受雇于吴振辉从事钢结构工程安装工作一年以上，其日工资为 300 元/天，每月工作在 25 天左右，按此计算月收入为 7500 元左右；而即便是按 2015 年度山东省国有经济同行业建筑业年平均工资 55292 元（即日工资为 151. 48 元/日）计算，潘革的收入也远高于同期即 2015 年度山东省城镇居民人均可支配收入 31545 元。因此本案中根据潘革工作及收入情况，依照相关法律规定，受害人潘革的残疾赔偿金应按照 2015 年度山东省城镇居民人均可支配收入 31545 元计算。一审判决对此认定正确，依法应予维持。吴振辉提出的潘革的残疾赔偿金应按农村居民标准计算的上诉理由以及其他上诉理由均不成立，不予采信。据此，二审判决：

驳回上诉，维持原判。

【法官后语】

本案主要涉及侵权责任类具体个案中残疾赔偿金计算标准的综合确定问题。

关于残疾赔偿金的计算标准，其主要规定于《最高人民法院关于审理人身损害赔偿案件适用法律若干问题的解释》第二十五条。根据该条规定，残疾赔偿金根据受害人丧失劳动能力程度或者伤残等级，按照受诉法院所在地上一年度城镇居民人均可支配收入或者农村居民人均纯收入标准，自定残之日起按二十年计算。但六十周岁以上的，年龄每增加一岁减少一年；七十五周岁以上的，按五年计算。受害人因伤致残但实际收入没有减少，或者伤残等级较轻但造成职业妨害严重影响其劳动就业的，可以对残疾赔偿金作相应调整。因此在侵权责任类的具体个案中，法院对于残疾赔偿金认定的着力点主要就在于确定应适用城镇居民标准还是农村居民标准。当然这在一般情况下并不难作出正确的判断。不过本案中受害人本身虽是农村居民，但其由于从事某种行业的工作从而使得其日常收入远高于城镇居民人均可支配收入，因此在实践中便存在像本案这种情形下如何正确认定残疾赔偿金计算标准的问题。本案一、二审虽然均认定潘革的残疾赔偿金应按城镇标准计算，但二审在进一步确认潘革已连续务工满一年的基础上通过对残疾赔偿金的本质属性进行分析从而综合确定潘革的残疾赔偿金应按城镇标准计算，应当说更为符合残疾赔偿金的立法本意。这是因为，尽管《最高人民法院关于审理人身损害赔偿案件适用法律若干问题的解释》第二十五条确定了残疾赔偿金计算的基本原则，但从残疾赔偿金的内涵和属性来看，其是对受害人因侵权行为而导致的预期收入损失的财产性赔偿，亦即其在本质上属于预期收入损失。因此残疾赔偿金在计算标准上应根据受害人从事的工作及收入等因素综合确定适用城镇标准还是适用农村标准，而不能简单地按受害人是城镇居民还是农村居民而直接套用，否则会对受害人造成实质上的不公平。本案即是如此，潘革在事故发生前已受雇于吴振辉从事钢结构工程安装工作一年以上，其日工资为300元/天，月收入为7500元左右。所以说即便是按2015年度山东省国有经济同行业建筑业年平均工资55292元（即日工资为151.48元/日）计算，潘革的收入也远高于同期即2015年度山东省城镇居民人均可支配收入31545元。因此本案中潘革的残疾赔偿金应当按照城镇标准计算。

编写人：山东省淄博市中级人民法院　荣明潇　胡晓梅

六、义务帮工的认定与责任承担

43

帮助行为致人损害，帮助人因重大过失不免责

——刘玉香诉申永凤等提供劳务者受害责任案

【案件基本信息】

1. 裁判书字号

北京市第三中级人民法院（2017）第10948号民事判决书

2. 案由：提供劳务者受害责任纠纷

3. 当事人

原告：刘玉香、胡淑芝

被告：申永凤、王永林、郭英进

第三人：梁青富、李广清

【基本案情】

郭英进、王永林、申永凤三人常年合伙经营“放树”。2016年11月28日，在密云区不老屯镇转山子村，郭英进为让树往特定的方向倒下，找到宋振华上树拴绳子。因宋振华多次攀爬不上，施工现场的吊车司机梁青富在旁人的授意下将宋振华吊至树上，放第二棵树时宋振华摔落致死。梁青富系李广清雇佣的吊车司机。宋振华系刘玉香之子、胡淑芝之夫。刘玉香、胡淑芝诉至法院要求申永凤、王永林、郭英进三人对宋振华之死承担赔偿责任。申永凤、王永林、郭英进认为吊车司机梁青富将宋振华吊至树上致其摔死，故应当减轻或者免除自己的责任。梁青富、李广清

认为由于现场施工的需要，所以自己无偿帮助将宋振华吊至树上，未从中获益而且宋振华从树上摔落与自己无关，故不同意赔偿。

【案件焦点】

1. 梁青富驾驶吊车将宋振华吊至树上与宋振华摔落致死是否具有因果关系；2. 李广清、梁青富是否应当对宋振华之死承担侵权责任。

【法院裁判要旨】

北京市密云区人民法院经审理认为：提供劳务者一方因劳务自己受到损害的，根据双方各自的过错承担相应的责任。宋振华向郭英进、王永林、申永凤提供劳务以获取报酬，双方形成事实劳务合同关系。宋振华拴绳坠落的位置距地面约10米高，系高空作业。高空作业具有危险性，需要作业人员具备相应的身体素质、技术和经验，同时要求经营者提示作业者注意安全风险并为其提供安全保障。宋振华时年已62岁，且在第一次上树时多次攀爬不能，此时郭英进为宋振华绑好吊装带，应视为同意由吊车将宋振华吊至树上。同时，宋振华上树拴绳过程中未采取任何必要的（如系安全带）安全保障措施，致使危险发生时宋振华未能得到保护以妥当应对。显然，作为接受劳务一方的郭英进等三人合伙在作业者的选任以及安全保障方面存在过错，应当对宋振华的死亡承担主要赔偿责任。郭英进等三人合伙经营放树，应对合伙经营活动产生的债务承担连带责任。梁青富作为专业吊装司机，应当知道吊车吊人上树存在高度危险，应采取安保措施，而在未采取必要安保措施的情况下，置他人安全于不顾吊人上树，存在过错。需要说明的是，梁青富虽系在他人授意下帮助吊人上树，但在宋振华自己攀爬不能且未采取安保措施的情况下吊人上树，使宋振华暴露于危险状态中，客观上成为宋振华摔落不可或缺的条件，与其摔落致死具有相当之因果关系，应当对宋振华的死亡承担赔偿责任。考虑到梁青富从事该行为系无偿帮助，未从中获得利益，故应承担次要责任。李广清认为梁青富驾驶吊车应当服从并配合施工现场的指挥和情况需要，说明梁青富驾驶吊车吊人上树的行为未超出雇主李广清的授意范围。故梁青富在提供劳务过程中致宋振华死亡，应由雇主李广清承担相应赔偿责任。宋振华作为具有完全民事行为能力的成年人，应当预见从事高空作业的危险，但其置自身安全于不顾，在缺乏基本安保措施的情况下同意由吊车吊其上树，放任危险的发生，亦应承担次要责任。综合本案查明的事实，郭英进等三人合伙、李广清、宋振华本人均对宋振华的死亡存在过错，应分别承担80%、10%、10%的责任。李广清不同意承担赔偿责任的答辩意见，无事实及法律依据，本院不予采纳。北京市密云区人民法院依照《中华人民共和国民法通则》第三十五条第二款，《中华人民共和国侵权责任法》第六条、第十二条、第十六条、第二十二条、第二十六条、第三十五条、第七十三条，《最高人民法院关于审理人身损害赔偿案件适用法律若干问题的解释》第二十七条、第二十八条、第二十九条，《最高人民法院关于确定民事侵权精神损害赔偿责任若干问题的解释》第七条，《中华人民共和国民事诉讼法》第一百四十四条之规定，作出如下判决：

一、被告郭英进、王永林、申永凤于本判决生效之日起三十日内赔偿原告刘玉香、胡淑芝死亡赔偿金331166.28元、丧葬费34012.8元、精神损害抚慰金24000元，合计389179.08元。

二、第三人李广清于本判决生效之日起三十日内赔偿原告刘玉香、胡淑芝死亡赔偿金41395.79元、丧葬费4251.6元、精神损害抚慰金3000元，合计48647.39元。

三、驳回原告刘玉香、胡淑芝的其他诉讼请求。

申永凤、王永林、郭英进不服原审判决，提起上诉。在二审过程中，申永凤、王永林、郭英进向本院申请撤回上诉，表示按原审法院判决执行。二审法院认为，申永凤、王永林、郭英进在本案审理期间提出撤回上诉的请求，不违反法律规定，本院予以准许。依据《中华人民共和国民事诉讼法》第一百七十三条之规定，裁定如下：

准许申永凤、王永林、郭英进撤回上诉。

【法官后语】

吊车司机梁青富驾驶吊车将宋振华吊至树上，后宋振华从树上摔落致死。梁青富的行为与宋振华高坠致死是否具有因果关系？梁青富无偿帮助是否应当承担侵权责任？这些问题是本案的争议焦点之一。宋振华在自己多次攀爬不能的情况下，借助吊车将其吊至高处，后宋振华从树上摔落致死。因宋振华身上未佩戴任何安全保障措施（如安全带），故宋振华在高处任何一个疏忽或者意外均将产生严重的后果；而且吊车吊起宋振华，使宋振华对树上作业的难易程度、危险性及自己的体力支撑均可能产生“误判”。我们不能推测宋振华及其雇主会使用其他方式爬树，但当时仅有吊车这个“工具”的情况下，没有吊车将宋振华吊起，宋振华亦不会直接从高处坠落。正如一审判决书中提到，使宋振华暴露于危险状态中，客观上成为宋振华摔落不可或缺的条件，与其摔落致死具有相当之因果关系。因此，我们认为梁青富的行为与宋振华高坠致死具有因果关系。梁青富的帮助行为是否应当承担侵权责任呢？对此有两种意见：一是梁青富并未从吊人上树的行为中获得利益，是无偿帮工，因此应当由被帮工人承担侵权责任，也就是由宋振华的雇主承担侵权责任，梁青富与李广清不承担责任；二是梁青富虽未从帮助行为中获得劳动报酬，但李广清雇佣梁青富从事“立杆”的行为与郭英进等人雇佣宋振华“放树”的行为具有经济活动之间的关联性，“放树”的先行性决定了李广清能否从立杆行为中获益。因此梁青富、李广清并非完全无私。梁青富作为专业的吊车司机，违反吊车操作规定，将人吊至高处，存在过错，因此应当负担责任。一审支持第二种观点，二审中因当事人撤回上诉故未对此作实体审理。一审判决后，李广清、梁青富未上诉。

《最高人民法院关于审理人身损害赔偿案件适用法律若干问题的解释》第十三条规定，为他人无偿提供劳务的帮工人，在从事帮工活动中致人损害，被帮工人明确拒绝帮工的，不承担赔偿责任。帮工人存在故意或者重大过失，赔偿权利人请求帮工人和被帮工人承担连带责任的，人民法院应予支持。《中华人民共和国侵权责任法》第九条规定，教唆、帮助他人实施侵权行为，造成他人损害的，应当承担连带责任。本案中，吊车司机的行为既非无偿帮工，亦非帮助侵权，而是基于共同利益需要的帮助行为致第三人损害。在是否需要承担责任的问题上虽没有明确法律规定，但可以参考上述法条的立法目的。

一、帮助人原则上不承担责任。为鼓励善良风气，不应对无偿帮助人苛以严格的责任。不论帮助人基于什么出发点从事帮助之行为，因其未从中获取报酬，应当对其行为瑕疵留有一定宽容程度。

二、帮助人致人损害应以被帮助人承担责任为原则。根据权利义务相对等的原则，被帮助人从帮助行为中获益，应当承担相应义务。被帮助人承担的是一种无过错的风险责任，在义务帮工人身损害赔偿法律关系中，不考虑被帮助人有无过错，只要帮助人从事帮助活动致人损害或受到损害，被帮助人就应当承担赔偿或补偿责任。

三、帮助人存在故意或者重大过失时，应与被帮助人承担连带责任。当帮助人与被帮助人能够区分各自责任大小，应当各自按照原因力大小承担相应的责任。本案中，双方的责任大小显而易见，而且让帮助人梁青富与郭英进等三人承担连带责任显失公平。因此法院判定梁青富的雇主李广清与郭英进三人分别承担10%、80%的责任。最终，双方当事人均表示按照一审判决内容执行，本案在社会效果和法律效果上实现了统一。帮助人在帮助的过程中应恪尽职守，注意安全。在农村地区普遍存在的不规范操作各种活动的现实情况下，本案能起到一定的警示作用。

编写人：北京市密云区人民法院　夏璇

44

义务帮工人的认定应以实际受益为标准

——李强等诉李明均等义务帮工人受害责任案

【案件基本信息】

1. 裁判书字号

四川省遂宁市中级人民法院（2016）川09民终829号民事判决书

2. 案由：义务帮工人受害责任纠纷

3. 当事人

原告（被上诉人）：李强、李仕顺

被告（上诉人）：李明均、何小蓉

第三人（上诉人）：李仕明、刘明珍、李明果、李明洪

【基本案情】

李仕顺与刘光珍（已死亡）夫妇共同生育了李松林（男，生于1969年10月24日，本案死者）等五个子女，除李松林死亡外，其余子女均健在且具有独立生活能力。李松林与田秀清结婚后于1990年10月2日生育一子李强。2009年10月，李松林与田秀清离婚。李仕顺、李强、李明均、李仕明、刘明珍、李明果、李明洪、李松林均系射洪县玉太乡花朝门村3组农村居民。被告李明均、何小蓉与第三

人李仕明、刘明珍、李明果、李明洪原系邻居，后第三人李仕明、刘明珍、李明果、李明洪拆除部分房屋后迁址另建。在被告李明均、何小蓉与第三人李仕明、刘明珍、李明果、李明洪房后栽种有属第三人所有的一棵通天柳，该柳树落叶对双方房屋均有影响。被告李明均一家曾与第三人李仕明一家协商，李明均家拆除旧房后李仕明家砍去该树，第三人李仕明表示同意。2015年2月23日，被告李明均、何小蓉夫妇邀请李松林、王和珍、唐素芬、何云通、李仕国、李明果、刘明珍、李明洪、徐光俊、李明静、张华青等人为其拆除位于射洪县玉太乡花朝门村3组的部分旧房另建厨房。当天上午，旧房主体基本拆除。下午3时许，被告李明均、第三人李明果先后各自砍去房后的核桃树和枇杷树。后砍伐通天柳时，李明果锯掉部分树枝后，正在帮李明均家抬石头的李松林与李明果用锯子锯柳树根部，李明均、李仕明、张华青、李明树、何云通（何云通陈述系李明均叫其参与拉树）用绳子拉树。因该通天柳树干中下部撕裂，致撕裂树干倒下，李松林见状向后跑时被树干砸中头部。当日17时许，何小蓉、李明洪等人通过救护车将李松林送到射洪县中医院抢救，入院诊断为重型颅脑外伤及右膝骨折。19时5分，李松林死亡。用去医疗费2657.42元，被告何小蓉垫付医疗费2000元。在处理李松林丧事过程中，第三人为李松林支付寿木、寿衣等费用2500元。后经基层组织调解未果，原告李仕顺、李强于2015年3月10日向本院提起诉讼。

【案件焦点】

李松林系在砍伐通天柳时，被倒下的通天柳树干砸中头部，抢救无效死亡，该通天柳栽种在被告和第三人房屋后，系第三人所有，李松林的义务帮工行为中的被帮工人应如何认定。

【法院裁判要旨】

四川省遂宁市射洪县人民法院经审理认为：被砍伐的通天柳属第三人所有，通天柳所在的林地虽登记在李仕明名下，但该林地为家庭共有财产。通天柳树的落叶对被告及第三人均有影响，且事发前李明均家曾向第三人提出砍伐该树，第三人表示同意，故砍伐该树系被告及第三人的共同意思，砍伐该树后双方均受益；在第三人李明果实施砍伐行为过程中，为被告帮工的李松林一起帮忙砍树，被告及其雇请的部分帮工人参与拉树，第三人对李松林的义务帮工行为亦未拒绝，故被告及第三人均系义务帮工行为的被帮工人，对帮工过程中造成李松林死亡的后果，被告和第三人各应承担50%、40%的赔偿责任。帮工人李松林作为完全民事行为能力人，在义务帮工过程中未采取相应的安全和防护措施，忽视自身安全，对临时发生事故处置不当，对损害的发生存在较大过错，应当减轻被帮工人的10%的赔偿责任，该部分责任由李松林自行承担。根据已查明的事实和相关法律规定，本院确定本案应纳入赔偿的费用共计240895.92元。四川省遂宁市射洪县人民法院依照《最高人民法院关于审理人身损害赔偿案件适用法律若干问题的解释》第二条、第十四条、第十七条、第十八条、第十九条、第二十七条、第二十八条、第二十九条的规定，判决如下：

一、由被告李明均、何小蓉赔偿原告李强、李仕顺各项损失共计240895.92元的50%，计120447.96元；

二、由第三人李仕明、刘明珍、李明洪、李明果赔偿原告李强、李仕顺各项损失共计240895.92元的40%，计96358.37元；

三、驳回原告李强、李仕顺的其他诉讼请求。

被告及第三人提起上诉。四川省遂宁市中级人民法院经审理认为：死者李松林在为被告义务帮工时，又与第三人砍伐通天柳，因柳树折断致其死亡。由于事发后未报警，双方均不能提供反映现场客观情况的照片等视听资料，故对责任的确定只能结合本案双方当事人及证人的陈述和举证情况来判断。李松林作为成年人，具有完全的民事能力和一般的认知水平，应对砍伐树木活动的危险有所认识，但未采取相应的安全和防护措施，对损害的发生具有一定过错；李松林是在帮助砍伐第三人家的通天柳过程中死亡，第三人应承担相应的赔偿责任；被告称被砍伐的通天柳不属其所有的辩称，不足以抗辩原告向其提出的侵权之主张。

四川省遂宁市中级人民法院依照《中华人民共和国民事诉讼法》第一百七十条第一款第（一）项之规定，作出如下判决：

驳回上诉，维持原判。

【法官后语】

《最高人民法院关于审理人身损害赔偿案件适用法律若干问题的解释》规定，为他人无偿提供劳务的帮工人，在从事帮工活动中致人损害的，被帮工人应当承担赔偿责任。本案处理重点在于义务帮工行为中的被帮工人的认定。

认定帮工活动一般应以不取报酬、无偿提供劳务为前提，即当事人是出于亲朋好友等情分来帮忙，被帮工人成为受益人，帮工活动的结果是被帮工人获得利益。本案中，通天柳系第三人所有，李松林的义务帮工行为的被帮工人是否就能认定为本案的第三人？需具体到义务帮工行为的实际受益人。结合以下事实：1. 事发当天下午死者李松林帮被告李明均夫妇拆房的帮工行为未结束；2. 通天柳属第三人所有；3. 事前被告李明均找第三人李仕明商量砍通天柳，第三人李仕明表示同意且当天在场的第三人李明果积极参与砍树，第三人李仕明、刘明珍在场亦未予以阻止；4. 按照农村习俗，砍下的木材应归第三人李仕明家。综上，故死者李松林帮忙砍伐通天柳的行为对被告、第三人均有益。

另外，本案中，被告承担50%的赔偿责任，第三人承担40%的赔偿责任主要是基于事发当天是死者李松林在帮助被告李明均拆除房屋，且砍伐通天柳前被告李明均具有与第三人李仕明的商量砍伐通天柳的行为。

编写人：四川省遂宁市射洪县人民法院　邱悦

45

法律关系认定的关键作用

——杜龙元诉昆明市捷通达汽车销售有限公司东川分公司等义务帮工人受害责任案

【案件基本信息】

1. 裁判书字号

云南省昆明市中级人民法院（2017）云01民终1181号民事判决书

2. 案由：义务帮工人受害责任纠纷

3. 当事人

原告（被上诉人）：杜龙元

被告（被上诉人）：彭望发、昆明市东川区福致汽车销售有限公司（以下简称福致公司）

被告（上诉人）：昆明市捷通达汽车销售有限公司东川分公司（以下简称捷通达东川分公司）、昆明市捷通达汽车销售有限公司（以下简称捷通达公司）

【基本案情】

彭望发长期在昆明从事户外广告牌制作、安装、维修等工作。捷通达东川分公司位置与福致公司相邻，捷通达分公司租用福致公司的部分展厅和维修车间，由福致公司出面与被告彭望发协商制作两家公司的门头广告，制作广告的费用均由福致公司统一付给彭望发，福致公司的广告牌由彭望发负责安装，捷通达分公司的广告牌由另外的人员安装。广告牌安装后不久，福致公司联系彭望发维修本公司的广告牌，因捷通达分公司的广告牌中的“销”字显得较大，福致公司一并要求彭望发重新做一个调换。2015 年 7 月 19 日，彭望发指派原告杜龙元从昆明到东川维修福致公司的广告牌，该维修工作顺利完成后，福致公司的在场员工洪泽广请杜龙元帮忙，将捷通达分公司广告牌的“销”字撤下来准备调换新字。当时捷通达分公司无人在场，此事经与彭望发电话联系，彭让杜龙元自行决定是否帮忙。当日下午 2 点多，杜龙元架好梯子（洪泽广提供），并登上梯子准备撤下捷通达分公司广告牌上的“销”字时，在操作过程中不慎从梯子上跌下受伤，经医院诊断为：左股骨大粗隆骨折，闭合性胸外伤，左胸积液。行手术切开复位 + 内固定。彭望发垫付了杜龙元的医疗费用。2016 年 1 月 12 日，经云南现代司法鉴定所评估，杜龙元的伤构成九级伤残，需后期治疗费 6500 元。一审过程中，经福致公司申请，云南鼎丰司法鉴定中心重新鉴定，杜龙元的伤构成九级伤残。杜龙元请求判令一审四被告连带赔偿护理费、误工费、住院伙食补助费、后期治疗费、鉴定费、伤残赔偿金、交通费、被抚养人生活费等，合计 159512.6 元。一审四被告均辩称不应承担赔偿责任。

【案件焦点】

杜龙元的损失应当由谁承担赔偿责任。

【法院裁判要旨】

云南省昆明市东川区人民法院经审理认为：从本案查明的法律事实来看，原告杜龙元在维修完福致公司的门头广告、完成雇主彭望发安排自己的工作后，接受福致公司在场协助维修工作的员工洪泽广的请求，帮忙为捷通达分公司撤下广告牌上的“销”字，在操作过程中不慎从梯子（洪泽广提供）上跌下受伤。整个过程中有请求帮工（不给付报酬）的事实、提供工作场所和工作条件的事实，此过程符合义务帮工的法律特征，因此原告杜龙元系在从事义务帮工活动中受伤。依照《最高人民法院关于审理人身损害赔偿案件适用法律若干问题的解释》第十四条之规定，被帮工人应当承担赔偿责任。本案的焦点问题是四被告谁是法律规定的被帮工人？一、被告彭望发是原告的雇主，是其安排原告维修福致公司的门头广告，但该工作已顺利完成，对洪泽广请求原告帮工一事，彭已明确告知原告自己决定。从以上事实可看出彭望发不是本案的被帮工人。二、从查明的法律事实看，捷通达分公司的门头广告由福致公司人员（包括洪泽广）出面联系彭望发制作，捷通达分公司与福致公司之间形成的是民事代理的法律关系，捷通达分公司是被代理人，福致公司是代理人，彭望发是第三人。原告杜龙元接受洪泽广的请求从事帮工工作，而洪泽广的请求应当是基于上述代理关系的存在而作出，是为了完成福致公司的代理义务。虽然捷通达分公司的门头广告的安装工作由另外的人负责，但广告中“销”字做得较大需调换不属于安装质量问题，而是属于制作质量问题，同样也属于福致公司代理义务范围内。因此，依据《中华人民共和国民法通则》第六十三条“被代理人对代理人的代理行为，承担民事责任”的规定，被代理人捷通达分公司是本案原告杜龙元义务帮工行为的被帮工人，应当承担杜龙元因义务帮工受害的赔偿责任。三、依照《中华人民共和国民事诉讼法》第四十八条、《最高人民法院关于适用〈中华人民共和国民事诉讼法〉的解释》第五十二条第（五）项的规定，被告捷通达分公司属于“依法设立并领取营业执照的法人的分支机构”，是本案适格的被告。按照《中华人民共和国公司法》第十四条的规定，分公司不具有法人资格，不能独立承担民事责任，其民事责任由公司承担，因此被告捷通达公司也是本案适格的被告，其应与捷通达分公司共同承担本案的民事赔偿责任。本案原告杜龙元长期从事户外安装工作，对户外高处作业应当具有较为专业的安全防护意识和防护技能，但其在从事本案帮工过程中未尽到安全防范义务，主观上疏忽大意，轻信能够避免，对造成自身伤害的发生存在重大过失，依照《中华人民共和国民法通则》第一百三十一条的规定，依法可以减轻捷通达分公司和捷通达公司40%的赔偿责任。昆明市东川区人民法院依照《中华人民共和国民法通则》第一百三十一条，《中华人民共和国公司法》第十四条，《最高人民法院关于审理人身损害赔偿案件适用法律若干问题的解释》第十四条、第十七条、第二十条、第二十一条、第二十二条、第二十三条、第二十五条、第二十八条，《中华人民共和国民事诉讼法》第四十八条，《最高人民法院关于适用〈中华人民共和国民事诉讼法〉的解释》第五十二条第（五）项之规定，作出如下判决：

一、由被告昆明捷通达汽车销售有限公司东川分公司和被告昆明捷通达汽车销售有限公司于判决生效后十日内，共同赔偿原告杜龙元的各项经济损失 84350.16 元；

二、驳回原告杜龙元的其他诉讼请求。

捷通达东川分公司、捷通达公司不服一审判决，提起上诉。

云南省昆明市中级人民法院经审理认为本案的争议焦点是：一、本案赔偿责任应当由谁承担？二、责任比例如何划分？

针对争议焦点一，昆明市中级人民法院认为，首先，彭望发作为佳旺广告标识制作部的负责人与捷通达东川分公司签订的《云南东川门头施工合同》，既约定了佳旺广告标识制作部为捷通达东川分公司制作广告牌，并备注价格不含安装不含税，又约定了佳旺广告标识制作部派专业技术人员到现场进行安装，两条约定内容相互矛盾，但结合合同的实际履行情况，佳旺广告标识制作部只是负责制作广告牌并发货给捷通达东川分公司，捷通达东川分公司另请他人负责广告牌的安装，故本院认为佳旺广告标识制作部的合同义务没有包括安装广告牌。其次，杜龙元虽受彭望发的雇佣并被指派去为福致公司维修门头广告，该行为系从事雇佣活动，但杜龙元之后接受福致公司在场协助维修工作的员工洪泽广的请求，帮忙捷通达东川分公司撤下广告牌上的“销”字，在操作过程中不慎从梯子（洪泽广提供）上跌下受伤。整个过程中有请求帮工（不给付报酬）的事实，提供工作场所和工作条件的事实，此过程符合义务帮工的法律特征，并非按照彭望发的指示从事雇佣活动，故上诉人认为雇主彭望发应当承担赔偿责任没有事实依据，本院不予支持。最后，福致公司员工张伟、洪泽广与彭望发联系制作捷通达东川分公司广告牌并更换广告牌中“销”字的事宜，捷通达东川分公司在一审中认可该事实，但二审中认为其自行与彭望发联系制作该广告牌，但未提交相应证据证明，故本院对捷通达东川分公司二审中该陈述不予采信。结合捷通达公司虽与佳旺广告标识制作部签订了施工合同，但具体经办又未直接与彭望发对接的事实，可以看出捷通达东川分公司委托福致公司具体经办广告牌的制作事宜，双方形成委托代理关系，捷通达东川分公司是被代理人，福致公司是代理人。因广告牌“销”字制作出现问题，福致公司工作人员洪泽广与彭望发联系更换该广告字，然后其请求杜龙元从事帮工工作。因洪泽广的请求是基于上述代理关系的存在而作出，故杜龙元因帮工受伤的赔偿责任应当由捷通达东川分公司承担。

针对争议焦点二，法院认为，杜龙元因帮工受伤，应当由被帮工人承担赔偿责任，一审考虑到杜龙元在帮工中疏忽大意，自身具有过错，减轻被帮工人40%的赔偿责任，符合本案的实际，也符合法律的规定，本院予以维持。

综上所述，捷通达公司、捷通达东川分公司的上诉理由不能成立，原审判决认定事实清楚，适用法律正确，本院予以维持。据此，依照《中华人民共和国民事诉讼法》第一百七十条第一款第（二）项之规定，判决如下：

驳回上诉，维持原判。

【法官后语】

民事审判是通过查明案件事实，认定平等主体之间的权利义务关系（民事法律关系），再依据不同的民事法律规定对民事主体的民事行为进行法律评判，确定法律后果的推理过程。一般的民事案件大都具有较明确的民事法律关系指向性，如金融借款纠纷、机动车交通事故责任纠纷、医疗服务合同纠纷等，其民事法律关系认定起来较为容易。但一些民事案件，当事人众多、案件事实相对复杂，或是因为当事人形成和保留证据不力、有意隐满证据等情况，案件民事法律关系指向性模糊，造成人民法院在认定案件民事法律关系上存在一定难度，给人民法院的审判工作带来了一定的困难。本案即存在上述问题，一审没有原告杜龙元摔伤情况的直接证据，没有杜龙元与彭望发（佳旺广告标识制作部）之间法律关系的直接证据，没有彭望发（佳旺广告标识制作部）与富致公司、捷通达东川分公司之间法律关系的直接证据，也没有富致公司与捷通达东川分公司之间法律关系的直接证据，本案涉及多个民事主体之间的民事法律关系，指向性模糊。依据裁判要件的要求，此案人民法院裁判的关键点在于1. 致伤原告行为的法律关系认定（提供劳务者受害责任还是义务帮工人受害责任），确定本案的法律适用；2. 富致公司（含洪泽广）与捷通达东川分公司之间法律关系的认定，确定本案的赔偿义务人。对于关键点1，一审根据审理查明的事实“彭望发（佳旺广告标识制作部）只负责为捷通达东川分公司制作门头广告，不承担安装义务”，“彭让杜龙元自行决定是否帮忙”，首先排除了提供劳务者受害责任纠纷的法律关系，之后，根据“请求帮工（不给付报酬）、提供工作场所和工作条件”的法律特征，确定本案法律关系为义务帮工人受害责任纠纷。对于关键点2，依据查明的案件事实“福致公司的在场员工洪泽广请杜龙元帮忙”，本案责任人首先指向的是富致公司（含洪泽广），但直接受益人是捷通达东川分公司，本案必须要确定二者之间有无民事权利义务关系，或者存在何种民事权利义务关系。一审根据认定事实“捷通达分公司的门头广告由福致公司人员（包括洪泽广）出面联系彭望发制作”，确定了二者存在代理与被代理的法律关系，进而最终确定了本案的赔偿责任人。本案上诉后，二审支持了一审的裁判观点。

编写人：云南省昆明市东川区人民法院　杨　芮

46

义务帮工遭受人身损害　受益人担责赔偿近十万

——林开健诉余永城等义务帮工人受害责任案

【案件基本信息】

1. 裁判书字号

福建省福州市中级人民法院（2017）闽01民终3026号民事判决书

2. 案由：义务帮工人受害责任纠纷

3. 当事人

原告（被上诉人）：林开健

被告（上诉人）：余永城

被告（被上诉人）：张洪基、中国人民财产保险股份有限公司永泰支公司（以下简称人保公司永泰支公司）

【基本案情】

2016年6月13日，张洪基致电余永城，约定雇用余永城的车辆，从永泰县嵩口镇接张洪基侄子前往永泰县医院医院，包车费200元。当日14时左右，余永城驾驶其所有的闽AL5××V小轿车由永泰县嵩口镇区往佳洋村方向行驶，途经际头村路段时，车辆左侧前后轮掉到沟里。于是，余永城致电张洪基，让张洪基找人帮忙抬车。张洪基找来林开健等四人到现场抬车。林开健在抬车过程中受伤，同日送往医院治疗，后经鉴定为十级伤残。因赔偿事宜协商未果，林开健将余永城、张洪基及余永城车辆投保的保险公司一同诉至法院。

被告余永城辩称：一、2016年6月13日，张洪基打电话叫其驾车去永泰县嵩口镇佳洋村接人前往永泰县医院治疗。其驾驶自己的车辆闽AL5××V前往的路途中在际头村与佳洋村交界路段时，车辆左侧车轮滑入路边的沟中。张洪基为了能及时将其亲属送往永泰县医院，在得知车辆滑入沟中后，遂组织林开健等人前往抬车，致林开健受伤。张洪基要求林开健抬车的行为与林开健受伤的结果有直接的因果关系。二、林开健自身存在过错，应承担相应的责任。事故发生后，林开健应张洪基的要求前往抬车施救，造成损伤，根据侵权责任法的相关规定，其应承担相应的责任。三、林开健的请求部分标准过高，部分请求与计算标准没有法律依据，不应支持。其主张的误工费、护理费、住院伙食补助费、精神损害抚慰金等计算标准过高，误工费、护理费计算天数和营养费没有依据，残疾赔偿金计算标准错误，应按农村居民的标准计算。四、保险公司应承担相应的责任。余永城车辆在人保公司永泰支公司投保有车辆损失险，车辆出险后，车辆的施救费用应由保险公司承担。

人保公司永泰支公司辩称：1. 该事故不属于保险公司赔偿范围。本事故不属于交通事故，也不是由交警部门作出处理。事故的原因是车辆掉到沟里，是余永城与张洪基及林开健之间的劳务关系而产生的侵权纠纷，与车辆本身不存在关系。人身伤害发生时，车辆处于不可使用状态，不符合第三者责任险和交强险的责任范围。关于施救费，根据《福建省高级人民法院关于审理保险合同纠纷案件的规范指引》第4条规定，保险公司赔偿直接损失，而不是间接损失。本案车辆掉至沟里后没有叫施救队施救，而是几个施救者之间的劳务关系。2. 关于赔偿项目，医疗费应根据发票的金额3696.02元认定，对于外购药，没有医嘱，是自行外购，合理性不认可，没有正规发票的都不认可；住院伙食费和营养费，每天按 30 元计算，按住院天数 14 天计算；护理费没有损失证明，酌情认定，出院后无须护理，即使按照鉴定意见 90 天计算，也是包含住院天数；误工按 90 天较合理，因未提供收入证明，每天不应当超过 100 元；残疾赔偿金，请法院认可；对于户籍证明无异议，但林开健伤情明显轻微，被扶养人的抚养费不应支持；交通费，林开健在本县治疗酌定 200 元；精神损害抚慰金不应超过 3000 元的标准；鉴定费不属于保险赔偿的范围。并提交《机动车交通事故责任强制保险条款》第四条、第五条、第六条，证明车辆应在正常使用状态下发生交通事故，保险公司才理赔交强险和商业险，本案无这些情形，不属于保险公司赔偿范围。

张洪基辩称：一、本案余永城和林开健、张洪基存在帮工关系，林开健在帮工中受伤，余永城应当承担赔偿责任。而林开健与其之间不存在帮工关系，其无须承担责任。1. 余永城和林开健双方属于无偿帮工关系。余永城因操作不当，车左侧前后轮掉到沟里，导致余永城的车需要进行施救。实际上，车轮掉到沟里后余永城给张洪基打电话，强调只是车轮掉到沟里，情况不严重（不需要拖车公司进行施救），并请求张洪基帮忙叫几个人帮他抬车。林开健确因帮工中造成自身身体严重伤害。余永城未拒绝林开健等人帮工，并且指挥林开健等人对车辆施救。2. 张洪基非本案的被帮工人，无须向林开健承担赔偿责任。虽然林开健等人系其所叫，但是张洪基是因为余永城让其帮忙叫几个人帮助抬车，林开健是为余永城抬车过程中受伤的。张洪基和余永城之间仅仅是合同关系即张洪基没有义务为余永城抬车。所以，林开健和张洪基之间不存在帮工关系。3. 本案适用无过错责任，余永城应承担全部赔偿责任。二、本案应先由人保公司永泰支公司在交强险、商业三者险限额内赔付，不足部分再由余永城承担。三、林开健主张具体各项由法庭认定。

【案件焦点】

帮工活动中，帮工人因帮工活动遭受人身损害时，赔偿责任应如何认定。

【法院裁判要旨】

福建省永泰县人民法院经审理认为，根据《最高人民法院关于审理人身损害赔偿案件适用法律若干问题的解释》第十四条“帮工人因帮工活动遭受人身损害的，被帮工人应当承担赔偿责任。被帮工人明确拒绝帮工的，不承担赔偿责任；但可以在受益范围内予以适当补偿。……”的规定，本案中，张洪基以200元向余永城包车，且该车辆属余永城所有，所以余永城是受益者，也是被帮工人。在从事帮工活动中，致使林开健遭受人身损害，余永城应当承担赔偿责任。张洪基虽受余永城委托叫林开健等人无偿帮工，但对林开健未尽到注意安全义务，亦应承担相应责任。余永城未提供林开健有过错的证据，张洪基亦认为林开健在帮工中无过错，为此，林开健不承担责任。人保公司永泰支公司关于林开健受伤不属于交通事故，不属于保险公司交强险和商业三者险赔偿范围的辩解意见，有法律依据，予以采纳。关于被抚养人生活费，林开健只诉请赔偿7056元在合理的赔偿范围内，予以支持。综上，一审法院确认林开健经济损失为110422.02元，综合考虑本案，余永城应承担林开健经济损失90%的赔偿责任，张洪基应承担林开健经济损失10%的赔偿责任。依照《中华人民共和国侵权责任法》第十二条、第十六条、第四十八条，《最高人民法院关于审理人身损害赔偿案件适用法律若干问题的解释》相关规定，判决如下：

一、余永城应赔偿林开健医疗费、住院伙食补助费、营养费、护理费、误工费、残疾赔偿金（含被抚养人生活费）、交通费、精神损害抚慰金、鉴定费等经济损失合计110422.02元的90%即99379.82元，扣除已付的5000元，余款94379.82元，于本判决生效之日起十日内付清。

二、张洪基应赔偿林开健医疗费、住院伙食补助费、营养费、护理费、误工费、残疾赔偿金（含被抚养人生活费）、交通费、精神损害抚慰金、鉴定费等经济损失110422.02元的10%即11042.20元，于本判决生效之日起十日内付清。

三、驳回林开健的其他诉讼请求。

一审判决后，余永城不服，提起上诉。

福建省福州市中级人民法院经审理认为：余永城在驾驶闽AL5××V小轿车过程中车左侧前后轮掉到沟里，余永城通过张洪基让林开健等四人到现场抬车，在抬车过程中致林开健受伤事实清楚。因闽AL5××V小轿车系余永城所有，林开健在帮工活动中没有收费系自愿帮助构成义务帮工。林开健因从事帮工活动中遭受人身损害，一审认定余永城作为受益者、被帮工人承担90%的赔偿责任符合本案客观事实。另，福建正方圆司法鉴定所作出闽正方圆司鉴所［2016］临鉴字第L510号

《司法鉴定意见书》鉴定意见为：1. 林开健伤残程度为十级伤残；2. 林开健误工期为定残前一日，护理期为90日。故一审认定林开健的护理期为90日，误工期以97天标准计算并无不当。

综上所述，余永城的上诉请求不能成立，应予驳回；一审判决认定事实清楚，适用法律正确，应予维持。依照《中华人民共和国民事诉讼法》第一百七十条第一款第一项规定，判决如下：

驳回上诉，维持原判。

【法官后语】

本案审理涉及从事义务帮工活动中，帮工人遭受人身损害造成损失时，被帮工人即受益者、无偿帮工人应如何承担责任的内容。义务帮工是指为满足被帮工人生产或生活需要，帮工人不以追求报酬为目的，为被帮工人无偿提供劳务的行为。

本案经审理，一、二审法院均认为余永城在驾驶闽AL5××V小轿车过程中车左侧前后轮掉到沟里，因闽AL5××V小轿车系余永城所有，所以余永城系受益者，也是被帮工人。而林开健在帮工活动中没有收费系自愿帮助构成义务帮工，且在帮工过程中无过错，因此无须承担责任。林开健因从事帮工活动中遭受人身损害，被帮工人承担90%的赔偿责任符合本案客观事实。而余永城是通过张洪基让林开健等四人到现场抬车，在抬车过程中致林开健受伤，过程中张洪基对林开健未尽到注意安全义务，亦应承担相应责任。本案事故明显不属于交通事故，不是保险公司交强险和商业险三者赔偿范围，故人保公司永泰支公司不承担赔偿责任。二审法院认为一审判决认定事实清楚，适用法律正确，应予维持，故判决驳回上诉，维持原判。

日常工作生活中难免有需要他人帮衬的情况，帮工活动中，被帮工人应尽注意义务，避免造成帮工人人身损害，否则要承担相应的赔偿责任。

编写人：福建省永泰县人民法院　林悠悠

47

义务帮工人死亡赔偿的责任承担

——马明琼等诉谭银梅等义务帮工人受害责任案

【案件基本信息】

1. 裁判书字号

云南省寻甸回族彝族自治县人民法院（2017）云0129民初438号民事判决书

2. 案由：义务帮工人受害责任纠纷

3. 当事人

原告：马明琼、马舜聪、马舜洋

被告：谭银梅、邓学高、毕昌爱、云南省第二人民医院、张金陆、张金元

【基本案情】

2016年1月4日，被告谭银梅与被告邓学高产生纠纷，其间谭银梅扣押了邓学高的云A×××××号车辆。之后应谭银梅的邀请，被告张金陆和张金元雇请被告毕昌爱驾驶自己的车辆送张金陆、张金元及证人马某泉到寻甸县城。与被告谭银梅会合后，几人一同到“白领之家宾馆”开了一间房。后被告谭银梅与被告张金陆、张金元及证人马某泉离开宾馆外出，谭银梅将云A×××××号车辆钥匙放在宾馆内，被告毕昌爱也留在宾馆内休息。2016年1月5日凌晨1点左右，被告毕昌爱驾驶云A×××××号车辆行驶过程中右前轮掉入路旁沟道内。之后被告毕昌爱到附近“塘子烤鱼”宵夜店请正在吃宵夜的马尧云、保世刚、楚天明和文春友帮他抬车。该车事故现场位于“寻甸白象盐巴专营店”门口，车牌号为云A×××××，登记车主为被告邓学高。在抬车过程中，马尧云不慎跌落在沟道内，导致被水呛并产生头面部受伤。马尧云受伤后被送至寻甸县第一人民医院救治，因病情严重，又于当晚转至云南省第二人民医院治疗，住院8天，病情诊断为：①左眼钝挫伤，②左眼多发骨折，③左眼视神经挫伤，④鼻骨骨折，⑤高血压病，在该院用去治疗费4713.82

元。从云南省第二人民医院出院后，马尧云转至寻甸县中医院作康复性治疗，住院3天，病情诊断为：①鼻骨骨折，②左眼眶骨折，③左眼钝挫伤，④左眼视神经挫伤，⑤高血压病，⑥右输尿管结石，⑦环状出血性混合痔，在该院用去治疗费2223.93元。在寻甸县中医院治疗期间，因病情不见好转，马尧云又被转至曲靖市第二人民医院治疗，住院17天，病情诊断为：①ARDS（重度），②重症肺炎Ⅰ型呼吸衰竭，③感染性休克，④右输尿管结石并有肾积水，⑤高血压1级高危组，⑥Ⅱ型糖尿病，⑦MODS（肺、肾、循环、肾），⑧低蛋白血症，⑨电解质紊乱，在该院用去治疗费85588.53元。因病情加重，马尧云又被转至云南省第一人民医院治救治。在该院住院10天，后因抢救无效，于2016年2月13日死亡，在该院共用去救治费68760.3元。马尧云在治疗期间，为治疗需要另用去购药费38527元，用去交通费1800元。在马尧云治疗期间，被告毕昌爱曾向原告方支付过3000元；被告邓学高曾为马尧云支付过放射费590元、陪护费1200元，并向原告方支付过10000元治疗费和10000元丧葬费。

在诉讼过程中，原告方明确表示不向被告云南省第二人民医院、被告张金陆和张金元主张权利，被告毕昌爱也无证据证明被告云南省第二人民医院、张金陆和张金元与马尧云的死亡存在直接的因果关系。

【案件焦点】

1. 本案义务帮工人在帮忙抬车过程中受伤，后死亡，被告是否应当承担赔偿责任；2. 车辆驾驶人，车辆实际控制人及作为受益人的实际车主如应承担责任，责任承担比例如何分配。

【法院裁判要旨】

云南省寻甸回族彝族自治县人民法院经审理认为：《最高人民法院关于审理人身损害赔偿案件适用法律若干问题的解释》第十四条第一款规定，帮工人因帮工活动遭受人身损害的，被帮工人应当承担赔偿责任……本案中，原告亲属马尧云是在帮忙抬云A×××××号事故车辆过程中受伤，并最终死亡是本案各方当事人无争议的事实。按照本案相关证据，请马尧云帮工的系被告毕昌爱，按照法律规定，被告毕昌爱应对原告方主张的损失承担赔偿责任。庭审中被告毕昌爱虽然提出自己当天是受雇于被告张金陆和张金元，而且是谭银梅和张金陆安排自己驾车才引发本案的主张，但无证据予以证实，本院对该主张不予支持。被告谭银梅虽然不是云 A×××××号事故车辆的登记车主，也不是请马尧云帮忙抬车的请求人，但根据相关证据，本案发生前该车辆已被谭银梅扣押，被告谭银梅已成为该车辆的实际控制人。按照法律规定，被告谭银梅不仅负有对该车辆的管理义务，而且应担负其控制期间因该车辆所产生的附随责任。本案的发生，与被告谭银梅未履行好车辆管理责任存在因果关系，按照法律规定，被告谭银梅也应对原告方主张的损失承担赔偿责任。《最高人民法院关于贯彻执行〈中华人民共和国民法通则〉若干问题的意见（试行）》第一百四十二条规定：为维护国家、集体或者他人合法权益而使自己受到损害，在侵害人无力赔偿或者没有侵害人的情况下，人民法院可以根据受益人受益的多少及其经济状况，责令受益人给予适当补偿。本案发生时，被告邓学高虽然未在现场，也未实际控制车辆，但邓学高系本案事故车辆的登记车主和实际车主，系马尧云的帮工行为的受益人，本案的发生，与被告邓学高存在一定关联性，按照法律规定，被告邓学高也应承担一定补偿责任。《最高人民法院关于审理人身损害赔偿案件适用法律若干问题的解释》第三条第二款规定：二人以上没有共同故意或者共同过失，但其分别实施的数个行为间接结合发生同一损害后果的，应当根据过失大小或者原因力比例各自承担相应的赔偿责任。本案的发生，与车辆驾驶人毕昌爱，车辆实际控制人谭银梅及作为受益人的实际车主邓学高存在直接和间接的因果关系。根据上述规定，结合本案的实际情况，对于原告主张的损失，本院确定由被告谭银梅和毕昌爱各承担 45% 的赔偿责任，由被告邓学高承担 10% 的补偿责任。庭审中被告毕昌爱虽然申请追加并要求被告云南省第二人民医院、被告张金陆和张金元承担相应责任，但本案证据并不能证明这三被告系本案的责任主体，无这三被告在本案中应承担相应责任的事实依据，而且原告方并不要求向这三被告主张权利，本院对被告毕昌爱的该主张不予支持。对于原告方主张的损失，本院认定医疗费 197350. 08 元（医疗单据总额高于该数额，本院根据原告方请求予以认定）、马尧云住院期间的误工费 4560 元（马尧云共住院 38 天，每天按云南省 2016 年农、林、牧、渔业在岗职工日平均工资 120 元计算）、马尧云住院伙食补助费 3800 元（马尧云共住院 38 天，每天按云南省国家机关工作人员出差平均伙食补助标准 100 元计算）、护理费 3200 元（根据马尧云的伤势情况予以认定）、交通费 1800 元、丧葬费 22009. 5 元（按云南省 2016 年农、林、牧、渔业在岗职工月平均工资 3668. 25 元标准，按 6 个月计算）、死亡赔偿金 527460 元。共计认定人民币 760179. 58 元。

云南省寻甸回族彝族自治县人民法院依照《中华人民共和国侵权责任法》第十六条、第十八条，《最高人民法院关于贯彻执行〈中华人民共和国民法通则〉若干问题的意见（试行）》第一百四十二条，《最高人民法院关于审理人身损害赔偿案件适用法律若干问题的解释》第三条第二款、第十四条第一款、第十七条第一款、第三款、第十九条、第二十条、第二十一条、第二十二条、第二十三条、第二十七条、第二十九条、第三十条，《诉讼费用交纳办法》第二十九条之规定，判决如下：

一、由被告谭银梅于本判决生效后30日内赔偿原告马明琼、马舜聪、马舜洋其亲属马尧云的医疗费197350.08元、误工费4560元、住院伙食补助费3800元、护理费3200元、交通费1800元、丧葬费22009.5元、死亡赔偿金527460元共计760179.58元的45%，即赔偿人民币342080.8元。

二、由被告毕昌爱于本判决生效后30日内赔偿原告马明琼、马舜聪、马舜洋其亲属马尧云的医疗费197350.08元、误工费4560元、住院伙食补助费3800元、护理费3200元、交通费1800元、丧葬费22009.5元、死亡赔偿金527460元共计760179.58元的45%，即赔偿人民币342080.8元。扣除被告毕昌爱已支付的3000元，实际还应赔偿人民币339080.8元。

三、由被告邓学高于本判决生效后30日内补偿原告马明琼、马舜聪、马舜洋其亲属马尧云的医疗费197350.08元、误工费4560元、住院伙食补助费3800元、护理费3200元、交通费1800元、丧葬费22009.5元、死亡赔偿金527460元共计760179.58元的10%，即赔偿人民币76018元。扣除被告邓学高已支付的20000元，还应赔偿人民币56018元。

四、被告云南省第二人民医院、张金陆和张金元不承担赔偿责任。

【法官后语】

一、高度盖然性的正确适用对认定案件事实能够发挥重要作用。

长期以来，我们一直把“以事实为根据，以法律为准绳”奉为司法工作的基本原则，把发现和达到客观真实作为民事诉讼的证明要求，把“案件事实清楚，证据确实充分”作为民事诉讼的统一标准。但在诉讼过程中，法官只能凭借当事人提供的证据做出判断，而很多当事人由于证据意识欠缺，或者由于客观障碍的存在，所提供的证据往往只能证实事实的一部分，部分事实由于缺乏证据或者证据之间相互矛盾而处于真伪不明状态，给法官裁判案件带来了极大困难。高度盖然性的应用，在事实不明而当事人又无法举证时，依法认定盖然性高的事实，远比认定盖然性低的事实更能接近真相而避免误判。这是法官在对证据和案件事实的认识达不到唯一性、必然性条件下不得不使用的手段。虽然存在一定弊端，但符合事物发展的概率，能弥补“客观真实”原则所缺乏的可操作性，最大限度接近案件事实的“客观真实”性。

本案中，被告毕昌爱请马尧云帮忙抬车，并最终导致马尧云死亡是无争议的事实。按照法律规定，被告毕昌爱应承担相应责任。但庭审中被告毕昌爱提出是谭银梅安排他驾驶云A×××××号事故车辆，而被告毕昌爱无证据证实该主张，难以判断是否存在被告谭银梅安排毕昌爱驾驶车辆这一事实。根据查明的事实，本案的事故车辆登记车主为被告邓学高，按照法律规定，被告邓学高作为受益人，也应承担法律责任。但在事故发生时，因被告谭银梅与邓学高之间的其他法律关系，存在该车辆已被被告谭银梅控制的事实，被告谭银梅不仅负有对该车辆的管理义务，而且应担负其控制期间因该车辆所产生的附随责任，本案的发生，与被告谭银梅未履行好车辆管理责任存在因果关系。综合上述案件事实，本案与车辆驾驶人毕昌爱，车辆实际控制人谭银梅及作为受益人的实际车主邓学高存在直接和间接的因果关系，三被告都应对原告主张的损失承担赔偿责任。

二、应如何结合法律规定确定责任人的责任比例。

根据查明的事实，可认定被告谭银梅、邓学高、毕昌爱系本案的责任主体，但责任比例的划分也成为本案的难点。《最高人民法院关于审理人身损害赔偿案件适用法律若干问题的解释》第三条第二款规定：二人以上没有共同故意或者共同过失，但其分别实施的数个行为间接结合发生同一损害后果的，应当根据过失大小或者原因力比例各自承担相应的赔偿责任。根据查明的事实，本案确定由被告谭银梅和毕昌爱各承担45%的赔偿责任，由被告邓学高承担10%的补偿责任。

编写人：云南省昆明市寻甸回族彝族自治县人民法院　范天赋

48

关于义务帮工人受损害责任纠纷案件中帮工关系的确定及帮工人存在过错的责任承担

——李德龙等诉李建蕊等义务帮工人受害责任案

【案件基本信息】

1. 裁判书字号

云南省昆明市中级人民法院（2017）云01民终1272号民事判决书

2. 案由：义务帮工人受害责任纠纷

3. 当事人

原告：李德龙、李云惠

被告：李建蕊、尹自雄、尹自伟

【基本案情】

原告李德龙、李云惠向本院提出诉讼请求：1. 请求人民法院判令三被告赔偿原告亲属李建刚死亡而造成的经济损失的30%，共计158336元。赔偿清单如下：医疗费为12139元，误工费5天每天100元共500元，护理费500元，住院伙食补助费250元，营养费250元，死亡赔偿金474714元（26373元×18年），丧葬费32232元，处理上述期间交通费3000元，处理丧葬事宜的误工费4200元=3人×200元/天×7天，以上共计527785元。2. 诉讼费用由被告承担。被告李建蕊、尹自雄、尹自伟辩称：1. 原告所诉并不属实，李建刚没有帮李建蕊去借电锤；2. 原告起诉我方承担赔偿责任，没有法律依据；3. 建房是李建蕊个人行为，与尹自雄、尹自伟没有关系，李建蕊的房屋属于危房，经批准李建蕊个人进行房屋翻建，两个儿子尹自雄、尹自伟均已成家单过，李建蕊建房与他们两人没有关系，因此，尹自雄、尹自伟不是本案适格被告；4. 原告应当退赔尹自伟为李建刚垫付的5315元抢救费，李建蕊搭乘李建刚的三轮摩托车路途中发生交通事故，李建蕊及时电话通知双方家属，尹自伟首先赶到，跟着急救车去医院，出于亲戚原因，垫付急救车费315元，抢救费5000元，请求依法驳回原告的诉讼请求。

【案件焦点】

本案的焦点为李建刚和李建蕊之间是否是帮工关系。

【法院裁判要旨】

云南省昆明市呈贡区人民法院经审理认为，帮工关系是指帮工人无偿为被帮工人处理事务而在双方之间形成的法律关系。根据《最高人民法院关于审理人身损害赔偿案件适用法律若干问题的解释》第十四条规定："帮工人因帮工活动遭受人身损害的，被帮工人应当承担赔偿责任。被帮工人明确拒绝帮工的，不承担赔偿责任；但可以在受益范围内予以适当补偿"，本案中李建刚是在李建蕊的要求下对其修建房屋进行帮工，本案中的被帮工人应当是李建蕊。李建刚在骑车载李建蕊拿电锤过程中遭受人身损害，被帮工人李建蕊应当承担赔偿责任。对原告主张要求被告尹自雄、尹自伟承担连带赔偿责任，因本案中原、被告双方均明确是李建蕊请李建刚帮工，被帮工人系李建蕊一人，依法不予支持。另外，结合本案的实际情况，李建刚系在骑三轮车载李建蕊拿电锤过程中自己驾车未尽到合理的安全注意义务而致损害事故的发生并经治疗无效死亡的，故其对事故的发生负有主要责任，应当减轻被告帮工人李建蕊的赔偿责任，故本院根据本案的实际情况认为李建蕊应当承担李建刚死亡的各项经济损失的15%。

对于原告主张的各项损失是否有依据，本院作如下认定：死亡赔偿金474714元（26373元/年×18年）、丧葬费32232元、医疗费12139元、护理费500元、住院伙食补助费250元、营养费250元、处理丧葬事宜交通费2000元、处理丧葬事宜的误工费1970元，上述八项共计524055元。根据本院以上责任认定，本院认定被告李建蕊应支付二原告损失524055元的15%，即78608.25元。据此，依照《中华人民共和国侵权责任法》第二十六条，《最高人民法院关于审理人身损害赔偿案件适用法律若干问题的解释》第十四条、第十七条第三款、第十九条、第二十一条、第二十二条、第二十三条第一款、第二十四条、第二十七条、第二十九条，《中华人民共和国民事诉讼法》第六十四条之规定，做出了如下判决：

一、由被告李建蕊于本判决生效之日起十日内支付原告李德龙、李云惠因李建刚死亡的各项经济损失人民币 78608.25 元。

二、驳回原告李德龙、李云惠的其他诉讼请求。

案件受理费人民币 2105 元，由原告李德龙、李云惠负担人民币 1052.5 元，被告李建蕊负担人民币 1052.5 元。

一审宣判后被告李建蕊提起了上诉。

云南省昆明市中级人民法院经审认为：根据案件事实，并归纳当事人的诉辩主张及理由，本案的争议焦点是：本案中李建刚是否构成帮工关系，李建蕊应否承担赔偿义务。依据《最高人民法院关于审理人身损害赔偿案件适用法律若干问题的解释》第十四条“帮工人因帮工活动遭受人身损害的，被帮工人应当承担赔偿责任。被帮工人明确拒绝帮工的，不承担赔偿责任；但可以在受益范围内予以适当补偿”之规定，本案中，李建刚是在李建蕊的要求下对其修建房屋进行帮助，李建蕊原审庭审中认可事故发生之前李建刚帮助李建蕊建房；事发当日，李建蕊陈述李建刚到工地现场帮忙；帮忙之后，李建蕊搭乘李建刚的便车到七甸；李建蕊陈述搭乘李建刚便车的目的是购买蔬菜、取电锤。上述事实已经能够证明李建刚与李建蕊之间构成帮工关系的存在具有高度可能性，本院认定双方构成帮工关系。李建刚在帮工过程中遭受人身损害，被帮工人李建蕊应当承担赔偿责任。原审对此认定正确，本院予以维持。原审法院认定李建蕊应当承担李建刚的事故损失［死亡赔偿金 474714 元（26373 元/年 ×18 年）、丧葬费 32232 元、医疗费 12139 元、护理费 500 元、住院伙食补助费 250 元、营养费 250 元、处理丧葬事宜交通费 2000 元，上述八项共计 522085 元］的 15% 计 78608.25 元符合法律规定，本院予以维持。上诉人李建蕊主张李建刚与其并未构成帮工关系，其翻建的房屋已经整体承包出去，不存在帮工关系。是李建刚主动提出带李建蕊去七甸村。李建刚驾驶摩托车出现意外是自己操作不当，还导致李建蕊受伤，李建蕊才是受害人。上述主张与本案事实相悖，不能成立，本院不予支持。

综上，李建蕊的上诉请求没有事实及法律依据，本院依法予以驳回。原审判决认定事实清楚，适用法律和判决正确，本院依法予以维持。据此，依据《中华人民共和国民事诉讼法》第一百七十条第一款第（一）项之规定，判决如下：

驳回上诉，维持原判。

【法官后语】

所谓义务帮工是指为了帮助被帮工人生产和生活需要，不以追求报酬为目的，为被帮工人无偿提供劳务的行为。义务帮工的人身损害赔偿责任是一种特殊的人身损害赔偿责任，根据《最高人民法院关于审理人身损害赔偿案件适用法律若干问题的解释》，帮工活动中被帮工人的赔偿责任适用无过错责任原则，即被帮工人承担责任不以存在过错为要件，只要义务帮工人从事帮工活动受到损害，不管帮工人是否存在过错，被帮工人都要承担责任。准确区分帮工人的过错及损害与帮工活动存在的关系可以对被帮工人应付责任及承担责任比例进行准确的界定。

本案系帮工人在帮工过程中发生了交通事故，并且超出了被帮工人的主观意志，被帮工人主观上不存在过错，也没有构成侵权行为的完整的要素，并不构成侵权行为，不应承担侵权损害赔偿责任，但这并不等于说在这种情况下的帮工活动中帮工人受到损害就与被帮工人无关，不管怎么讲，帮工人参加帮工活动就使被帮工人受益了，根据民法上的公平原则，法律规定的被帮工人应在受益范围内对帮工人予以适当的补偿。根据《最高人民法院关于审理人身损害赔偿案件适用法律若干问题的解释》第十四条规定："帮工人因帮工活动遭受人身损害的，被帮工人应当承担赔偿责任。被帮工人明确拒绝帮工的，不承担赔偿责任；但可以在受益范围内予以适当补偿"，本案中李建刚是在李建蕊的要求下对其修建房屋进行帮工，本案中的被帮工人应当是李建蕊。李建刚在骑车载李建蕊拿电锤过程中遭受人身损害，被帮工人李建蕊应当承担赔偿责任。故原告起诉要求被告李建蕊承担赔偿责任的诉讼请求有事实及法律依据，故合议庭依法予以支持。

对原告主张要求被告尹自雄、尹自伟承担连带赔偿责任的诉讼请求，因本案中原、被告双方均明确是李建蕊请李建刚帮工且有能够证明房屋的权属的相关证据，均能认定被帮工人系李建蕊一人，故原告要求尹子雄、尹自伟承担连带责任无事实及法律依据，合议庭依法不予支持。另外，结合本案的实际情况，李建刚系在骑三轮车载李建蕊拿电锤过程中自已驾车未尽到合理的安全注意义务而致损害事故的发生并经治疗无效死亡的，故其对事故的发生负有主要责任，应当减轻被告帮工人李建蕊的赔偿责任，故根据本案的实际情况认为李建蕊应当承担李建刚死亡的各项经济损失的15%。

对于原告主张的各项损失是否有依据，应否得到支持的问题。原告主张的

1. 医疗费12139元，有相关的票据予以证明，本院依法予以确认；2. 误工费500元，因原告未提供收入证明证明李建刚有固定工作及收入，本院依法不予支持；3. 护理费500元，因李建刚受伤后有住院且结合伤情确需人护理，对原告主张的护理费符合相关标准，本院依法予以支持；4. 住院伙食补助费250元，符合相关法律规定且在相关标准之内，本院依法予以支持；5. 营养费250元，符合本案的实际情况，本院依法予以支持；6. 死亡赔偿金474714元（26373元/年×18年），根据《最高人民法院关于审理人身损害赔偿案件适用法律若干问题的解释》第二十九条之规定，原告提交的证据能够证实李建刚死亡时系失地农民，其诉讼的死亡赔偿金应按照城镇居民人均可支配收入计算，原告主张的费用符合法律规定，本院依法予以支持；7. 丧葬费32232元，符合法律规定，本院依法予以支持；8. 处理丧葬事宜支出的交通费3000元，本院酌情支持2000元；9. 处理丧葬事宜支出的误工费4200元（3人×200元/天×7天），结合本案的实际情况本院酌情参照2015年农、林、牧、渔在岗职工平均工资34429元予以支持3人7天的误工费，即34229元/年÷365天×3人×7天=1970元。综上，李建刚因帮工造成的各项经济损失，本院作如下认定：死亡赔偿金474714元（26373元/年×18年）、丧葬费32232元、医疗费12139元、护理费500元、住院伙食补助费250元、营养费250元、处理丧葬事宜交通费2000元、处理丧葬事宜的误工费1970元，上述八项共计524055元。根据本院以上责任认定，本院认定被告李建蕊应支付二原告损失524055元的15%，即78608.25元。

编写人：云南省昆明市呈贡区人民法院　林莉

附　录

中华人民共和国侵权责任法

（2009年12月26日第十一届全国人民代表大会常务委员会第十二次会议通过　2009年12月26日中华人民共和国主席令第21号公布　自2010年7月1日起施行）

目　　录

第一章　一般规定

第一条　**【立法目的】**为保护民事主体的合法权益，明确侵权责任，预防并制裁侵权行为，促进社会和谐稳定，制定本法。

第二条　**【民事权益的范围】**侵害民事权益，应当依照本法承担侵权责任。

本法所称民事权益，包括生命权、健康权、姓名权、名誉权、荣誉权、肖像权、隐私权、婚姻自主权、监护权、所有权、用益物权、担保物权、著作权、专利权、商标专用权、发现权、股权、继承权等人身、财产权益。

第三条　【被侵权人的请求权】被侵权人有权请求侵权人承担侵权责任。

第四条　【侵权责任的优先适用】侵权人因同一行为应当承担行政责任或者刑事责任的，不影响依法承担侵权责任。

因同一行为应当承担侵权责任和行政责任、刑事责任，侵权人的财产不足以支付的，先承担侵权责任。

第五条　【其他法律规定的优先适用】其他法律对侵权责任另有特别规定的，依照其规定。

第二章　责任构成和责任方式

第六条　【过错责任与推定过错责任】行为人因过错侵害他人民事权益，应当承担侵权责任。

根据法律规定推定行为人有过错，行为人不能证明自己没有过错的，应当承担侵权责任。

第七条　【无过错责任】行为人损害他人民事权益，不论行为人有无过错，法律规定应当承担侵权责任的，依照其规定。

第八条　【共同侵权的连带责任】二人以上共同实施侵权行为，造成他人损害的，应当承担连带责任。

第九条　【教唆、帮助他人侵权的责任方式】教唆、帮助他人实施侵权行为的，应当与行为人承担连带责任。

教唆、帮助无民事行为能力人、限制民事行为能力人实施侵权行为的，应当承担侵权责任；该无民事行为能力人、限制民事行为能力人的监护人未尽到监护责任的，应当承担相应的责任。

第十条　【共同危险行为】二人以上实施危及他人人身、财产安全的行为，其中一人或者数人的行为造成他人损害，能够确定具体侵权人的，由侵权人承担责任；不能确定具体侵权人的，行为人承担连带责任。

第十一条　【多人分别侵权的连带责任】二人以上分别实施侵权行为造成同一

损害，每个人的侵权行为都足以造成全部损害的，行为人承担连带责任。

第十二条 【多人分别侵权的按份责任】二人以上分别实施侵权行为造成同一损害，能够确定责任大小的，各自承担相应的责任；难以确定责任大小的，平均承担赔偿责任。

第十三条 【被侵权人对连带责任的主张形式】法律规定承担连带责任的，被侵权人有权请求部分或者全部连带责任人承担责任。

第十四条 【连带责任内部责任分担】连带责任人根据各自责任大小确定相应的赔偿数额；难以确定责任大小的，平均承担赔偿责任。

支付超出自己赔偿数额的连带责任人，有权向其他连带责任人追偿。

第十五条 【承担侵权责任的方式】承担侵权责任的方式主要有：

（一）停止侵害；

（二）排除妨碍；

（三）消除危险；

（四）返还财产；

（五）恢复原状；

（六）赔偿损失；

（七）赔礼道歉；

（八）消除影响、恢复名誉。

以上承担侵权责任的方式，可以单独适用，也可以合并适用。

第十六条 【人身损害赔偿范围】侵害他人造成人身损害的，应当赔偿医疗费、护理费、交通费等为治疗和康复支出的合理费用，以及因误工减少的收入。造成残疾的，还应当赔偿残疾生活辅助具费和残疾赔偿金。造成死亡的，还应当赔偿丧葬费和死亡赔偿金。

第十七条 【同一事故多人死亡的同命同价原则】因同一侵权行为造成多人死亡的，可以以相同数额确定死亡赔偿金。

第十八条 【请求赔偿的权利主体范围】被侵权人死亡的，其近亲属有权请求侵权人承担侵权责任。被侵权人为单位，该单位分立、合并的，承继权利的单位有权请求侵权人承担侵权责任。

被侵权人死亡的，支付被侵权人医疗费、丧葬费等合理费用的人有权请求侵权人赔偿费用，但侵权人已支付该费用的除外。

第十九条　【财产损失的计算标准】侵害他人财产的，财产损失按照损失发生时的市场价格或者其他方式计算。

第二十条　【与人身权相关的损失计算标准】侵害他人人身权益造成财产损失的，按照被侵权人因此受到的损失赔偿；被侵权人的损失难以确定，侵权人因此获得利益的，按照其获得的利益赔偿；侵权人因此获得的利益难以确定，被侵权人和侵权人就赔偿数额协商不一致，向人民法院提起诉讼的，由人民法院根据实际情况确定赔偿数额。

第二十一条　【危及他人人身、财产安全的责任承担】侵权行为危及他人人身、财产安全的，被侵权人可以请求侵权人承担停止侵害、排除妨碍、消除危险等侵权责任。

第二十二条　【精神损害赔偿】侵害他人人身权益，造成他人严重精神损害的，被侵权人可以请求精神损害赔偿。

第二十三条　【防止、制止他人侵权的责任承担】因防止、制止他人民事权益被侵害而使自己受到损害的，由侵权人承担责任。侵权人逃逸或者无力承担责任，被侵权人请求补偿的，受益人应当给予适当补偿。

第二十四条　【公平分担损失】受害人和行为人对损害的发生都没有过错的，可以根据实际情况，由双方分担损失。

第二十五条　【损害赔偿金的支付方式】损害发生后，当事人可以协商赔偿费用的支付方式。协商不一致的，赔偿费用应当一次性支付；一次性支付确有困难的，可以分期支付，但应当提供相应的担保。

第三章　不承担责任和减轻责任的情形

第二十六条　【过失相抵】被侵权人对损害的发生也有过错的，可以减轻侵权人的责任。

第二十七条　【受害人故意时行为人不承担责任】损害是因受害人故意造成的，行为人不承担责任。

第二十八条　【第三人侵权】损害是因第三人造成的，第三人应当承担侵权责任。

第二十九条　【不可抗力时的责任形式】因不可抗力造成他人损害的，不承担责任。法律另有规定的，依照其规定。

第三十条　【正当防卫时的责任形式】因正当防卫造成损害的，不承担责任。正当防卫超过必要的限度，造成不应有的损害的，正当防卫人应当承担适当的责任。

第三十一条　【紧急避险时的责任形式】因紧急避险造成损害的，由引起险情发生的人承担责任。如果危险是由自然原因引起的，紧急避险人不承担责任或者给予适当补偿。紧急避险采取措施不当或者超过必要的限度，造成不应有的损害的，紧急避险人应当承担适当的责任。

第四章　关于责任主体的特殊规定

第三十二条　【监护人的责任】无民事行为能力人、限制民事行为能力人造成他人损害的，由监护人承担侵权责任。监护人尽到监护责任的，可以减轻其侵权责任。

有财产的无民事行为能力人、限制民事行为能力人造成他人损害的，从本人财产中支付赔偿费用。不足部分，由监护人赔偿。

第三十三条　【完全民事行为能力人暂时失去意识时的责任形式】完全民事行为能力人对自己的行为暂时没有意识或者失去控制造成他人损害有过错的，应当承担侵权责任；没有过错的，根据行为人的经济状况对受害人适当补偿。

完全民事行为能力人因醉酒、滥用麻醉药品或者精神药品对自己的行为暂时没有意识或者失去控制造成他人损害的，应当承担侵权责任。

第三十四条　【用人单位责任与用工单位责任】用人单位的工作人员因执行工作任务造成他人损害的，由用人单位承担侵权责任。

劳务派遣期间，被派遣的工作人员因执行工作任务造成他人损害的，由接受劳务派遣的用工单位承担侵权责任；劳务派遣单位有过错的，承担相应的补充责任。

第三十五条　【个人劳务关系的责任承担】个人之间形成劳务关系，提供劳务一方因劳务造成他人损害的，由接受劳务一方承担侵权责任。提供劳务一方因劳务自己受到损害的，根据双方各自的过错承担相应的责任。

第三十六条　【网络侵权】网络用户、网络服务提供者利用网络侵害他人民事权益的，应当承担侵权责任。

网络用户利用网络服务实施侵权行为的，被侵权人有权通知网络服务提供者采取删除、屏蔽、断开链接等必要措施。网络服务提供者接到通知后未及时采取必要措施的，对损害的扩大部分与该网络用户承担连带责任。

网络服务提供者知道网络用户利用其网络服务侵害他人民事权益，未采取必要措施的，与该网络用户承担连带责任。

第三十七条　【公共场所的安全保障义务与第三人责任】宾馆、商场、银行、车站、娱乐场所等公共场所的管理人或者群众性活动的组织者，未尽到安全保障义务，造成他人损害的，应当承担侵权责任。

因第三人的行为造成他人损害的，由第三人承担侵权责任；管理人或者组织者未尽到安全保障义务的，承担相应的补充责任。

第三十八条　【受伤害学生为无民事行为能力人时的责任承担】无民事行为能力人在幼儿园、学校或者其他教育机构学习、生活期间受到人身损害的，幼儿园、学校或者其他教育机构应当承担责任，但能够证明尽到教育、管理职责的，不承担责任。

第三十九条　【受伤害学生为限制民事行为能力人时的责任承担】限制民事行为能力人在学校或者其他教育机构学习、生活期间受到人身损害，学校或者其他教育机构未尽到教育、管理职责的，应当承担责任。

第四十条　【侵权人为校外人员时的责任承担】无民事行为能力人或者限制民事行为能力人在幼儿园、学校或者其他教育机构学习、生活期间，受到幼儿园、学校或者其他教育机构以外的人员人身损害的，由侵权人承担侵权责任；幼儿园、学校或者其他教育机构未尽到管理职责的，承担相应的补充责任。

第五章　产 品 责 任

第四十一条　【生产者的产品责任】因产品存在缺陷造成他人损害的，生产者应当承担侵权责任。

第四十二条　【销售者的产品责任】因销售者的过错使产品存在缺陷，造成他人损害的，销售者应当承担侵权责任。

销售者不能指明缺陷产品的生产者也不能指明缺陷产品的供货者的，销售者应当承担侵权责任。

第四十三条　【产品责任的请求权与追偿权的行使】因产品存在缺陷造成损害的，被侵权人可以向产品的生产者请求赔偿，也可以向产品的销售者请求赔偿。

产品缺陷由生产者造成的，销售者赔偿后，有权向生产者追偿。

因销售者的过错使产品存在缺陷的，生产者赔偿后，有权向销售者追偿。

第四十四条　【生产者、销售者向第三人追偿权】因运输者、仓储者等第三人的过错使产品存在缺陷，造成他人损害的，产品的生产者、销售者赔偿后，有权向第三人追偿。

第四十五条　【产品缺陷危及他人人身、财产的侵权责任】因产品缺陷危及他人人身、财产安全的，被侵权人有权请求生产者、销售者承担排除妨碍、消除危险等侵权责任。

第四十六条　【缺陷产品的警示、召回】产品投入流通后发现存在缺陷的，生产者、销售者应当及时采取警示、召回等补救措施。未及时采取补救措施或者补救措施不力造成损害的，应当承担侵权责任。

第四十七条　【产品责任的惩罚性赔偿】明知产品存在缺陷仍然生产、销售，造成他人死亡或者健康严重损害的，被侵权人有权请求相应的惩罚性赔偿。

第六章　机动车交通事故责任

第四十八条　【机动车交通事故的法律适用】机动车发生交通事故造成损害的，依照道路交通安全法的有关规定承担赔偿责任。

第四十九条　【机动车所有人与使用人不同时的责任承担】因租赁、借用等情形机动车所有人与使用人不是同一人时，发生交通事故后属于该机动车一方责任的，由保险公司在机动车强制保险责任限额范围内予以赔偿。不足部分，由机动车使用人承担赔偿责任；机动车所有人对损害的发生有过错的，承担相应的赔偿责任。

第五十条　【机动车已交付但未变更登记的责任承担】当事人之间已经以买卖等方式转让并交付机动车但未办理所有权转移登记，发生交通事故后属于该机动车一方责任的，由保险公司在机动车强制保险责任限额范围内予以赔偿。不足部分，由受让人承担赔偿责任。

第五十一条 【拼装或报废机动车交通事故的责任承担】以买卖等方式转让拼装或者已达到报废标准的机动车，发生交通事故造成损害的，由转让人和受让人承担连带责任。

第五十二条 【盗窃、抢劫或者抢夺的机动车交通事故责任承担】盗窃、抢劫或者抢夺的机动车发生交通事故造成损害的，由盗窃人、抢劫人或者抢夺人承担赔偿责任。保险公司在机动车强制保险责任限额范围内垫付抢救费用的，有权向交通事故责任人追偿。

第五十三条 【驾驶人逃逸的责任承担】机动车驾驶人发生交通事故后逃逸，该机动车参加强制保险的，由保险公司在机动车强制保险责任限额范围内予以赔偿；机动车不明或者该机动车未参加强制保险，需要支付被侵权人人身伤亡的抢救、丧葬等费用的，由道路交通事故社会救助基金垫付。道路交通事故社会救助基金垫付后，其管理机构有权向交通事故责任人追偿。

第七章 医疗损害责任

第五十四条 【医疗过错责任】患者在诊疗活动中受到损害，医疗机构及其医务人员有过错的，由医疗机构承担赔偿责任。

第五十五条 【医务人员的说明义务以及患者的同意权】医务人员在诊疗活动中应当向患者说明病情和医疗措施。需要实施手术、特殊检查、特殊治疗的，医务人员应当及时向患者说明医疗风险、替代医疗方案等情况，并取得其书面同意；不宜向患者说明的，应当向患者的近亲属说明，并取得其书面同意。

医务人员未尽到前款义务，造成患者损害的，医疗机构应当承担赔偿责任。

第五十六条 【紧急情况下知情同意的特殊规定】因抢救生命垂危的患者等紧急情况，不能取得患者或者其近亲属意见的，经医疗机构负责人或者授权的负责人批准，可以立即实施相应的医疗措施。

第五十七条 【医务人员诊疗中的注意义务】医务人员在诊疗活动中未尽到与当时的医疗水平相应的诊疗义务，造成患者损害的，医疗机构应当承担赔偿责任。

第五十八条 【医疗机构的过错推定】患者有损害，因下列情形之一的，推定医疗机构有过错：

（一）违反法律、行政法规、规章以及其他有关诊疗规范的规定；

（二）隐匿或者拒绝提供与纠纷有关的病历资料；

（三）伪造、篡改或者销毁病历资料。

第五十九条　【医疗产品有缺陷时的责任主体】因药品、消毒药剂、医疗器械的缺陷，或者输入不合格的血液造成患者损害的，患者可以向生产者或者血液提供机构请求赔偿，也可以向医疗机构请求赔偿。患者向医疗机构请求赔偿的，医疗机构赔偿后，有权向负有责任的生产者或者血液提供机构追偿。

第六十条　【医疗机构的法定免责事由】患者有损害，因下列情形之一的，医疗机构不承担赔偿责任：

（一）患者或者其近亲属不配合医疗机构进行符合诊疗规范的诊疗；

（二）医务人员在抢救生命垂危的患者等紧急情况下已经尽到合理诊疗义务；

（三）限于当时的医疗水平难以诊疗。

前款第一项情形中，医疗机构及其医务人员也有过错的，应当承担相应的赔偿责任。

第六十一条　【医疗机构对于资料的保存义务以及患者的查询与复制权】医疗机构及其医务人员应当按照规定填写并妥善保管住院志、医嘱单、检验报告、手术及麻醉记录、病理资料、护理记录、医疗费用等病历资料。

患者要求查阅、复制前款规定的病历资料的，医疗机构应当提供。

第六十二条　【患者的隐私权】医疗机构及其医务人员应当对患者的隐私保密。泄露患者隐私或者未经患者同意公开其病历资料，造成患者损害的，应当承担侵权责任。

第六十三条　【过度诊疗的禁止】医疗机构及其医务人员不得违反诊疗规范实施不必要的检查。

第六十四条　【医疗机构及其人员合法权益的保护】医疗机构及其医务人员的合法权益受法律保护。干扰医疗秩序，妨害医务人员工作、生活的，应当依法承担法律责任。

第八章　环境污染责任

第六十五条　【环境污染的无过错责任】因污染环境造成损害的，污染者应当承担侵权责任。

第六十六条 【污染者举证责任】因污染环境发生纠纷，污染者应当就法律规定的不承担责任或者减轻责任的情形及其行为与损害之间不存在因果关系承担举证责任。

第六十七条 【污染者责任的确定】两个以上污染者污染环境，污染者承担责任的大小，根据污染物的种类、排放量等因素确定。

第六十八条 【污染者赔偿责任及其向第三人的追偿权】因第三人的过错污染环境造成损害的，被侵权人可以向污染者请求赔偿，也可以向第三人请求赔偿。污染者赔偿后，有权向第三人追偿。

第九章 高度危险责任

第六十九条 【高度危险作业的严格责任】从事高度危险作业造成他人损害的，应当承担侵权责任。

第七十条 【核事故侵权责任】民用核设施发生核事故造成他人损害的，民用核设施的经营者应当承担侵权责任，但能够证明损害是因战争等情形或者受害人故意造成的，不承担责任。

第七十一条 【航空事故侵权责任】民用航空器造成他人损害的，民用航空器的经营者应当承担侵权责任，但能够证明损害是因受害人故意造成的，不承担责任。

第七十二条 【高度危险物占有人或者使用人的侵权责任】占有或者使用易燃、易爆、剧毒、放射性等高度危险物造成他人损害的，占有人或者使用人应当承担侵权责任，但能够证明损害是因受害人故意或者不可抗力造成的，不承担责任。被侵权人对损害的发生有重大过失的，可以减轻占有人或者使用人的责任。

第七十三条 【高空、高压、地下挖掘以及高速轨道运输侵权责任及其免责】从事高空、高压、地下挖掘活动或者使用高速轨道运输工具造成他人损害的，经营者应当承担侵权责任，但能够证明损害是因受害人故意或者不可抗力造成的，不承担责任。被侵权人对损害的发生有过失的，可以减轻经营者的责任。

第七十四条 【遗失、抛弃高度危险物侵权责任】遗失、抛弃高度危险物造成他人损害的，由所有人承担侵权责任。所有人将高度危险物交由他人管理的，由管理人承担侵权责任；所有人有过错的，与管理人承担连带责任。

第七十五条　【非法占有高度危险物侵权责任】非法占有高度危险物造成他人损害的，由非法占有人承担侵权责任。所有人、管理人不能证明对防止他人非法占有尽到高度注意义务的，与非法占有人承担连带责任。

第七十六条　【擅自进入高危区域的责任承担】未经许可进入高度危险活动区域或者高度危险物存放区域受到损害，管理人已经采取安全措施并尽到警示义务的，可以减轻或者不承担责任。

第七十七条　【高度危险责任赔偿限额】承担高度危险责任，法律规定赔偿限额的，依照其规定。

第十章　饲养动物损害责任

第七十八条　【动物损害侵权责任】饲养的动物造成他人损害的，动物饲养人或者管理人应当承担侵权责任，但能够证明损害是因被侵权人故意或者重大过失造成的，可以不承担或者减轻责任。

第七十九条　【未对动物采取安全措施的侵权责任】违反管理规定，未对动物采取安全措施造成他人损害的，动物饲养人或者管理人应当承担侵权责任。

第八十条　【烈性犬等危险动物致人损害的严格责任】禁止饲养的烈性犬等危险动物造成他人损害的，动物饲养人或者管理人应当承担侵权责任。

第八十一条　【动物园动物侵权责任】动物园的动物造成他人损害的，动物园应当承担侵权责任，但能够证明尽到管理职责的，不承担责任。

第八十二条　【遗弃、逃逸动物侵权责任】遗弃、逃逸的动物在遗弃、逃逸期间造成他人损害的，由原动物饲养人或者管理人承担侵权责任。

第八十三条　【动物侵权的第三人过错责任】因第三人的过错致使动物造成他人损害的，被侵权人可以向动物饲养人或者管理人请求赔偿，也可以向第三人请求赔偿。动物饲养人或者管理人赔偿后，有权向第三人追偿。

第八十四条　【饲养动物的合法原则】饲养动物应当遵守法律，尊重社会公德，不得妨害他人生活。

第十一章　物件损害责任

第八十五条　【搁置物、构筑物、悬挂物侵权的过错推定责任】建筑物、构筑物或者其他设施及其搁置物、悬挂物发生脱落、坠落造成他人损害，所有人、管理人或者使用人不能证明自己没有过错的，应当承担侵权责任。所有人、管理人或者使用人赔偿后，有其他责任人的，有权向其他责任人追偿。

第八十六条　【建筑物等设施倒塌侵权责任】建筑物、构筑物或者其他设施倒塌造成他人损害的，由建设单位与施工单位承担连带责任。建设单位、施工单位赔偿后，有其他责任人的，有权向其他责任人追偿。

因其他责任人的原因，建筑物、构筑物或者其他设施倒塌造成他人损害的，由其他责任人承担侵权责任。

第八十七条　【高楼坠物的可能加害人责任】从建筑物中抛掷物品或者从建筑物上坠落的物品造成他人损害，难以确定具体侵权人的，除能够证明自己不是侵权人的外，由可能加害的建筑物使用人给予补偿。

第八十八条　【堆放物过错推定责任】堆放物倒塌造成他人损害，堆放人不能证明自己没有过错的，应当承担侵权责任。

第八十九条　【堆放、倾倒、遗撒物品损害侵权责任】在公共道路上堆放、倾倒、遗撒妨碍通行的物品造成他人损害的，有关单位或者个人应当承担侵权责任。

第九十条　【林木折断致人损害侵权责任】因林木折断造成他人损害，林木的所有人或者管理人不能证明自己没有过错的，应当承担侵权责任。

第九十一条　【公共场所以及路面施工侵权责任】在公共场所或者道路上挖坑、修缮安装地下设施等，没有设置明显标志和采取安全措施造成他人损害的，施工人应当承担侵权责任。

窨井等地下设施造成他人损害，管理人不能证明尽到管理职责的，应当承担侵权责任。

第十二章　附　　则

第九十二条　【施行时间】本法自 2010 年 7 月 1 日起施行。

最高人民法院关于审理人身损害赔偿案件适用法律若干问题的解释

（2003 年 12 月 4 日最高人民法院审判委员会第 1299 次会议通过
2003 年 12 月 26 日最高人民法院公告公布　自 2004 年 5 月 1 日起施行
法释〔2003〕20 号）

为正确审理人身损害赔偿案件，依法保护当事人的合法权益，根据《中华人民共和国民法通则》（以下简称民法通则）、《中华人民共和国民事诉讼法》（以下简称民事诉讼法）等有关法律规定，结合审判实践，就有关适用法律的问题作如下解释：

第一条　因生命、健康、身体遭受侵害，赔偿权利人起诉请求赔偿义务人赔偿财产损失和精神损害的，人民法院应予受理。

本条所称“赔偿权利人”，是指因侵权行为或者其他致害原因直接遭受人身损害的受害人、依法由受害人承担扶养义务的被扶养人以及死亡受害人的近亲属。

本条所称“赔偿义务人”，是指因自己或者他人的侵权行为以及其他致害原因依法应当承担民事责任的自然人、法人或者其他组织。

第二条　受害人对同一损害的发生或者扩大有故意、过失的，依照民法通则第一百三十一条的规定，可以减轻或者免除赔偿义务人的赔偿责任。但侵权人因故意或者重大过失致人损害，受害人只有一般过失的，不减轻赔偿义务人的赔偿责任。

适用民法通则第一百零六条第三款规定确定赔偿义务人的赔偿责任时，受害人有重大过失的，可以减轻赔偿义务人的赔偿责任。

第三条　二人以上共同故意或者共同过失致人损害，或者虽无共同故意、共同过失，但其侵害行为直接结合发生同一损害后果的，构成共同侵权，应当依照民法通则第一百三十条规定承担连带责任。

二人以上没有共同故意或者共同过失，但其分别实施的数个行为间接结合发生同一损害后果的，应当根据过失大小或者原因力比例各自承担相应的赔偿责任。

第四条　二人以上共同实施危及他人人身安全的行为并造成损害后果，不能确定实际侵害行为人的，应当依照民法通则第一百三十条规定承担连带责任。共同危险行为人能够证明损害后果不是由其行为造成的，不承担赔偿责任。

第五条　赔偿权利人起诉部分共同侵权人的，人民法院应当追加其他共同侵权人作为共同被告。赔偿权利人在诉讼中放弃对部分共同侵权人的诉讼请求的，其他共同侵权人对被放弃诉讼请求的被告应当承担的赔偿份额不承担连带责任。责任范围难以确定的，推定各共同侵权人承担同等责任。

人民法院应当将放弃诉讼请求的法律后果告知赔偿权利人，并将放弃诉讼请求的情况在法律文书中叙明。

第六条　从事住宿、餐饮、娱乐等经营活动或者其他社会活动的自然人、法人、其他组织，未尽合理限度范围内的安全保障义务致使他人遭受人身损害，赔偿权利人请求其承担相应赔偿责任的，人民法院应予支持。

因第三人侵权导致损害结果发生的，由实施侵权行为的第三人承担赔偿责任。安全保障义务人有过错的，应当在其能够防止或者制止损害的范围内承担相应的补充赔偿责任。安全保障义务人承担责任后，可以向第三人追偿。赔偿权利人起诉安全保障义务人的，应当将第三人作为共同被告，但第三人不能确定的除外。

第七条　对未成年人依法负有教育、管理、保护义务的学校、幼儿园或者其他教育机构，未尽职责范围内的相关义务致使未成年人遭受人身损害，或者未成年人致他人人身损害的，应当承担与其过错相应的赔偿责任。

第三人侵权致未成年人遭受人身损害的，应当承担赔偿责任。学校、幼儿园等教育机构有过错的，应当承担相应的补充赔偿责任。

第八条　法人或者其他组织的法定代表人、负责人以及工作人员，在执行职务中致人损害的，依照民法通则第一百二十一条的规定，由该法人或者其他组织承担民事责任。上述人员实施与职务无关的行为致人损害的，应当由行为人承担赔偿责任。

属于《国家赔偿法》赔偿事由的，依照《国家赔偿法》的规定处理。

第九条　雇员在从事雇佣活动中致人损害的，雇主应当承担赔偿责任；雇员因故意或者重大过失致人损害的，应当与雇主承担连带赔偿责任。雇主承担连带赔偿责任的，可以向雇员追偿。

前款所称“从事雇佣活动”，是指从事雇主授权或者指示范围内的生产经营活动或者其他劳务活动。雇员的行为超出授权范围，但其表现形式是履行职务或者与履行职务有内在联系的，应当认定为“从事雇佣活动”。

第十条 承揽人在完成工作过程中对第三人造成损害或者造成自身损害的，定作人不承担赔偿责任。但定作人对定作、指示或者选任有过失的，应当承担相应的赔偿责任。

第十一条 雇员在从事雇佣活动中遭受人身损害，雇主应当承担赔偿责任。雇佣关系以外的第三人造成雇员人身损害的，赔偿权利人可以请求第三人承担赔偿责任，也可以请求雇主承担赔偿责任。雇主承担赔偿责任后，可以向第三人追偿。

雇员在从事雇佣活动中因安全生产事故遭受人身损害，发包人、分包人知道或者应当知道接受发包或者分包业务的雇主没有相应资质或者安全生产条件的，应当与雇主承担连带赔偿责任。

属于《工伤保险条例》调整的劳动关系和工伤保险范围的，不适用本条规定。

第十二条 依法应当参加工伤保险统筹的用人单位的劳动者，因工伤事故遭受人身损害，劳动者或者其近亲属向人民法院起诉请求用人单位承担民事赔偿责任的，告知其按《工伤保险条例》的规定处理。

因用人单位以外的第三人侵权造成劳动者人身损害，赔偿权利人请求第三人承担民事赔偿责任的，人民法院应予支持。

第十三条 为他人无偿提供劳务的帮工人，在从事帮工活动中致人损害的，被帮工人应当承担赔偿责任。被帮工人明确拒绝帮工的，不承担赔偿责任。帮工人存在故意或者重大过失，赔偿权利人请求帮工人和被帮工人承担连带责任的，人民法院应予支持。

第十四条 帮工人因帮工活动遭受人身损害的，被帮工人应当承担赔偿责任。被帮工人明确拒绝帮工的，不承担赔偿责任；但可以在受益范围内予以适当补偿。

帮工人因第三人侵权遭受人身损害的，由第三人承担赔偿责任。第三人不能确定或者没有赔偿能力的，可以由被帮工人予以适当补偿。

第十五条 为维护国家、集体或者他人的合法权益而使自己受到人身损害，因没有侵权人、不能确定侵权人或者侵权人没有赔偿能力，赔偿权利人请求受益人在受益范围内予以适当补偿的，人民法院应予支持。

第十六条 下列情形，适用民法通则第一百二十六条的规定，由所有人或者管理人承担赔偿责任，但能够证明自己没有过错的除外：

（一）道路、桥梁、隧道等人工建造的构筑物因维护、管理瑕疵致人损害的；

（二）堆放物品滚落、滑落或者堆放物倒塌致人损害的；

（三）树木倾倒、折断或者果实坠落致人损害的。

前款第（一）项情形，因设计、施工缺陷造成损害的，由所有人、管理人与设计、施工者承担连带责任。

第十七条 受害人遭受人身损害，因就医治疗支出的各项费用以及因误工减少的收入，包括医疗费、误工费、护理费、交通费、住宿费、住院伙食补助费、必要的营养费，赔偿义务人应当予以赔偿。

受害人因伤致残的，其因增加生活上需要所支出的必要费用以及因丧失劳动能力导致的收入损失，包括残疾赔偿金、残疾辅助器具费、被扶养人生活费，以及因康复护理、继续治疗实际发生的必要的康复费、护理费、后续治疗费，赔偿义务人也应当予以赔偿。

受害人死亡的，赔偿义务人除应当根据抢救治疗情况赔偿本条第一款规定的相关费用外，还应当赔偿丧葬费、被扶养人生活费、死亡补偿费以及受害人亲属办理丧葬事宜支出的交通费、住宿费和误工损失等其他合理费用。

第十八条 受害人或者死者近亲属遭受精神损害，赔偿权利人向人民法院请求赔偿精神损害抚慰金的，适用《最高人民法院关于确定民事侵权精神损害赔偿责任若干问题的解释》予以确定。

精神损害抚慰金的请求权，不得让与或者继承。但赔偿义务人已经以书面方式承诺给予金钱赔偿，或者赔偿权利人已经向人民法院起诉的除外。

第十九条 医疗费根据医疗机构出具的医药费、住院费等收款凭证，结合病历和诊断证明等相关证据确定。赔偿义务人对治疗的必要性和合理性有异议的，应当承担相应的举证责任。

医疗费的赔偿数额，按照一审法庭辩论终结前实际发生的数额确定。器官功能恢复训练所必要的康复费、适当的整容费以及其他后续治疗费，赔偿权利人可以待实际发生后另行起诉。但根据医疗证明或者鉴定结论确定必然发生的费用，可以与已经发生的医疗费一并予以赔偿。

第二十条 误工费根据受害人的误工时间和收入状况确定。

误工时间根据受害人接受治疗的医疗机构出具的证明确定。受害人因伤致残持续误工的，误工时间可以计算至定残日前一天。

受害人有固定收入的，误工费按照实际减少的收入计算。受害人无固定收入的，按照其最近三年的平均收入计算；受害人不能举证证明其最近三年的平均收入状况的，可以参照受诉法院所在地相同或者相近行业上一年度职工的平均工资计算。

第二十一条 护理费根据护理人员的收入状况和护理人数、护理期限确定。

护理人员有收入的，参照误工费的规定计算；护理人员没有收入或者雇佣护工的，参照当地护工从事同等级别护理的劳务报酬标准计算。护理人员原则上为一人，但医疗机构或者鉴定机构有明确意见的，可以参照确定护理人员人数。

护理期限应计算至受害人恢复生活自理能力时止。受害人因残疾不能恢复生活自理能力的，可以根据其年龄、健康状况等因素确定合理的护理期限，但最长不超过二十年。

受害人定残后的护理，应当根据其护理依赖程度并结合配制残疾辅助器具的情况确定护理级别。

第二十二条 交通费根据受害人及其必要的陪护人员因就医或者转院治疗实际发生的费用计算。交通费应当以正式票据为凭；有关凭据应当与就医地点、时间、人数、次数相符合。

第二十三条 住院伙食补助费可以参照当地国家机关一般工作人员的出差伙食补助标准予以确定。

受害人确有必要到外地治疗，因客观原因不能住院，受害人本人及其陪护人员实际发生的住宿费和伙食费，其合理部分应予赔偿。

第二十四条 营养费根据受害人伤残情况参照医疗机构的意见确定。

第二十五条 残疾赔偿金根据受害人丧失劳动能力程度或者伤残等级，按照受诉法院所在地上一年度城镇居民人均可支配收入或者农村居民人均纯收入标准，自定残之日起按二十年计算。但六十周岁以上的，年龄每增加一岁减少一年；七十五周岁以上的，按五年计算。

受害人因伤致残但实际收入没有减少，或者伤残等级较轻但造成职业妨害严重影响其劳动就业的，可以对残疾赔偿金作相应调整。

第二十六条 残疾辅助器具费按照普通适用器具的合理费用标准计算。伤情有特殊需要的，可以参照辅助器具配制机构的意见确定相应的合理费用标准。

辅助器具的更换周期和赔偿期限参照配制机构的意见确定。

第二十七条 丧葬费按照受诉法院所在地上一年度职工月平均工资标准，以六个月总额计算。

第二十八条 被扶养人生活费根据扶养人丧失劳动能力程度，按照受诉法院所在地上一年度城镇居民人均消费性支出和农村居民人均年生活消费支出标准计算。被扶养人为未成年人的，计算至十八周岁；被扶养人无劳动能力又无其他生活来源的，计算二十年。但六十周岁以上的，年龄每增加一岁减少一年；七十五周岁以上的，按五年计算。

被扶养人是指受害人依法应当承担扶养义务的未成年人或者丧失劳动能力又无其他生活来源的成年近亲属。被扶养人还有其他扶养人的，赔偿义务人只赔偿受害人依法应当负担的部分。被扶养人有数人的，年赔偿总额累计不超过上一年度城镇居民人均消费性支出额或者农村居民人均年生活消费支出额。

第二十九条 死亡赔偿金按照受诉法院所在地上一年度城镇居民人均可支配收入或者农村居民人均纯收入标准，按二十年计算。但六十周岁以上的，年龄每增加一岁减少一年；七十五周岁以上的，按五年计算。

第三十条 赔偿权利人举证证明其住所地或者经常居住地城镇居民人均可支配收入或者农村居民人均纯收入高于受诉法院所在地标准的，残疾赔偿金或者死亡赔偿金可以按照其住所地或者经常居住地的相关标准计算。

被扶养人生活费的相关计算标准，依照前款原则确定。

第三十一条 人民法院应当按照民法通则第一百三十一条以及本解释第二条的规定，确定第十九条至第二十九条各项财产损失的实际赔偿金额。

前款确定的物质损害赔偿金与按照第十八条第一款规定确定的精神损害抚慰金，原则上应当一次性给付。

第三十二条 超过确定的护理期限、辅助器具费给付年限或者残疾赔偿金给付年限，赔偿权利人向人民法院起诉请求继续给付护理费、辅助器具费或者残疾赔偿金的，人民法院应予受理。赔偿权利人确需继续护理、配制辅助器具，或者没有劳动能力和生活来源的，人民法院应当判令赔偿义务人继续给付相关费用五至十年。

第三十三条 赔偿义务人请求以定期金方式给付残疾赔偿金、被扶养人生活费、残疾辅助器具费的，应当提供相应的担保。人民法院可以根据赔偿义务人的给付能力和提供担保的情况，确定以定期金方式给付相关费用。但一审法庭辩论终结前已经发生的费用、死亡赔偿金以及精神损害抚慰金，应当一次性给付。

第三十四条 人民法院应当在法律文书中明确定期金的给付时间、方式以及每期给付标准。执行期间有关统计数据发生变化的，给付金额应当适时进行相应调整。

定期金按照赔偿权利人的实际生存年限给付，不受本解释有关赔偿期限的限制。

第三十五条 本解释所称"城镇居民人均可支配收入"、"农村居民人均纯收入"、"城镇居民人均消费性支出"、"农村居民人均年生活消费支出"、"职工平均工资"，按照政府统计部门公布的各省、自治区、直辖市以及经济特区和计划单列市上一年度相关统计数据确定。

"上一年度"，是指一审法庭辩论终结时的上一统计年度。

第三十六条 本解释自2004年5月1日起施行。2004年5月1日后新受理的一审人身损害赔偿案件，适用本解释的规定。已经作出生效裁判的人身损害赔偿案件依法再审的，不适用本解释的规定。

在本解释公布施行之前已经生效施行的司法解释，其内容与本解释不一致的，以本解释为准。

最高人民法院关于确定民事侵权精神损害赔偿责任若干问题的解释

（2001年2月26日最高人民法院审判委员会第1161次会议通过 2001年3月8日最高人民法院公告公布 自2001年3月10日起施行 法释〔2001〕7号）

为在审理民事侵权案件中正确确定精神损害赔偿责任，根据《中华人民共和国民法通则》等有关法律规定，结合审判实践经验，对有关问题作如下解释：

第一条　自然人因下列人格权利遭受非法侵害，向人民法院起诉请求赔偿精神损害的，人民法院应当依法予以受理：

（一）生命权、健康权、身体权；

（二）姓名权、肖像权、名誉权、荣誉权；

（三）人格尊严权、人身自由权。

违反社会公共利益、社会公德侵害他人隐私或者其他人格利益，受害人以侵权为由向人民法院起诉请求赔偿精神损害的，人民法院应当依法予以受理。

第二条　非法使被监护人脱离监护，导致亲子关系或者近亲属间的亲属关系遭受严重损害，监护人向人民法院起诉请求赔偿精神损害的，人民法院应当依法予以受理。

第三条　自然人死亡后，其近亲属因下列侵权行为遭受精神痛苦，向人民法院起诉请求赔偿精神损害的，人民法院应当依法予以受理：

（一）以侮辱、诽谤、贬损、丑化或者违反社会公共利益、社会公德的其他方式，侵害死者姓名、肖像、名誉、荣誉；

（二）非法披露、利用死者隐私，或者以违反社会公共利益、社会公德的其他方式侵害死者隐私；

（三）非法利用、损害遗体、遗骨，或者以违反社会公共利益、社会公德的其他方式侵害遗体、遗骨。

第四条　具有人格象征意义的特定纪念物品，因侵权行为而永久性灭失或者毁损，物品所有人以侵权为由，向人民法院起诉请求赔偿精神损害的，人民法院应当依法予以受理。

第五条　法人或者其他组织以人格权利遭受侵害为由，向人民法院起诉请求赔偿精神损害的，人民法院不予受理。

第六条　当事人在侵权诉讼中没有提出赔偿精神损害的诉讼请求，诉讼终结后又基于同一侵权事实另行起诉请求赔偿精神损害的，人民法院不予受理。

第七条　自然人因侵权行为致死，或者自然人死亡后其人格或者遗体遭受侵害，死者的配偶、父母和子女向人民法院起诉请求赔偿精神损害的，列其配偶、父母和子女为原告；没有配偶、父母和子女的，可以由其他近亲属提起诉讼，列其他近亲属为原告。

第八条 因侵权致人精神损害，但未造成严重后果，受害人请求赔偿精神损害的，一般不予支持，人民法院可以根据情形判令侵权人停止侵害、恢复名誉、消除影响、赔礼道歉。

因侵权致人精神损害，造成严重后果的，人民法院除判令侵权人承担停止侵害、恢复名誉、消除影响、赔礼道歉等民事责任外，可以根据受害人一方的请求判令其赔偿相应的精神损害抚慰金。

第九条 精神损害抚慰金包括以下方式：

（一）致人残疾的，为残疾赔偿金；

（二）致人死亡的，为死亡赔偿金；

（三）其他损害情形的精神抚慰金。

第十条 精神损害的赔偿数额根据以下因素确定：

（一）侵权人的过错程度，法律另有规定的除外；

（二）侵害的手段、场合、行为方式等具体情节；

（三）侵权行为所造成的后果；

（四）侵权人的获利情况；

（五）侵权人承担责任的经济能力；

（六）受诉法院所在地平均生活水平。

法律、行政法规对残疾赔偿金、死亡赔偿金等有明确规定的，适用法律、行政法规的规定。

第十一条 受害人对损害事实和损害后果的发生有过错的，可以根据其过错程度减轻或者免除侵权人的精神损害赔偿责任。

第十二条 在本解释公布施行之前已经生效施行的司法解释，其内容有与本解释不一致的，以本解释为准。

最高人民法院关于适用《中华人民共和国侵权责任法》若干问题的通知

（2010年6月30日　法发〔2010〕23号）

各省、自治区、直辖市高级人民法院，解放军军事法院，新疆维吾尔自治区高级人民法院生产建设兵团分院：

《中华人民共和国侵权责任法》（以下简称侵权责任法），自2010年7月1日起施行。为了正确适用侵权责任法，现就有关问题通知如下：

一、侵权责任法施行后发生的侵权行为引起的民事纠纷案件，适用侵权责任法的规定。侵权责任法施行前发生的侵权行为引起的民事纠纷案件，适用当时的法律规定。

二、侵权行为发生在侵权责任法施行前，但损害后果出现在侵权责任法施行后的民事纠纷案件，适用侵权责任法的规定。

三、人民法院适用侵权责任法审理民事纠纷案件，根据当事人的申请或者依职权决定进行医疗损害鉴定的，按照《全国人民代表大会常务委员会关于司法鉴定管理问题的决定》、《人民法院对外委托司法鉴定管理规定》及国家有关部门的规定组织鉴定。

四、人民法院适用侵权责任法审理民事纠纷案件，如受害人有被扶养人的，应当依据《最高人民法院关于审理人身损害赔偿案件适用法律若干问题的解释》第二十八条的规定，将被扶养人生活费计入残疾赔偿金或死亡赔偿金。

各级人民法院在适用侵权责任法过程中遇到的其他重大问题，请及时层报我院。

图书在版编目（CIP）数据

中国法院2019年度案例．雇员受害赔偿纠纷／国家法官学院案例开发研究中心编．—北京：中国法制出版社，2019.5

ISBN 978-7-5216-0049-0

Ⅰ.①中… Ⅱ.①国… Ⅲ.①雇佣劳动-民事纠纷-案例-汇编-中国 Ⅳ.①D920.5

中国版本图书馆CIP数据核字（2019）第040364号

策划编辑：李小草（lixiaocao2008@sina.cn）

责任编辑：黄会丽

封面设计：温培英、李宁

中国法院2019年度案例·雇员受害赔偿纠纷

ZHONGGUO FAYUAN 2019 NIANDU ANLI · GUYUAN SHOUHAI PEICHANG JIUFEN

编者/国家法官学院案例开发研究中心

经销/新华书店

印刷/三河市紫恒印装有限公司

开本/730毫米×1030毫米 16开

印张/14.5 字数/191千

版次/2019年5月第1版

2019年5月第1次印刷

中国法制出版社出版

书号 ISBN 978-7-5216-0049-0

定价：39.00元

北京西单横二条2号

邮政编码 100031

传真：010-66031119

网址：http：//www.zgfzs.com

编辑部电话：010-66070084

市场营销部电话：010-66033393

邮购部电话：010-66033288

（如有印装质量问题，请与本社印务部联系调换。电话：010-66032926）

中国法院2012～2019年度案例系列

国家法官学院案例开发研究中心　编

简便易用、权威实用——打造“好读有用”的案例

1. 权威的作者：国家法官学院案例开发研究中心持续20余年编辑了享誉海内外的《中国审判案例要览》丛书，2012年起推出《中国法院年度案例》丛书，旨在探索编辑案例的新方法、新模式，以弥补当前各种案例书的不足。

2. 强大的规模：2012、2013年各推出15本，2014年推出18本，2015年推出19本，2016年推出20本，2017年推出21本，2018、2019年推出23本，含传统和新近的所有热点纠纷，所有案例均是从全国各地法院收集到的上一年度审结的近万件典型案例中挑选出来的，具有广泛的选编基础和较强的代表性。

3. 独特的内容：不再有繁杂的案情，高度提炼案情和裁判要旨，突出争议焦点问题。不再有冗长的分析，主审法官撰写“法官后语”，展现裁判思路方法。

1. 婚姻家庭与继承纠纷
2. 物权纠纷
3. 土地纠纷（含林地纠纷）
4. 房屋买卖合同纠纷
5. 合同纠纷
6. 买卖合同纠纷
7. 借款担保纠纷
8. 民间借贷纠纷
9. 侵权赔偿纠纷
10. 道路交通纠纷
11. 雇员受害赔偿纠纷（含帮工受害纠纷）
12. 人格权纠纷（含生命、健康、身体、姓名、肖像、名誉权纠纷）
13. 劳动纠纷（含社会保险纠纷）
14. 公司纠纷
15. 保险纠纷
16. 金融纠纷
17. 知识产权纠纷
18. 行政纠纷
19. 刑事案例一
20. 刑事案例二
21. 刑事案例三
22. 刑事案例四
23. 执行案例

最高人民法院指导性案例裁判规则理解与适用系列

公司卷二	98 元	物权卷	88 元
公司卷（第二版）（上下册）	139 元	婚姻家庭卷（第二版）	68 元
民事诉讼卷（第二版）（上下册）	145 元	合同卷四（第二版）	98 元
侵权赔偿卷二	69 元	合同卷三（第二版）	98 元
侵权赔偿卷一	69 元	合同卷二（第二版）	108 元
房地产卷	98 元	合同卷一（第二版）	108 元
劳动争议卷	58 元	担保卷（第二版）（上下册）	139 元

最高人民法院知识产权审判实务系列

商标法适用的基本问题（增订版）	78 元
反不正当竞争法的创新性适用【精装】	68 元
知识产权保护的新思维——知识产权司法前沿问题	98 元
最高人民法院知识产权审判案例指导（第 9 辑）	88 元
最高人民法院知识产权审判案例指导（第 8 辑）	88 元
最高人民法院知识产权审判案例指导（第 7 辑）	98 元
最高人民法院知识产权审判案例指导（第 6 辑）	78 元
最高人民法院知识产权审判案例指导（第 5 辑）	88 元
最高人民法院知识产权审判案例指导（第 4 辑）	78 元
最高人民法院知识产权审判案例指导（第 3 辑）	78 元
最高人民法院知识产权审判案例指导（第 2 辑）	78 元
最高人民法院知识产权审判案例指导（第 1 辑）	48 元
中国知识产权指导案例评注（第 8 辑）	98 元
中国知识产权指导案例评注（第 7 辑）	118 元
中国知识产权指导案例评注（第 6 辑）	128 元
中国知识产权指导案例评注（第 5 辑）	118 元
中国知识产权指导案例评注（第 4 辑）	98 元
中国知识产权指导案例评注（第 3 辑）	98 元
中国知识产权指导案例评注（上、下卷）	188 元
知识产权法律适用的基本问题——司法哲学、司法政策与裁判方法	168 元
最高人民法院知识产权司法解释理解与适用（最新增订版）	69 元
最高人民法院知识产权案件年度报告（2008～2015）（中英文版）	198 元
知识产权司法实务新型疑难问题：专利、商标与著作权热点问题	138 元
知识产权司法实务新型疑难问题：知识产权司法保护与产业发展	120 元
商业特许经营合同原理解读与审判实务	58 元
赢在 IP：知识产权诉讼实战策略	49 元
网络游戏知识产权司法保护	68 元

最高人民法院审判指导书系

执行规范理解与适用——最新民事诉讼法与民诉法解释保全、执行条文关联解读（增订 2 版）	159 元
最高人民法院民事立案业务指导	108 元
最高人民法院审判监督业务指导	128 元
最高人民法院执行业务指导	128 元